카페 창업 100문 100답

카페 창업 100문 100답

100 Questions & Answers for Starting a Cafe

최희원 지음

스토리닷

kkachi
kkachi Café

Plain Scone
Daechu Scone
3.0
Cinnamon
3.8
Bagel
3.0
Salt Bagel

kkachi

Here, kkachi

cafe kkachi

CONTENTS

PART 1. 저는 창업 전 이렇게 했어요

PART 2. — 저는 창업 후 이렇게 했어요

PART 3. 카페, 저는 이렇게 운영했습니다

시간을 거슬러 12년 전으로 돌아가 보면, 미술을 전공한 저는 석사 졸업을 코앞에 두고 있었습니다. 졸업 후 일본에서 살 것인지, 아니면 박사학위를 받아 더 공부할 것인지에 대한 뚜렷한 미래 계획이 없었습니다. 그런 불확실한 시기에, 아버지가 아프시다는 소식을 듣게 되었습니다. 오랫동안 운영하시던 사업을 정리하시고, 평소에 좋아하셨던 커피를 직접 로스팅해서 카페를 운영해 보고 싶다고 하셨습니다. 그냥 푹 쉬셨으면 하는 바람이었지만, 평생 일만 하시던 분이 집에만 계시면 더 병이 날까 싶어, 제가 도와드리겠다는 핑계로 한국으로 돌아갈 준비를 했습니다.

지금의 카페는 35년 전 아버지가 세우신 건물입니다. 경영학과 출신의 아버지는 이곳에서 무역 사업을 하셨고, 외국 출장을 자주 다니시며 자유로운 근무 환경을 보고 주택형 회사를 짓게 되셨는데요. 사업이 커지면서 회사를 이전하게 되었고, 이곳은 식당을 운영하시는 분께 임대하셨지요. 그러다 몇십 년이 훌쩍 지나 카페 위치를 알아보던 중 식당 사장님이 폐업을 결정하게 되면서 아버지는 이곳에 카페를 차리기로 마음먹으셨습니다.

식당 옆에 있던 창고는 제 작업실로 딱 맞는다고 생각하셨는지, 창고를 정비해 주시면서 쓸데없는 일 그만하고 작업에만 집중하라고 하셨지요. 그렇게 말씀하신 아버지는 시간이 지날수록 카페에 손님들과 담소를 나누시며 즐겁게 지내시거나 카페를 비우는 날이 많아졌습니다. 그렇게 저는 카페에서 아버지의 빈 자리를 채우다가 '어쩌다 사장'이 되었습니다. 손님과 이야기를 나누는 아빠의 모습을 보면서 저는 늘 아빠에게 불만을 표시하곤 했어요. 그럴 때마다 아빠는 "프로는 어깨 힘을 빼야 한다"고 말씀하셨는데요. 이제야 그 말의 의미를 이해할 듯합니다.

그렇게 아버지와 티격태격하며 1년을 운영하던 어느 날, 아버지가 갑자기 병원에 입원하게 되었고, 입원한 지 한 달 만에 세상을 떠나셨습니다. 5일장을 치르고 돌아온 카페는 여전히 아버지와 함께했던 물건들과 가구들로 가득했습니다. 낡은 의자, 낡은 테이블, 낡은 항아리. 아버지는 병실에 누워 체 게바라 자화상 그림을 벽면에 그리면 좋겠다고 하셨습니다. 젊은 사람들이 자유를 위해 투쟁하며 자신을 위해 살았으면 좋겠다는 말씀이셨지요.

그 말씀에는 아버지의 카페에 대한 애정이 담겨 있었습니다. 아버지가 물려주신 카페를 잘 간직하고 후손들에게 전달해야겠다는 생각이 들었습니다. 하지만 카페를 유지하는 것도 쉬운 일은 아니었습니다. 상속세 폭탄과 매년 감당해야 하는 대출이자는 제가 정작 하고 싶은 미술 작업을 할 만큼의 여유를 주지 않았습니다. 당장 눈앞에 내야 하는 돈 때문에 침대에 누우면 산소가 폐까지 들어가지 못하고 목까지만 도달해 거친 숨을 몰아쉬었습니다. 불안과 초조함을 벗어나는 방법은 오로지 매일 성실하게 카페를 일궈나가며 틈틈이 배우는 일뿐이었습니다. 그렇게 11년째 카페를 운영해 나가고 있습니다.

어느 날, 친구가 "희원아, 너희 카페에서 창업 수업 하면 안 돼?" 카페를 운영하면서 이 일을 언제까지 해야 할지 고민하며 답답함을 느끼던 저에게 친구의 말 한마디는 저를 다시 돌아보게 했습니다. 10년이 넘는 시간 동안 축적된 다양한 노하우들이 생각보다 많다는 것을 깨달았습니다. 그러면서 누군가에게는 외롭고도 힘든 카페 창업의 길에 위로가 되어야겠다는 생각이 들었습니다.

저처럼 사장이 처음인 사람에게 희망이 되고 싶습니다. 이제 저는 카페 창업을 통해 많은 이들에게 희망과 용기를 주고 싶습니다. 아버지가 남겨주신 카페는 제 삶의 중심이 되었고, 그곳에서 저는 저 자신을 발견하고 성장해 나가고 있기 때문입니다.

까치카페에서

최희원

kkachi Café

PART 1. 저는 창업 전 이렇게 했어요

Q1. 저도 카페나 차려볼까요?

카페를 운영하다 보면 손님들이 종종 저에게 묻습니다. "저도 카페나 차려볼까요?", "나중에 카페 하나 운영해 보고 싶어요." 이런 질문을 들을 때마다 예전의 제가 떠오릅니다. 저 역시 다른 카페에 가서 똑같이 질문했던 기억이 나거든요. 그때 그 사장님은 웃으며 "운영해 보세요. 쉽지 않을 거예요"라고 말씀하셨습니다. 당시에는 그 웃음의 의미를 몰랐지만, 이제는 확실히 알게 되었습니다.

최근에 카페에 오신 손님 중 한 분이 저에게 물으셨습니다. "카페 일 쉽지 않죠? 그런데 어떻게 하면 운영을 잘할 수 있을까요?" 깊이 있는 질문에 놀랐습니다. 보통은 "저도 카페 창업하고 싶어요"라거나 "저도 카페 준비하려고 해요"라고 뭉뚱그려 이야기하는 편인데, 이분은 정말 진지하게 카페 창업을 고려하고 계셨던 것 같았습니다.

돌이켜보면, 저 역시 왜 카페 운영을 쉽게 생각했을까 싶어요. 예전의 저를 돌아보니 잘못된 방식으로 벤치마킹을 하고 다녔다는 것을 알게 되었습니다. 아는 만큼 보인다고 하잖아요. 처음에는 제가 아는 것이 거의 없었기 때문에 카페에 가면 운영자의 가치관이나 운영 방식을 파악하기보다는 카페의 단편적인 요소들만 보고 "내가 운영하면 이것보다는 잘할 수 있겠어"라고 쉽게 생각했던 것 같습니다.

카페는 멀리서 보면 일반 식당보다 일이 적어 보이고 사람들과 이야기하며 즐겁게 돈을 버는 것처럼 보입니다. 하지만 이는 겉으로 드러나는 모습일 뿐입니다. 현실은 그렇지 않습니다. 손님이 느끼기에는 여유로워 보일 수 있지만, 내부적으로는 분주하고 해야 할 일이 많습니다. 저는 카페 창업 전 아르바이트로 하루 평균 8시간을 일했기 때문에 장시간 서 있는 것에 대한 피로감을 크게 느끼지 못했어요. 하지만 사장이 되어 오픈부터 마감까지 10시간 넘게 서서 일하다 보니 축적되는 피로감이 컸습니다.

카페 창업을 준비 중이라면 시작이 반이라는 말을 기억하세요. 카페 일이 생각보다 힘들지만, 이왕 창업을 결심했다면 빨리 결정하고 실전에서 경험을 쌓는 것이 중요합니다. 대부분 사람은 리스크를 최소화하기 위해 심사숙고하지만, 결국 좋은 결정도 나쁜 결정도 없습니다.

카페 운영은 종합예술이라고 표현하고 싶어요. 어떻게 보면 카페 현장은 지루하고 긴 싸움인데, 승리하기 위해서는 기술뿐만 아니라 전략이 필요합니다. 여러분이 기술을 익히는 동안 트렌드는 계속 변화하고 있다는 것을 염두에 두세요. 카페 운영의 현실은 생각보다 어렵고 고되지만, 그만큼 보람과 성취감도 큽니다.

예를 들어 온종일 커피를 내리고 고객과 소통하며, 새로운 메뉴를 개발하고 매장을 꾸미는 일들은 결코 쉬운 일이 아닙니다. 하지만 이러한 과정에서 얻는 성취감과 보람은 이루 말할 수 없을 정도로 큽니다. 또한, 카페를 운영하면서 배운 점 중 하나는 고객의 소리에 귀 기울이는 것이 얼마나 중요한지 깨닫는 것입니다. 고객의 피드백은 매장을 개선하고 발전시키는 데 큰 도움이 됩니다. 손님들이 자주 찾는 메뉴나 선호하는 분위기, 필요로 하는 서비스 등을 파악하고 이를 반영하여 매장을 운영하면 고객 만족도를 높일 수 있습니다.

카페 창업을 준비하는 모든 분께 드리고 싶은 조언은 현실적인 기대와 함께 긍정적인 마음가짐을 가지라는 것입니다. 카페 운영은 분명 쉽지 않은 일이지만, 끊임없는 노력과 열정으로 멋진 카페를 만들어나갈 수 있습니다. 그리고 그 과정에서 얻는 경험과 지식은 앞으로의 창업 여정에 큰 자산이 될 것입니다.

Q2. 바리스타 자격증, 꼭 있어야 할까요?

카페 창업에 있어 바리스타 자격증이 필요한지, 또 바리스타 자격증의 여부를 떠나 교육기관에서 어느 정도 교육을 받아야만 창업할 수 있는지 궁금해하시는 분들이 많습니다. 결론부터 말하자면, 우리나라 요식업은 자격증이 없어도 창업할 수 있습니다. 카페 또한 요식업에 속해 있으므로 예외는 아니죠. 카페는 자격증이 없어도 창업할 수 있지만 많은 사람이 카페 창업 전에 바리스타 자격증을 취득합니다. 아무래도 전문성을 갖추는 것이 영업에 큰 도움이 되리라 생각하기 때문인 것 같아요. 저 역시 카페를 오픈하기 전부터 자격증 공부뿐 아니라 커피 마스터 과정까지 학습했어요. 그런데도 부족하다고 생각이 들어서 유명 바리스타가 운영하는 카페들을 찾아가 커피 수업을 듣곤 했죠.

그런데 커피에 대한 전문성은 자격증의 취득 여부에 있는 것이 아니라, 본인이 얼마만큼 열정적으로 커피를 탐구하느냐에 따라 깊이가 달라지더라고요. 대표적인 예로 많은 사람이 알고 있는 백종원 대표를 들 수 있습니다. 그는 한식 자격증 없이도 홍콩반점, 한

신포차, 새마을식당, 빽보이피자, 빽다방까지 운영하는 글로벌 요식 브랜드를 런칭했습니다. 이처럼 자격증이 없다고 해서 사업을 확장하지 못하거나 전문성이 없다고 보지 않는 것처럼 결국 자신의 카페를 증명하는 일은 자격증이 아니라는 것을 이야기하고 싶습니다.

그런데도 많은 사람이 자격증을 취득하고 창업해야만 불안감을 해소할 수 있다고 생각하기 때문에 여전히 바리스타 학원에 의존하는 경우가 많습니다. 그런데 등록만 하면 끝이 아니죠. 바리스타 자격증을 따러 가서 다양한 커리큘럼을 보고 알맞은 강좌를 선택하기도 쉽지 않습니다. 커리큘럼에 따라 비용적인 부담도 있지만, 어떤 선택이 본인에게 필요한지 정확히 알기가 어렵기 때문이에요.

저는 창업을 목적으로 두고 있는 사람들에게는 일단 자격증에 연연하지 말라고 조언하고 싶어요. 우선 카페를 창업하고, 그때 가서 자격증이 필요하다고 생각이 들면 나중에 준비해도 늦지 않거든요. 제가 카페를 운영하면서 자격증을 보고 커피를 마시러 오는 사람들을 보지 못했습니다. 결국 커피가 맛있으면 자격증은 그렇게 중요하지 않아요.

여기서 바리스타 자격증에 대해 간단히 설명하자면, 국내 바리스타 자격증은 민간 자격증입니다. 민간 자격증은 한국직업능력연구원 자격센터에서 발급하는데, '바리스타 자격증'을 검색하면 2024년 1월 기준으로 477건의 자격증이 검색됩니다. 정말 놀랍지 않나요? 이렇게 협회 종류도 많고 커리큘럼도 다양하다 보니 어느 기관에서 어떤 수업을 들어야 할지 고민하게 될 것 같습니다.

한동안 저는 이런 자격증을 취득하는 곳에 돈을 쓸 바에는 좋은 머신을 하나 더 사는 게 훨씬 낫다고 생각했어요. 그런데 요즘 생각이 조금 변했어요. 아마 시대적인 것도 있을 것 같은데요. 요즘 워낙 카페가 많다 보니 음료만으로는 경쟁하기 어려운 상황이라 지식을 확장하여 모임이나 다양한 활동을 통해 차별화를 시도하는 추세입니다. 카페 내에서 바리스타 수업이나 원데이 클래스를 운영한다면 조금 체계적으로 교육을 받는 것도 나쁘지 않다고 생각해요.

그런데도 가장 중요한 것은 창업은 자격증이 아니라 실무 경험이 가장 중요하다는 점이에요. 현장에서 배우는 것이 가장 중요한데요. 보통은 바리스타 자격증을 취득해야만 카페 취업이 잘 되리라 생각하지만, 채용자로서는 생각이 조금 다릅니다. 매장마다 사용하는 머신이 다르고 추출 방식도 다르므로 오히려 어설프게 학원에서 배운 사람보다는 현장 경력자를 선호합니다. 그래서 기회가 된다면 실무 경험을 먼저 쌓아보고 자격증 유무를 결정하는 것도 좋을 것 같아요.

Q3. 좋은 상권은 어떻게 찾나요?

카페는 개업도 많고 폐업도 많은 다산다사형 업종입니다. 그래서 외식업 중에서도 3년 이내 카페의 절반이 문을 닫아요. 얼마 전 저희 동네에 인테리어가 아기자기한 카페가 오픈했습니다. 그런데 오픈한 지 얼마 되지 않아 문을 닫았어요. 인테리어도 예쁘고, 커피도 제법 맛있었는데 말이죠.

카페마다 폐업하는 이유는 정말 다양합니다. 하지만 이렇게 일찍 문을 닫는 이유에는 비싼 임대료에 비해 수요가 적은 게 아니었을까 생각했어요. 폐업한 카페의 위치는 신축한 오피스 상권이었습니다. 걸어서 3분 거리에 주거단지가 밀집해 있었고, 또 찻길만 건너면 먹자골목이 자리 잡고 있었기 때문에 유동 인구가 없는 자리가 아니었거든요. 그런데 사람들의 발길이 멈추었다면 이 상권과 맞지 않은 콘셉트가 한몫하지 않았나 싶더라고요.

그러므로 운영하려는 매장이 어느 상권에서 판매해야 살아남을 수 있는지 상권 분석을 해야 해요. 상권 분석을 하는 이유는 대상층을 파악하는 것도 있지만 소비가 얼마나 일어나는지 주변 매출을 확인하는 게 굉장히 중요해요. 매출 통계를 보는 이유는 다른 상권에 비해 살아있는 상권인지 죽어 있는 상권인지 알아보기 위함이죠.

상권을 정확하게 알아보기 위해서는 오픈업(www.openub.com)에 들어가시면 확인할 수 있는데요. 상권과 업종에 따른 매출액을 확인하거나, 요일별 매출, 시간별 매출 등 다양한 정보를 확인할 수 있어요. 그런데 이러한 정보는 어떻게 보면 분석 일부에 불과해요. 일부의 분석은 가능하지만 전체적으로 편향된 특성을 나타낼 수 있으므로 정보를 참고만 하시고 직접 현장에 가셔서 조사하시는 게 좋아요.

좋은 자리를 찾기 위해서 1차적으로 정보 플랫폼을 통해 기본 데이터를 알아보았다면 현장에서는 주 동선을 파악해 보아야 해요. 주 동선은 쉽게 이야기하자면 사람들이 많이 다니는 길이라고 생각하시면 돼요. 아무래도 사람들이 오고 가는 길목에 자리 잡은 상가일수록 매출로 이어지는 경우가 많은데 대부분 대로변이 많거든요.

사람들이 많이 지나가는 길일수록 눈에 띄고, 방문할 확률이 높지만 임대료가 비싸다는 단점이 있으므로 사람들이 쉽게 들어가지 못해요. 그렇다면 대로를 피해 골목상권으로 조금 저렴한 자리를 찾기 마련인데요. 안쪽 자리도 똑같은 조건이라면 무조건 싼 자리를 얻을 것이 아니라, 같은 동선 라인에 맛집이 있는지 확인하는 것이 중요해요.

그나마 유동 인구가 많은 곳에 매장을 얻으려고 하면 기본적인 데이터나 분석이 가능하지만, 인적이 드문 곳이나 유동 인구가 적은 곳에 상가를 얻게 되면 데이터 분석 자체가 어렵거든요. 그럴 때는 딱 하나만 생각하셔야 해요. '이곳까지 와야 하는 이유.' 불편함을 감수하고 고객이 와야 한다면 그만한 이유가 있어야 해요.

만약 이런 것이 없다면 카페를 운영해 나가는데 어려움이 생길 수 있어요. 유동 인구가 적은 곳에 매장을 열었다면 어디에나 있을 법한 카페의 콘셉트는 되도록 피하는 것이 좋겠죠. 그래도 지금은 예전과 다르게 사람들이 SNS 활동을 통해서 카페에 오는 시대이기 때문에 좋은 상권이 아니더라도 고객을 찾아오게 만들면 돼요.

결국 지속성을 만드는 것은 관계라고 봐요. 제일 좋은 상권은 자신이 제일 잘 알고 있는 동네 상권이라고 생각해요. 여러분이 평소에 자주 다니는 동네에서 상권을 찾으면, 유동 인구와 소비 패턴을 더 잘 이해할 수 있습니다. 그리고 동네 주민들과의 친밀도도 높은 편이라 초기 운영에 도움이 됩니다. 상권 분석과 현장 조사를 철저히 해서 자신에게 맞는 최적의 상권을 찾는다면, 성공적인 카페 운영의 밑거름이 될 것입니다.

Q4. 롤모델 카페에 가서 무엇을 봐야 하나요?

저는 카페에 가면 보통 두 가지를 관찰하는 편이에요. 공간과 이 매장만의 특별한 메뉴가 있는지 확인합니다. 별다른 메뉴가 없을 때는 그냥 아메리카노 한 잔을 주문해서 커피 맛을 보는 편이에요. 매장에 특별함이 없다는 건 커피가 맛있어서 시그니처 메뉴가 없을 수도 있으니까요. 딱 한 입 마셔보면 바로 평가가 나오죠. “여기 커피 맛 좋은데”, “음, 너무 연한데?” 이렇게 나름 커피 맛을 평가합니다.

저도 사실 카페를 오픈하고 초반까지만 해도 정말 많은 카페를 돌아다녔어요. 하지만 봐야 할 것을 관찰하기보다는 평가만 하고 오는 날이 더 많았죠. 그래서 그런지 몰라도 저를 비롯해 많은 사람이 쉽게 창업에 도전하는 것 같아요.

그런데 제가 어느 날 제대로 카페 탐방을 해봐야겠다고 생각한 계기가 있었습니다. 바로 대한민국 자영업자들이 모두 힘들었던 코로나 시기였어요. 보통 경기가 힘들어지면 더 바쁘게 몸을 움직이는 사장님들도 많은데, 저는 오히려 엉덩이가 무거워지더라고요. 어떻게 하면 살아남을 수 있을지 방법을 찾아야 하니까 책상 위에 앉아서 책을 보거나 사람들을 오게 하려면 어떤 이벤트를 기획해야 할지 고민을 많이 했어요. 지금은 웃으며 말할 수 있지만, 그때 당시 저는 스트레스 장애로 브레인포그(brain fog)가 와서 신경 차단술을 받기도 했어요.

저도 어찌 보면 힘든 시기를 잘 버텼는데, 버틸 수 있었던 이유 중 하나가 제대로 된 벤치마킹이었어요. 여유가 있을 때는 보지 못한 것들이 절박한 순간에는 보이더라고요. 코로나 시기에 카페뿐만 아니라 많은 자영업 매장이 정말 많이 폐업했어요. 하지만 그 와중에도 대박이 나는 매장들이 있더라고요.

그때 제가 배운 게 있다면, 성공하는 곳은 어떤 상황이 와도 성공한다는 것이었어요. 다른 카페 사장님들은 이런 상황에서 어떤 식으로 운영하는지 실질적인 경영이나 노하우를 깊이 있게 들여다보기 시작했어요. 이때 사장님들은 두 부류였어요. 변화를 시도하는 사장님과 기다리는 사장님. 변화를 시도하는 사장님들은 시스템을 빠르게 변화시키더라고요. 그때 저희 매장도 드라이브스루 픽업과 배달 서비스를 도입했어요.

고객이 오지 않으면 관계의 끈을 놓지 않기 위해 직접 찾아갔습니다. 그때부터 저는 매장보다는 사장의 포지션을 관찰하기 시작했어요. 사장의 존재는 바다를 향하는 선장과 같다고 생각하거든요. 그래서 선장의 시선으로 관찰하는 편이에요. 관찰하다 보면 카페 운영자가 어떤 그림을 그려나가려는지 읽힐 때가 있어요. 그러니 창업 전에 다양한 카페를 방문하신다면 손님 입장이 아니라 카페를 운영하는 운영자 입장에서 생각해보면 좋을 것 같아요. 주인의식을 갖고 관찰하다 보면 어쩔 수 없는 선택들이 보이거든요.

그리고 롤모델로 삼고 싶은 카페가 있다면 특정 시간에만 가보지 마시고, 오픈때, 점심때, 저녁때 세 번에 걸쳐 방문해보는 것이 좋아요. 또한 벤치마킹하기 전에 꼭 리뷰나 블로그를 확인하세요. 사람들이 무엇을 좋아하는지 먼저 확인하고 매장을 방문해야 조금 더 깊이 있게 관찰할 수 있어요. 그냥 가면 내 감각이나 내가 좋아하는 맛에만 쏠려서 객관적인 판단을 못 하거든요. 리뷰가 많고 매장에서 인기가 있는 제품들을 시식해보면서도 사람들이 선호하는 맛의 기준을 알아야 하고요. 연령층에 따른 감각들을 확장해갈 수 있어야 합니다.

벤치마킹을 잘하는 방법은 개선할 부분들을 그대로 가져오는 것이 아니라, 자기만의 스타일로 해석할 수 있어야 한다고 생각해요. 그냥 따라 하는 건 모방이잖아요. 그래서 저는 잘 보고 배워서 잘 풀어내는 것이 제대로 된 벤치마킹이라고 생각해요.

Q5. 카페 메뉴 개발은 어떻게 해야 하나요?

정말 우리나라는 유행의 민감도가 세계적으로 인정받을 만큼 엄청 빠른 것 같아요. 유행에 민감하다는 말은 다르게 표현하면 특정 제품에 대한 소비 속도가 빠르다는 뜻이기도 하죠. 어떤 제품이 인기가 많으면 1년도 되지 않아 비슷한 메뉴들이 빠르게 확산하는 것을 보면 알 수 있어요.

대표적인 예로 마카롱이 있죠. 가만히 생각해 보세요. 불과 몇 년 전만 해도 마카롱을 찾는 사람들이 엄청 많았어요. 마카롱 전문점뿐만 아니라 카페들도 자신의 매장에서 마카롱을 굉장히 많이 판매했죠. 물론 저도 마카롱을 만들어서 판매를 했어요. 그때를 기억하면 이른 아침부터 늦은 오후까지 작업실에서 햇빛 한 점 보지 못하고 일했던 기억만 나요. 메뉴 개발을 할 때는 주변 경쟁사들은 어떤 메뉴를 판매하고 있는지 시장조사를 해야 하는데, 저도 무턱대고 유행하는 제품이 있으면 트렌드를 좇아가기 바빴던 시절이었어요.

그러다가 이건 아니다 싶어 다시 돌아온 케이스에요. 메뉴를 구성할 때는 주변에 맛있는 마카롱 집이 있는지 확인해야 해요. 그 집보다 맛있게 할 자신이 없으면 굳이 똑같은 메뉴를 만들기 위해 노력하기보다는, 주변 상권에서 원하는 메뉴가 어떤 쪽이 좋을지를 파악하는 것이 더 현명하다고 생각해요.

예를 들면 젊은 사람들이 오는 상권이라면 아무래도 사진 찍기 좋거나, 개성 있는 메뉴를 구성해야 좋을 것이고, 중년층이 많은 상권이라면 맛의 본질에 더 집중해야겠지요. 그래서 메뉴를 구성할 때도 타깃층과 상권 시장조사를 통해 메뉴를 결정하는 것이 좋아요.

두 번째는 다양성을 확보하는 거예요. 저희 카페는 등산로 초입에 위치해 다양한 연령층의 손님들이 많은 편이에요. 그렇다 보니 메뉴가 어린아이부터 어르신들까지 편안하게 드실 수 있도록 메뉴의 폭이 좀 넓어요. 카페에 가면 아이들이 마실 음료가 없거나 부모님을 모시고 가서 건강 차를 대접할 때 메뉴가 한정적이면 방문하는 대상의 폭이 상대적으로 줄어들잖아요. 메뉴가 많으면 많을수록 좋다는 의미보다는, 다양한 고객층을 만족시킬 수 있는 메뉴 구성이 중요하다는 거예요. 결국 메뉴의 다양성은 매출과 직결됩니다.

세 번째는 계절의 변화를 고려해서 메뉴를 구성하는 것입니다. 사계절 내내 고정된 메뉴를 제공하는 것도 좋지만, 계절마다 특별한 메뉴를 추가하면 고객들에게 신선하고 특별한 느낌을 줄 수 있습니다. 예를 들어, 여름에는 시원한 아이스 음료나 디저트를, 겨울에는 따뜻한 음료나 제철 과일을 활용한 디저트를 제공하는 식입니다. 요즘은 소비자들이 재료의 출처와 생산 과정에도 관심을 두기 때문에, 메뉴에 사용되는 재료의 특별함을 강조하는 것도 좋은 방법입니다.

마지막으로, 지역적 특산물을 활용하는 것입니다. 지방의 경우, 그 지역에서 자라는 농산물이나 특산물을 활용한 메뉴를 개발하면 지역성을 강조할 수 있습니다. 서울이나 특별한 특산물이 없는 경우에는 지역의 역사나 문화를 반영한 메뉴를 기획하는 것도 좋습니다. 예를 들어 지역의 전통 음료나 디저트를 현대적으로 재해석하여 제공할 수 있습니다. 카페 메뉴 구성에는 정답이 없지만 고객들에게 새로운 경험을 제공하고자 하는 마음이 중요합니다. 고객의 입장에서 생각하고, 그들의 필요와 기대를 충족시킬 수 있는 메뉴를 개발하는 것이 성공적인 카페 운영의 열쇠입니다.

Q6. 상권별 추천 메뉴, 어떻게 정해야 할까요?

얼마 전 TV를 보다가 〈손대면 핫플〉이라는 프로그램을 우연히 보게 되었습니다. 소개된 카페는 철원에 있는 샐러드 카페를 운영하는 곳이었습니다. 카페 사장님은 원래 20년 넘게 방송 쪽 일을 하다가 노후 자금으로 고향인 철원으로 돌아와서 샐러드 카페를 오픈하게 되었다고 합니다. 그런데 창업 3년 만에 폐업 위기에 처해 그 방송을 보는 사람들에게 많은 안타까움을 주었는데요.

사실 우리 주변에도 노후 자금을 올인해서 창업을 했다가 폐업하시는분들을 보면 정말 마음이 아프죠. 방송에 나온 유정수 대표는 샐러드 가게 사장님에게 철원에서 왜 샐러드 카페를 오픈하게 되었는지 물어보았는데, 카페 사장은 "철원에는 아직 샐러드 카페가 없어서 남들이 하지 않은 것을 시작하면 잘 되리라 생각했습니다"라고 답했습니다. 그 말에 유정수 대표는 "사람들이 하지 않는 곳에는 이유가 있다"며 뼈아픈 진실을 전했습니다.

저도 방송을 보면서 많이 느꼈습니다. 맞아요. 샐러드를 좋아하는 타깃층은 오피스 중심 상권의 여성들이죠. 그런데 철원은 남성 비율이 높고 40대 중년층이 많은 상권으로 확률적으로 매출을 내기가 어려웠을 것입니다. 철원은 관광지역이라 외부 타깃층도 확보할 수 있지만, 샐러드를 먹으러 철원까지 오는 사람은 드뭅니다. 그래서 어느 상권에서 무엇을 판매하는지에 따라 성공할 수도 있지만, 실패할 수도 있다는 걸 방송을 통해 알게 되었습니다.

오피스 중심 상권이라도 남성과 여성의 비율에 따라 디저트 카페가 잘될 수도, 잘 안될 수도 있어요. 그래서 오피스 중심 상권에는 무엇이 잘 팔리고 주거 중심 상권에는 무엇이 잘 팔리는지 확인해야 해요. 메뉴의 공식이 딱 정해져 있지는 않지만 분석해 볼 수는 있겠죠. 예를 들어 오피스 중심 상권에서 일하는 사람들은 점심시간이 되거나 출근 전에 무엇을 사는지 알아보는 것도 좋아요.

사람들은 어떤 것들을 사고 있나요? 출근길에는 편의점에 들러서 간단한 요깃거리를 사지 않던가요? 그런데 매일 편의점에서 인스턴트 제품을 사 먹기에는 몸에 부담스러울 수 있습니다. 그렇다면 우리는 그런 사람들이 필요로 할 만한 것을 고민해 보아야겠죠. 항상 말씀드리고 싶은 건, 사업은 도움을 줄 수 있는 것을 생각해 보아야 한다는 겁니다. 오피스 중심 상권에서 필요한 것이 무엇인지 고민한다면, 직장인들에게 조금 더 건강한 아침 식사를 빠르게 구매해서 출근할 수 있도록 도울 수 있다면 좋을 겁니다.

그런데 샐러드는 가볍긴 하지만 간편하지는 않죠. 일본은 지하철 근처에서 주먹밥이 잘 팔려요. 하지만 우리나라는 아직 그렇지 않습니다. 건강을 생각해서 좋은 재료를 사용했다고 해도 매일 사 먹기에는 비싸기도 하고요. 그러면 건강보다는 합리적인 가격의 삼각김밥을 선택할 가능성이 큽니다. 오피스 중심 상권에서 저가형 프랜차이즈 카페들이 잘 되는 이유는, 매일 매일 사 먹어도 부담스럽지 않기 때문이죠.

저희 동네에 새로운 키즈카페가 오픈되었습니다. 같은 상가에는 수제청을 만들어 판매하시는 지인이 계셨는데, 최근 주문이 줄어들어 매장에서 커피를 판매하고 싶다는 연락을 받았습니다. 지인 가게는 키즈카페 옆에 위치해 엄마들의 시선을 끄는 위치였는데요. 그런데 키즈카페에서 이미 커피를 제공하고 있으므로, 별도로 커피를 판매하는 것보다는 하지 않는 게 나을 것 같았습니다. 만약 저라면 아이들 간식을 판매하는 대신, 생일 선물이나 학원에 보낼 다과용 세트를 고려해 보았을 것입니다.

Q7. 카페 창업을 잘하기 위한 노하우가 있을까요?

카페 창업을 준비하시는 분들이 가끔 저에게 이런 질문을 해요. "사장님은 창업하는데, 준비 기간이 얼마나 걸렸어요?", "저요? 솔직히 5개월 걸렸습니다." 사람마다 카페를 오픈해야겠다고 결정을 내릴 때는 분명 각자들만의 창업하는 이유가 있어요. 저는 카페를 오픈해야겠다고 결정적으로 다짐했던 이유는 아버지의 건강이었어요.

평생을 자식을 위해 일만 하셨던 저의 아버지가 건강상의 문제가 생겨 오랫동안 운영해 오신 회사를 정리해야만 했어요. 그 후 이제는 당신이 좋아하는 일을 해보고 싶다며 평소에 애정하던 커피를 소소하게나마 로스팅하여 카페를 운영해 보고 싶다고 하시더라고요.

사실 그 이야기를 들었을 때 심장이 철렁했어요. 그때 저는 일본에서 조각을 전공한 후 작가 활동을 계속 준비하고 있었거든요. 그래서 급하게 일본 생활을 정리하고 한국으로 들어왔어요. 그리고 하던 작업을 멈추고 아버지가 평소에 하고 싶어 하셨던 카페를 만들어 드리기 위해 창업 준비를 시작하게 되었지요.

그렇게 창업을 결정하고 오픈까지는 총 5개월이 걸렸지만, 사실 카페에 관한 관심은 꽤 오래전부터 있었기에 길가의 간판을 관찰하고 사진을 찍거나 카페 메뉴판을 유심히 보면서 기록해 왔었어요. 그래도 막상 카페를 창업하려고 하니깐 뭐부터 준비해야 할지 정신이 없더라고요.

확실히 실전은 다른 것 같아요. 바리스타 자격증이 없어도 괜찮다고 말씀을 드렸지만 불안하더라고요. 저는 불안감을 해소하기 위해 우선 학원을 등록해야겠다고 판단을 했어요. 그리고 실무 교육이 가능한 카페 마스터 과정을 신청하게 되었습니다. 마스터 과정은 바리스타 2급을 수료해야만 신청할 수 있었어요.

마스터 과정은 실무에 필요한 스킬을 배우는데 메뉴뿐 아니라 전체적인 운영 방법을 배울 수 있었어요. 그중에서도 이건 꼭 알고 배우는 게 좋다고 생각하는 부분은 바로 동선이에요. 동선은 카페 인테리어 설계가 들어갈 때 가장 효율적으로 구조를 배치해야 해서 동선 설계가 잘못되면 뜯어서 공사를 다시 해야 할 수 있어요.

카페를 오픈하고 운영하다 보면 스킬이나 기술적인 부분은 수정이 금방 가능해요. 그런데 동선은 쉽게 수정하기가 너무 어려워서 제가 당부를 드리자면 무조건 인테리어 업체에 맡기시지 않으셨으면 좋겠어요. 왜냐면 이곳에 제일 오랫동안 머물러 있는 사람은 인테리어 업자가 아니라 카페 운영자잖아요. 그러므로 공간은 운영자가 가장 많이 좋아해야 애정을 갖고 자주 관심을 가질 수 있다고 생각을 해요.

더불어 카페를 오픈해야겠다고 결정을 하셨다면 카페 박람회도 가보고 커피 월간지 정도는 꼭 구독해서 보았으면 좋겠어요. 제가 처음에 불안한 마음에 학원을 등록했다고 설명했지만, 시간이 지난 지금 시점에서는 굳이 학원에 다닐 필요가 있을까 싶기는 해요. 어떻게 보면 10년 전에는 정보 플랫폼이 활성화되지 않았기 때문에 정보 공유가 어려웠지만, 지금은 유튜브만 보아도 창업 기술과 노하우를 배울 수 있잖아요.

카페 창업 준비는 간단하게 생각하면 쉽고, 어렵게 생각하면 끝도 없이 어려운 것 같아요. 창업을 준비하면서 제일 중요한 포인트 한 가지만 말씀드리자면 결국 카페라는 공간은 운영자가 제일 행복한 공간으로 만들어야 해요. 그래야 끊임없이 애정을 줄 수 있지 않을까요?

Q8. 늦은 나이에 카페를 차려도 괜찮을까요?

저는 33살에 카페를 창업했어요. 그때 당시만 해도 제 나이에 창업한 것은 늦은 나이가 아니었지만, 지금은 20대 젊은 친구들도 카페 창업에 뛰어들기 시작했기 때문에 30대에 창업하는 것이 그렇게 빠른 나이는 아닌 것 같아요. 예전에는 40대 후반이나 50대에 회사를 은퇴하고 자영업을 시작하는 사람들이 많았는데요. 요즘에는 20대부터 일찍 카페를 창업하는 사람들이 점점 더 많아지고 있어요.

요즘 인터넷을 보면 어떤 생각이 드세요? 저는 예전과는 달리 홍보 전략이나 고객과의 소통 방식이 매우 다양해진 것을 느끼고 있어요. 잠깐이라도 방심하면 새로운 환경에 적응하기가 쉽지 않더라고요. 그런데 젊은 사람들은 빠르게 적응하고 눈에 띄는 홍보를 정말 잘하더라고요. 아무래도 감각적이고 자신을 드러내는 면에서 젊은 사람들의 표현이 거침없는 것 같아요. 그렇다고 해서 나이가 많다고 무조건 불리하다고 생각하지 않아요. 그만큼 살아온 경험이 있고 지혜가 있으니까요. 다만 나이가 많다는 이유나 체력이 부족하다는 이유로 자신을 가둬서는 안 되겠죠.

지금 우리는 100세 시대가 아니라 130세 시대를 살고 있어요. 그래서 90세까지 일을 해야 한다고 하더라고요. 그렇게 생각하면 50대나 60대에 창업을 시작해도 절대 늦은 나이가 아니에요. 물가는 오르고 퇴직금만으로는 살아가기에는 너무 많은 시간이 남아 있어요. 퇴직 후에 준비하시는 분들은 체력적인 부분도 고려해야 하지만 소소한 용돈이라도 벌고 싶은 마음으로 창업을 준비하는 분들이 많으시더라고요.

그런데 과연 소소한 취미로 시작할 수 있는 창업이 있을까요? 무언가 새로 시작한다면 낭만을 버리고 다시 시작하는 마음으로 준비해야 한다고 생각하고 있어요. 왜냐하면 그 누구보다도 힘들게 모아온 퇴직금이기 때문입니다. 여기서 제가 몇 가지 제안을 할게요. 리스크를 최소화하는 소규모 창업을 고려해 보세요. 실패하더라도 다시 일어서 재기할 수 있는 규모부터 시작해야 점점 성장할 수 있어요. 처음부터 많은 직원을 고용하거나 복잡한 주방 동선이 필요한 대규모 창업보다는 혼자서도 통제가 가능한 규모로 시작해서 차츰 확장해가는 것이 좋아요.

운영하는 사장님이 나이가 있다면 젊은 사람들보다는 중년층이 많은 곳에 카페를 내는 것을 고려해 보세요. 공원이나 등산로 주변은 중년층이 자주 방문하는 곳이 많아요. 하지만 젊은 사람들이 많은 곳에서 카페를 운영하고 싶다면 사장님이 조금 물러나고 경험이 풍부한 매니저를 두는 것도 좋은 방법이 될 수 있어요. 요즘 인스타그램을 보면 60대 이상이 되어도 사람들에게 영향력 있는 인플루언서로 활동하는 분들이 있어요.

그런 분들을 보면 힘들었던 경험을 통해 남들을 더 포용하는 모습이 멋있더라고요. 나이가 있는 사람들은 자신이 브랜드가 되어야 한다고 생각해요. 중년의 매력과 가치를 전달할 힘이 있어야 하죠. 실제로 자신을 브랜딩할 수 있는 사람들만이 카페 창업에서 성공할 수 있어요. 모든 사람이 하는 그런 카페가 아니라, 경험과 노하우를 적절히 활용할 수 있는 카페를 운영하세요. 무조건 비싼 커피를 판매하는 것이 아니라 카페라는 공간을 통해 어떤 가치를 제공할 수 있는지 고민해 보세요. 그러면 젊은 사람들이 운영하는 카페보다 더 밀도 있고 진정성 있는 카페를 만들 수 있을 거예요.

Q9. 카페에 커피를 꼭 팔아야 하나요?

요즘 거리를 돌아다니다 보면 정말 다양한 이색 카페들을 발견할 수 있어요. 이제 카페는 예전과 달리 커피만 마시지 않고, 공간을 통해 새로운 경험을 하는 곳으로 바뀌고 있어요. 오히려 지금은 차만 마시는 카페가 평범해진 것 같아요. 그래서 그런지 카페에서 커피를 꼭 팔지 않아도 이제는 이상하지 않은데요.

제가 아는 사장님은 홍차를 너무 좋아하셔서 홍차 가게를 열었지만, 생각처럼 홍차를 마시러 방문하는 고객들이 많지 않았어요. 지나가다가 호기심에 한두 번은 방문하지만, 아직 홍차보다는 커피를 즐기는 사람들이 많다 보니 커플이나 단짝 친구끼리 방문하는 경우가 제일 많다고 하더라고요. 그러다 보니 어느 날 홍차만으로는 힘들 것 같아서 커피를 판매해야겠다고 생각하셨나 봐요.

어느 날 저에게 어떻게 하면 커피를 판매할 수 있는지 물어오셨어요. 그래서 제가 사장님께 물었죠. “사장님, 간판 이름이 ‘00 홍차’인데 간판 이름도 바꾸실 거예요?”라고 묻자, 사장님은 “아니요. 그냥 간판은 그대로 두고 커피만 추가로 판매하려고요.” “그런데 주변에 카페들이 많은데 굳이 커피를 팔아야 해요?" 그렇게 묻자, "팔고 싶지는 않은데 간혹 방문한 일행 중 한두 명이 홍차보다는 커피를 마시고 싶어 하는 경우가 있어서요."라는 답이 돌아왔어요.

그러한 이유라면 굳이 비싼 머신까지 투자할 필요는 없을 것 같아요. 우리가 편견 없이 맛을 보는 것 같지만, 이미 시각적인 요소들로 인해 맛이 평가되고 있어요. 시각적으로 느껴지는 맛의 기준은 어쩌면 이 집이 홍차 전문점이라는 것인데, 갑자기 커피를 팔면 오히려 기대감이 떨어질 수 있어요. 만약에 커피가 정말로 모두가 감탄할 만큼 맛있다면 사람들의 편견을 깰 수 있겠지만, 이미 고객들은 이곳이 홍차가 주 종목이라는 것을 알고 들어왔기 때문에 커피를 판매하지 않아도 이상한 일은 아니에요.

홍차 가게 사장님이 커피를 판매하려고 했던 이유 중 하나는 매출이 나지 않았기 때문에 커피도 팔아야겠다고 생각하셨지만, 오히려 비싼 장비만 사놓고 매출이 안 나오면 그게 더 손해라고 생각해요. 전체적으로 다시 콘셉트를 바꾸지 않는 한, 오히려 홍차 전문가로 더 확실하게 자리를 잡는 게 훨씬 좋다고 판단이 들었어요. 그래서 제가 제안해 드렸던 것은 단순히 홍차만 마시는 게 아니라, 홍차 빵, 홍차 아이스크림, 홍차로 만들 수 있는 다양한 제품을 제공하거나, 홍차 클래스 수업을 통해 부수입을 창출할 수 있다면 오히려 자신의 브랜드를 만드는 출발점이 될 것이라고 말씀드렸어요.

제주도에 가면 오설록 카페가 있어요. 가보셨을까요? 저는 많은 사람이 이곳을 방문하는 이유가 무엇인지 고민해 보았어요. 물론 아름다운 자연환경 속에 있고, 카페 내외부에서 풍경을 즐길 수 있는 공간의 재미도 있어요. 그런데 더 오고 싶은 이유는 녹차 하나를 가지고 다양한 음료와 디저트로 고객에게 녹차라는 소재의 확장성을 전달해 주었기 때문이라고 생각해요.

이제 오설록 카페는 제주도의 대표적인 브랜드라고 볼 수 있어요. 판매 방식도 보면 그냥 판매하는 게 아니라, 입구에서부터 스토리텔링을 해요. 농장에서 직접 생산한 녹차를 사용하고 어떤 공정으로 만들어졌는지 세세하게 다루고 있어요. 저는 그게 참 놀라웠어요.

최근에 박물관 카페나 좋은 음악을 듣는 프라이빗한 공간 카페들도 등장하고 있잖아요. 그런 것을 보면 이제 카페라는 공간은 커피를 판매하느냐, 안 하느냐의 문제보다는 고객들에게 무엇을 전달할 것인지에 대한 가치 생산자가 되어야 한다는 생각이 들더라고요.

Q10. 프랜차이즈 카페와 개인 카페의 차이점은 무엇인가요?

프랜차이즈를 할까 개인 카페를 할까 고민하시는 분이라면 먼저 프랜차이즈에서 점장까지 일을 해 보셨으면 좋겠어요. 저는 제대로 된 교육을 받아본 적이 없어서 그게 항상 갈증이었거든요. 그래서 '장사의 신 사관학교'에 들어가서 장사의 원리와 기본을 다시 배웠어요.

저는 프랜차이즈 카페와 개인 카페의 선택은 운영자의 성격과도 맞아야 한다고 생각해요. 단순히 투자 목적으로 프랜차이즈 카페를 선택하는 것이 아니라, 자신의 브랜드를 만들어 가고 싶은 사람들에게는 아무래도 개인 카페가 성격에 맞을 수 있어요. 다만 카페에 대한 경험이 없다 보니 프랜차이즈 카페를 운영해 보다가 개인 카페로 전향하시는 분들이 계세요. 저는 개인적으로 경험 때문에 프랜차이즈를 선택하시는 것이라면 직원으로 취업을 해서 경험을 쌓으셨으면 좋겠어요.

프랜차이즈에 대한 편견 중 하나가 시스템이 모든 것을 해결해 줄 거라는 생각이에요. 그래서 본사에서 하라는 대로 하면 똑같이 성공할 수 있을 거라는 생각을 하시는데요. 그렇지 않아요. 다 똑같이 성공하기는 힘들어요. 왜냐면 프랜차이즈는 협업 관계이지 그 이상 모든 것을 책임져주는 곳이 아니에요.

만약에 혹시라도 프랜차이즈 카페를 운영하고 싶다면 단기적인 수익성을 보지 마시고요. 최소 2년 이상을 지켜보았을 때 수익성이 있는지를 판단할 수 있어야 해요. 보통 가맹점들이 2년이 지나면 새로운 형태의 가맹점이 나오기 때문에 가게를 내놓거나 폐업하는 경우가 상당히 많거든요.

그러므로 정확하게 확인해 보기 위해서는 공정거래위원회에서 '가맹사업 정보시스템'을 검색하면 지역마다 프랜차이즈 평균매출을 분석할 수 있어요. 가맹본부의 정보를 미리 숙지할 수 있으면 연 매출을 열두 달로 나누면 월평균 매출을 분석할 수 있잖아요. 그리고 1년에 폐업을 몇 점포가 하는지도 확인할 수 있으니 꼭 확인해 보시기를 당부드려요.

가맹점마다 계약 시 가맹비를 받는 곳이 있고 가맹비를 받지 않는 곳이 있는데요. 본사가 돈을 버는 것은 가맹비가 아니에요. 가맹비 무료를 좋아하지 않으셔도 괜찮아요. 본사는 물품 지원으로 수익을 벌고 있다고 생각하면 돼요. 보통 가맹점에서는 마진율을 20~25%라고 하지만 실질적으로 그러지 못하는 경우가 대부분이에요.

최근에 논쟁이 되는 문제들은 바로 광고비에요. 가맹점주들의 동의가 50% 이상이 되면 광고를 진행하는데요. 광고에 들어가는 비용은 점주들이 부담해야 하는 경우가 대부분이에요. 그리고 광고비뿐만 아니라 부수적인 비용들이 많다 보니 실제로 마진율이 10% 정도라고 하면 오히려 개인 카페 마진율이 훨씬 높죠.

그런데 개인 카페도 고충은 있어요. 개인 카페가 마진율은 높지만, 처음에 말한 것처럼 프랜차이즈보다 3년 이내 폐업률이 높아요. 그만큼 개인 카페가 성공하기가 더 힘들다고 보시면 돼요. 왜 빨리 망하냐면 주기적으로 시장조사도 해야 하고, 경쟁 분석, 품질 향상, 효과적인 마케팅 전략 수립, 재무 관리를 다 해야 하는데 카페를 운영하면서 혼자 다 하기 힘들잖아요. 그나마 개인 카페 장점 중 하나는 고객의 피드백을 빨리 수용하고 신속하게 대응할 수 있다는 점이에요.

그러므로 오너가 빠르게 판단하고 결정을 내릴 수 있어야 해요. 이런 것에 자신이 없다면 프랜차이즈 시스템에서 전문가들과 함께 움직이는 것이 조금 더 안정적일 수 있어요. 이처럼 개인 카페와 프랜차이즈 중 어디가 더 좋을까 고민을 하신다면 본인에게 어떤 환경이 더 적합한지 판단하시는 게 더 좋을 것 같아요.

Q11. 1인 카페 운영은 어려울까요?

카페를 운영하다 보면 직원들 때문에 혈압이 올라갔다 내려갔다 하는 날이 다반사입니다. 왜냐고요? 사람 마음이 저 같지 않잖아요. 저는 음료가 대충 나가면 너무 속상하거든요. 그런데 그것을 직원들이 알아주나요? 제 마음처럼 알아주나요? 안 알아주잖아요. 직원들과 사장 마음은 같을 수가 없어요. 그러므로 습득이 될 때까지 반복적인 학습을 시켜야 할 때가 있어요.

직원 관리가 힘든 건 카페만의 문제는 아닌 것 같아요. 이는 사회에서 공통적으로 겪는 문제일지도 모른다는 생각이 들어요. 육체적 피곤함은 자고 나면 조금은 회복이 되지만 정신적인 피로도는 좀처럼 쉽게 회복되지 않아요. 그러다 보니 직원 없이 1인 카페를 운영하려는 창업자들이 의외로 많더라고요.

각자 운영하는 목적은 다를 수 있지만 1인 카페로 성공하고 싶으시다면 저는 일반적인 카페와 두 가지를 바꿔야 한다고 생각해요. 제가 오랫동안 1인 카페로 활동하고 계시는 대표님들을 관찰하면서 발견한 공통적인 특징이 있어요. 하나는 커피 가격이 저렴하면 안 되고요. 또 하나는 커피만 판매해서는 안 돼요.

1인 카페가 일반 카페처럼 운영하면 안 되는 이유 중 하나는 주문이 많이 들어와도 절대 행복하지 않아요. 요즘은 키오스크가 있어서 대신 주문을 받아주는 역할을 한다고는 하지만 매번 밀려오는 손님들을 혼자서 감당하기란 생각처럼 쉬운 일이 아니에요. 예를 들어서 1인 카페에서 월 매출 1,000만 원이 되기 위해서는 하루 평균 매출이 30만 원을 넘어야 해요. 그런데 주변 경쟁 상대의 카페들을 둘러보니 아메리카노가 3,000원이라 똑같은 가격으로 커피를 판매한다면 하루에 아메리카노 3,000원짜리를 혼자서 100잔 판매해야 해요.

그런데 중요한 것은 대부분 매출의 70%가 점심시간 이후 12~2시 딱 2시간에 이루어져요. 그렇다고 2시간만 아르바이트생을 두기도 쉽지 않잖아요. 그렇다면 혼자 운영해서 월 천만 원을 만들기 위해서는 2시간 동안 70명의 손님을 혼자 컨트롤할 수 있어야 해요.

또 다른 문제는 매장의 규모가 작다 보니 테이크아웃 손님들이 많을 가능성이 크죠. 그래서 작은 카페들이 어느 날 박리다매로 가격을 내려 저가형 커피를 운영하다가 체력이 따라주지 못하고 문을 닫는 경우도 많아요. 고정 직원이 있으면 직원에게 잠시 카페를 맡기고 개인적인 일을 보거나 체력이 힘들 때는 잠깐 쉬어도 되지만, 혼자 운영하는 카페에서는 그러지 못해요.

그리고 절대 해서는 안 되는 게 지인들 불러서 잠깐 카페를 봐달라는 순간 그건 그냥 망하는 지름길이라고 봅니다. 개인적으로 카페를 사랑방으로 운영하시지 않으셨으면 좋겠어요. 본인은 좋을 수 있지만 고객에게는 좋은 신뢰감을 주지 못하거든요. 아무나 뽑을 수 있는 커피가 어떤 신뢰감을 줄 수 있겠어요. 1인 카페는 체력 싸움이에요. 무조건 쉬는 날을 정해서 스스로 체력 관리를 하지 않으면 버티기 힘들어요.

그리고 제일 중요하게 생각해야 하는 부분은 객단가예요. 3,000원짜리 음료를 100잔 팔기보다는 1만 원짜리를 30개 판매할 방법, 즉 '객단가'를 높이는 방법을 고민해야 한다고 생각해요. 세트 구성을 짜서 하루에 한정 수량으로 품목 가격을 늘려도 괜찮고요. 아니면 공간을 통해 부수입을 올려도 좋아요. 일반적인 카페와 비교해서 비슷하게 운영만 안 해도 돼요. 문제는 일반적인 카페를 따라 한다는 게 문제예요. 그래도 1인 카페의 장점은 한 계단 한 계단 자신만의 시스템을 만들어 갈 수 있다는 큰 장점이 있으므로 오히려 1인 카페 운영자분들이 나중에는 기업으로 성장하는 사례들도 매우 많더라고요.

Q12. 카페 상호를 정하는 방법이 따로 있나요?

2013년에 카페 사업자를 내기 위해 카페 상호를 정해야 했어요. 그때 당시 유행했던 카페 간판들이 '00커피볶는집'처럼 직관적인 표현의 상호들이 많았어요. 해서 처음에는 '구름산 아래 커피볶는집', '마을 속 커피집'과 같은 상호도 생각해 봤는데 이름이 딱 마음에 들지 않더라고요.

그래서 이름을 뭐로 해야 할지 고민하고 있었는데, 어느 날 저희 아버지가 카페 근처에서 10마리가 넘는 까치를 보게 되셨나 봐요. 저한테 물으시더라고요. "까치 어때?" 그때는 까치가 어떤 의미가 있는지는 모르고 그냥 "까치? 괜찮은데."라고 대답했어요. 발음도 괜찮고 뭔가 운명인지 숙명인지 모르겠지만 이름이 마음에 무척 들었어요. 며칠 밤을 고민한 이름보다 훨씬 마음에 들더라고요.

여러분도 그럴 때 있지 않으세요? 어떨 때는 많은 생각보다는 머리로 스쳐 지나가는 얇은 빛 한 줄기가 뇌리에 꽂힐 때가 있어요. 저는 그것을 영감이라고 생각해요. 그런데 카페를 오픈하고 손님들이 물어보시더라고요. "왜 이름이 까치예요?" 그런데 순간 미라고 말씀드려야 할지 생각이 나질 않더라고요. 그냥 "저희 카페 주변에 까치가 많아요."라고 대답했던 기억만 있어요.

그런데 어느 손님이 저에게 그러시는 거예요. "어머, 광명을 대표하는 카페인가 봐요?"라고 말씀하셔서 "네?" 하고 어리둥절한 표정을 지으니 "광명을 대표하는 새가 까치잖아요"라고 말씀해 주시더라고요. 그 말을 듣고서 깜짝 놀랐어요. 까치는 좋은 소식을 전해주는 의미도 있고, 또 광명을 대표하는 새이기도 해서 항상 어딜 가나 "안녕하세요. 좋은 소식을 전해주는 광명의 까치카페입니다." 라고 소개하고 있어요.

카페 창업을 준비하시는 분들이 제일 먼저 고민하는 게 카페 이름이에요. 카페 이름을 어떻게 정해야 할지 고민하시는 분들이 많으신데요. 어떻게 보면 카페 상호는 카페를 대표하는 얼굴이라고 생각해요. 그래서 이름이 너무 복잡하거나 전달하려는 의미가 너무 어려우면 상대가 인지하기 힘들어 하거든요. 이름이 어려우면 카페 이름을 부르기보다는 '어디 어디 옆에 있는 카페'라고 사람들이 위치를 설명해요.

상호는 불리기 쉽고 이름을 통해 시각적인 이미지가 느껴지는 것이 좋다고 생각해요. 상호를 정할 때 제일 중요한 것은 콘셉트예요. 사람들에게 친근한 카페를 전달하고 싶은지 아니면 조금 여행을 온 것처럼 이국적인 느낌을 줄 것인지를 정해야 해요. 예를 들어, 모던하고 스타일리시한 카페라면 간결하고 현대적인 상호가 어울릴 수 있겠지요.

집 앞에 새로운 카페가 오픈했는데 몇 번을 쳐다보아도 이름이 안 외워지고 발음 자체가 너무 어렵더라고요. 의미는 너무 좋을지 모르겠지만 알파벳으로만 쓰인 상호가 익숙하지 않더라고요. 원래 옥외광고물관리법에 따르면 특별한 사유가 없으면 간판에 외래어만 사용할 경우 불법 광고물로 신고당할 수 있다고 하더라고요. 그러므로 나중에 간판을 달 때 조금이라도 한글 표기를 해주는 것이 매장 보호상 좋으니 참고해 주세요.

상호를 정했다면 이미지 로고를 어떻게 만들어야 할지 고민하실 것 같은데요. 저는 상호가 제일 중요하고 이미지는 그렇게 중요하다고 보지는 않아요. 그렇다고 신경을 안 쓴다는 의미는 아니고요. 이미지는 언제든지 변경할 수 있다는 가능성을 열어두는 편이라서 그래요.

Q13. 인테리어 비용을 최소화하는 방법이 있을까요?

저희 카페 인테리어의 탄생 배경을 말씀드리자면, 제가 인테리어박람회, 건축박람회, 조경박람회 등 박람회를 정말 많이 다녔어요. 이태리타일을 구경하다가 그 가게 사장님을 통해 실력 좋으신 목수님을 소개받게 되었어요. 제가 그때 현장에서 보면서 느낀 것은 목수의 역할이 제일 크다는 거예요. 목수 한 사람만 제대로 된 사람을 만나게 되면 일하기가 굉장히 편해져요. 목공 하시는 분들은 어떻게 보면 카페의 뼈대부터 마무리까지 제일 오래 함께하시는 분들이기 때문에 주변에 관련 업체분들을 많이 알고 계세요.

보통 인테리어 시공을 할 때 목공, 전기공사, 도배, 냉난방기 설치 등 이렇게 여러 가지 시설이 필요한데요. 도배하시는 분들이 바닥 시공, 타일, 도기 설치까지 가능하므로 필요한 기술자를 불러서 시공하시는 게 제일 저렴하죠. 제가 오랜 시간 카페를 운영하면서 제일 잘했다고 생각하는 부분이 있다면, 최대한 골조를 건드리지 않았다는 거예요.

왜냐하면 매년 변화하는 인테리어 트렌드가 있잖아요. 그런데 골조를 건드려서 벽을 쌓다 보면 나중에 공간을 확장하고 싶을 때 비용이 많이 들어요. 그러므로 공간에 무언가를 채워서 쌓기보다는 최대한 공간을 잘 이해하고 해석하는 것이 중요하다고 생각해요. 그래야 카페라는 공간을 통해 다양한 이야기들을 전달해 줄 수 있거든요. 그래서 인테리어는 필요한 것만 심플하게 하되, 가구나 조명, 그리고 소품들로 공간의 변화를 주는 것이 나중에 보았을 때 가장 비용을 절감하는 방법이라 생각하고 있어요.

카페 인테리어 공사가 시작되면 제일 먼저 커피 장비가 들어오는 위치를 정하고, 머신 위치에 맞게 콘센트를 설치해요. 커피 머신 같은 경우는 보통 단독으로 5KW를 빼야 하므로 메인 차단기를 별도로 설치해야 해요. 에스프레소 머신기는 전기공사가 완료되어야 현장에서 설치하고 확인까지 할 수 있어요. 그다음은 설비 공사인데, 싱크대, 제빙기, 커피 머신, 냉온수, 오수 관을 설치하는 것이 중요해요. 정확한 위치를 파악하고 나중에 문제가 생기지 않도록 설치하기 전에 어떤 제품이 들어올 것인지 사이즈와 제품 사진 정보를 시공하시는 분들에게 전달하셔야 차질 없이 진행될 수 있어요.

특히 주의해야 할 점이 있는데요. 카페 같은 경우는 에스프레소 머신을 사용하면서 커피 찌꺼기가 역류하거나 악취가 올라오는 일이 간혹 있으므로 배관 자체를 바로 매립하지 않고 노출 관으로 설치하는 것을 추천해 드려요. 왜냐하면 그나마 노출되어 있으면 배관 청소가 쉽고 비용적인 부분에서도 훨씬 저렴하거든요. 전기와 배관 공사가 끝나면 무슨 공사를 해야 할까요? 타일 공사와 목공 작업이 이루어져야 해요. 그런데 보통은 바닥 타일만 하지 않고 주방 타일도 같이 하므로 페인트 작업을 먼저 하는 경우가 많아요. 벽면 페인트 작업을 미리 해야 더 깔끔하게 마무리할 수 있어요.

인테리어 비용에서 제일 절감할 수 있는 부분은 자재비예요. 최근에 목수님을 다시 만나서 이런저런 이야기를 했는데요. 카페 창업을 하시는 분들이 좋은 자재를 사용하지 않는다고 해요. 왜냐하면 혹시 망할지 모른다는 생각에 좋은 자재를 안 쓴다고 하시더라고요. 그런데 나무의 특성상 가격이 낮은 합판은 저렴해서 비용을 아낄 수는 있지만, 시간이 지나면 지날수록 갈라짐 현상이 굉장히 심해요. 그래서 금방 부패가 잘 되는 단점이 있어요.

인테리어 공사 비용을 줄일 수 있는 건 정보력이라고 생각해요. 사실 저는 사람만 잘 만나도 돈을 번다고 생각하거든요. 그래서 한 군데만 알아보시기보다는 여러 곳을 비교 분석하시길 바라요.

Q14. 카페 취업 전 자격증이 있으면 좋을까요?

요즘 카페 창업을 준비하시는 분들이 창업 전에 개인 카페든 프랜차이즈 카페든 경력을 쌓는 게 중요하다고 생각하시는 것 같아요. 그래서 바리스타 자격증을 먼저 취득하고 카페에 취업하는 경우가 많더라고요.

그런데 카페 취업을 준비하는 분들이 오해하는 부분이 있다면 자격증을 따야 취업이 잘 될 것이라 생각하시는 거예요. 그런데 그거 아세요? 오히려 자격증을 반기지 않는 사장님이 더 많아요. 자격증이 필수 항목이 아니거든요. 카페에서 원하는 직원은 바리스타 자격증이 있는 사람이 아니라, 우리 매장과 잘 어우러지는 사람이에요.

의외로 자격증이 없는 사장님들이 생각보다 많고, 심지어 로스터리 커피 전문점 사장님들도 자격증이 없는 경우가 상당히 많아요. 그런 분들이 면접을 볼 때 본인도 자격증이 없는데 자격증 소지 유무 기준으로 사람을 뽑지는 않아요. 오히려 바리스타 자격증 1급, 2급을 가지고 있다고 증명하기보다는 어디에서 어떤 일을 했는지가 사장님들은 관심이 더 많아요.

직원을 채용하다 보면 커피에 대한 지식이 부족한 친구에게 커피의 세계를 알려주는 것이 얼마나 행복하고 즐거운지 몰라요. 결국 사장님들도 사람이기에 하나라도 더 배우려는 직원들에게 눈이 가요. 제가 다양한 직원들과 일을 해보면서 무엇을 관찰하냐면, 직원들의 습관이 어느 카페에서 일하다 왔는지 파악이 된다는 거예요.

저가형 프랜차이즈 카페에서 일했던 직원들은 기본적으로 행동이 빨라요. 문제는 빠르기만 하다는 거예요. 전체적인 속도를 맞춰야 하는데 주문이 들어오면 경주마처럼 앞만 보고 음료를 제조하기만 바빠요. 고객 응대는 별로 없고 기계적이에요. 개인 카페에서만 일했던 직원들은 상대적으로 조금 여유로워요. 그런데 어느 개인 카페에서 일했는지에 따라서도 굉장히 달라요. 손님이 적은 곳에서 공간만 지키다 왔던 친구들은 장시간 서서 일하는 걸 엄청나게 힘들어하더라고요.

카페를 운영하시는 사장님들의 공통점은 바로 사람 때문에 많이 지쳐 있는 상태라고 보시면 돼요. 그러다 보니 사장으로서는 A~Z를 다 가르치기보다는 센스가 있어서 바로 투입이 가능한 친구를 선호해요. 하지만 현실적으로 사장이 원하는 직원을 찾는 게 쉽지 않아요.

그렇다면 두 번째로 보는 게 성실하고 밝은 사람을 채용하고 싶어 해요. 일을 빨리빨리 잘하는 것보다 고객 응대를 잘하는 친구가 훨씬 좋거든요. 저희 카페에 가끔 50대분들이 카페에서 일하고 싶다고 지원할 때가 있어요. 지금까지 나이가 많아서 면접을 안 보지는 않았어요. 그런데 채용은 안 하게 되더라고요. 나이가 어린 친구부터 나이가 많으신 분들까지 제가 쭉 면접을 보면서 느낀 건, 나이 많으신 분들은 면접을 면접이라고 생각하지 않고 오시더라고요.

그래서 저는 카페 면접을 보신다면 이거 하나는 꼭 아셨으면 좋겠어요. 카페는 보이는 일보다 보이지 않는 일들이 더 많아요. 카페를 운영하시는 사장님마다 선호하시는 스타일이 다 다르지만, 저 같은 경우는 밝은 친구들을 좋아하는 편이에요. 그래야 일하면서도 유쾌한 분위기를 만들 수 있거든요. 그래서 저는 면접 때 카페 경력이 없어도 서비스와 관련된 일을 한 밝은 성격의 소유자라면 채용하는 편이에요.

Q15. 왜 다들 카페 창업을 말리는 걸까요?

저는 카페를 창업하기 전부터 커피를 워낙 좋아했어요. 원두를 갈아서 커피를 즐겨 마셨고, 카페 인테리어 구경 다니는 것도 너무 좋아했어요. 일본에서 학교에 다니면서 식당에서 서빙이나 주방 설거지 아르바이트, 편의점 일을 하게 되었는데요. 일하면서 만나는 사장님들을 통해 언젠가는 나도 멋진 사장이 되고 싶다는 꿈을 꾸었던 것 같아요. 물론 카페 사장이 될 거라고는 예상하지 못했지만요.

제가 고등학교 때 저희 어머니는 식당을 운영하셨어요. 그때 저는 어머니가 운영하시는 가게에 가서 계산을 도와주거나 재료 손질을 도와드릴 때가 많았어요. 제가 도와드리지 못하는 날이나 단체 예약이 잡힌 날에는 인력사무실에 전화해서 파출부 아줌마들이 오시고는 했었는데요.

그때 기억에는 식당은 그나마 아줌마들이 투입되면 서빙을 바로 할 수 있더라고요. 그런데 카페는 그렇지가 않아요. 한 번은 카페에 샌드위치 단체 주문 예약이 있던 날이었는데요. 하필이면 이날 직원이 병가로 카페에 못 나오게 되는 상황에서 혼자 모든 걸 해야만 했어요.

식당은 서빙 영역, 주방 영역을 나눌 수 있지만, 카페는 그렇지 않거든요. 기본적으로 포스와 커피를 뽑는 일을 할 수 있어야 도움을 받을 수 있으므로 일손이 필요해도 연락을 못 하는 게 너무 힘들더라고요. 그래서 그런지 카페를 운영하면서 카페 창업이 힘들다고 느꼈던 부분은 직원 관리도 한몫하는 것 같아요. 카페 일이 거의 서서 일하는 직업이다 보니 저희 같은 경우는 파트타임을 나눠서 직원을 채용해요. 그래야 일하는 친구들이 덜 지쳐하거든요.

교육에 필요한 매뉴얼 양식이 있다고 하더라도 직접 상황 대처법을 점검하고 알려줘야 하는 것들이 의외로 많아요. 예를 들어 '손님이 오시면 "안녕하세요?"라고 인사를 합니다'라고 매뉴얼에 쓰여 있어도, 직접 가르쳐 주지 않으면 어느 정도 목소리 톤이 좋은지, 손님을 쳐다볼 때 어디를 봐야 하는지 구체적으로 잘 모르는 친구들이 많아요.

카페 창업이 또 힘든 점이 있다면 매년 변하는 트렌드를 분석해야 한다는 거예요. 카페도 바쁜데 트렌드까지 분석해야 한다는 게 이건 또 무슨 소리인가 싶겠지만, 유독 카페는 유행에 민감해서 항상 트렌드에 관심을 가져야 한다는 어려움이 있어요. 식당을 운영하시는 국밥집 사장님이 내년에는 어떤 새로운 국밥을 만들까를 고민하지는 않으시잖아요. 그런데 카페는 다르더라고요. 현재에 만족하면 모든 것이 멈춰버려요. 그래서 늘 돈의 흐름이 어떻게 흘러

가는지 관찰해야 사람들의 욕구를 채워줄 수 있는 것 같아요. 어쩌면 그래서 저는 카페라는 직업은 끊임없이 공부해야 하는 분야라고 생각해요.

이제는 사람들과 소통하기 위해서 노력하지 않으면 카페 시장에서 살아남기가 더더욱 힘들 거예요. 그래서 카페를 운영하시는 사장님들이 매장 안에만 있기보다는 시장의 흐름을 보는 것이 더 중요하다고 생각해요. 마지막으로 창업이 힘든 이유는 운도 따라줘야 해요. 우리는 흔히들 실력이 좋으면 당연히 장사가 잘되고 돈을 잘 벌 것으로 생각하지만요. 의외로 실력이 좋아서 돈을 더 많이 벌거나 부지런해서 돈을 더 잘 벌지는 않더라고요.

기회는 내가 얼마나 간절한지에 따라 달라지더라고요. 간절하고 노력한 만큼 운이라는 기회가 주어져요. 기회가 그냥 오지는 않더라고요. 사람들이 카페 창업이 힘들다고 하잖아요. 힘든 이유는 없어요. 원래 자영업은 힘든 거예요.

Q16. 카페 사장님의 하루 일과는 어떻게 되나요?

제가 카페를 창업했을 당시만 해도 정말 자유로운 미혼이었거든요. 그때는 몰랐는데요. 지금은 카페 일만 하라고 하면 너무 행복할 것 같아요. 그런데 지금은 아이를 키우는 엄마가 되다 보니 하루하루 시간이 얼마나 절박한지 몰라요. 아이 하원 시간만 오면 일단 마음이 조급해져요. 카페에서 해야 할 일도 많지만 아이를 돌보는 일도 보통이 아니거든요. 올해 초등학교 2학년이 된 저희 아들은 올해부터 학원에 다니게 돼서 중간에 학원 스케줄 챙기는 것도 일이더라고요. 돌봄까지 떨어져서 올해는 정말 유난히 더 바쁜 것 같아요.

올해부터는 에너지를 적절하게 쓰지 못하면 현실적으로 운영 자체가 힘들 수도 있겠다는 생각이 들었어요. 그래서 지금은 운영 방식을 바꿨어요. 첫 번째가 매장 시간을 줄이는 게 아니라 직원을 한 명 더 채용했어요. 제 개인적인 일 때문에 고객들에게 불편함을 주는 것보다는 직원을 한 명 더 채용하고 전체적인 운영에 신경 쓰기 시작했어요.

카페 사장님마다 운영하시는 스타일이 다르시겠지만 저는

아이가 학교에 가면서 저도 같이 출근해요. 카페는 제일 바쁜 시간이 오후 12~3시 사이예요. 그러다 보니 제일 바쁜 타임에는 저를 포함해서 3~4명의 인력이 붙어요. 제가 투입할 정도로 바쁘지 않다고 판단이 되면 저는 다른 일을 보는 편이에요. 매장에 식물이 필요하면 꽃가게를 다녀오거나 외부 청소가 안 되어 있으면 구석구석 청소를 하죠. 저희 카페 같은 경우에는 직원들이 오전 타임, 오후 타임, 마감 타임으로 나눠서 출근해요. 평일 직원 같은 경우에는 오전 10~오후 3시, 오후 12~5시, 오후 5~9시 이렇게 나눠서 3명이 출근해요.

직원들 일정을 어떻게 짜는 게 가장 좋은지 물어보신다면, 자신의 환경에 맞게 계획을 짜는 게 제일 맞는 것 같아요. 제가 오전 9시에 카페에 출근해서 카페 오픈 준비를 할 수 있지만 저는 그 시간에 디저트를 만들어요. 그때 오전 타임 직원이 출근해서 오픈 준비를 해요. 만약에 저처럼 아이를 등원시키지 않고 더 일찍 나와서 오픈 준비할 수 있다면 굳이 오전 타임에 직원을 두지 않아도 될 것 같아요. 하지만 저는 그 시간에 마트에 가서 장도 보고 부수적인 활동도 하다 보니 오전 타임에 직원을 배치하는 게 좋더라고요.

제가 카페에서 제일 많은 시간을 쓰는 부분은 디저트를 만드는 일이에요. 디저트를 만들다 보면 시간이 정말 빨리 가거든요. 디저트 세팅하고 에스프레소 세팅하다 보면 금방 오전 11시가 되더라고요. 이때부터 오후 3시까지 정신없이 일하다가 오후 4시 정도 되면 커피 한잔 편하게 마실 수 있는 시간이 주어져요. 이때가 제일 꿀맛이지만 아이를 데리러 가야 해요. 그러면 저는 아이를 데리고 3시간 동안 집에 가서 씻기고, 숙제시키고, 밥 먹이고 오후 7시에 카페로 다시 와요. 전에는 제가 아이를 데리고 카페로 왔는데요. 최근 저희 어머니를 모시고 살면서 저녁에 어머니께 아이를 맡기고 나와요. 그래서 그나마 운영해 나갈 수 있는 것 같아요.

저는 카페를 운영하시는 사장님들이 카페 매장을 지키는 것도 중요하지만 시간을 조금 더 효율적으로 사용했으면 좋겠어요. 사실 직원들보다 제가 카운터를 보고 있으면 손님들에게 더 좋은 서비스를 해 드릴 수 있겠지만, 계속해서 카페에 묶여 있다 보면 손님들에게 더 필요한 것들을 놓칠 수 있거든요. 저는 지금 카페 일이 참 좋아요. 물론 힘들 때도 있지만 너무 일에만 몰두하다 보면 몸과 마음이 예민해지더라고요. 그래서 조금은 멀리서 보는 연습이 필요한 것 같아요. 그렇다고 해서 카페에 관심을 덜 주라는 의미는 아니에요. 오히려 시선을 돌리면 고객님들이 보여요. 그리고 매장을 더 관심 있게 볼 수 있어요. 사람이 너무 일에 치여서 지치면 가까이 있는 것도 보지 못하더라고요. 그래서 저는 매일매일 멀리 보는 연습을 하고 있습니다.

Q17. 작은 카페를 키우려면 어떻게 해야 하나요?

카페를 오픈하고 3년 동안은 하루에 10시간 이상을 매장 안에서만 일했어요. 카페를 벗어나면 큰일 나는 줄 알았죠. 카페에서만 온종일 근무하다가 퇴근 시간이 되면 그제야 카페를 벗어났어요. 그런데 제가 일을 하면서 깨달은 게 있는데요. 결코 성실함이 돈을 벌어다 주지 않더라고요.

로버트 기요사키의 《부자 아빠 가난한 아빠》라는 책을 읽다 보면 경제를 4분면의 형태로 분류하는 부분이 나오는데요. 왼쪽 E는 월급 받는 회사원(봉급자), S는 자영업 또는 전문직종(의사, 판사 등)이 있고 오른쪽 B는 사업가, I는 투자자가 있어요. 책 저자는 부자가 되기 위해서는 왼쪽이 아닌 B와 I의 삶을 살아야 한다고 말하는데, 처음에는 이 말뜻이 정확히 이해가 안 가더라고요.

그런데 제가 자영업을 몇 년 하고 나니까 왜 자영업이 힘든지 알겠더라고요. 자영업의 구조가 돈을 벌면 벌수록 오히려 지출이 많아지고 재투자를 해야만 카페를 그나마 운영해 나갈 수 있더라고요. 그때 문득 이런 생각이 드는 거예요. 정말로 자영업자의 삶으로는 돈을 벌기가 힘든 걸까? 어떻게 하면 카페를 운영하면서 돈을 벌 수 있지?

제가 그 해답을 찾고 싶어서 온갖 자기계발서 책들을 읽었던 것 같아요. 그때 마침 저에게 큰 깨달음을 준 책이 있는데요. 바로 김승호 회장의 《사장학개론》이에요. 책을 딱 펴자마자 첫 장에 글의 제목이 "나는 장사를 하는가? 사업을 하는가?"라는 주제의 내용이었어요. 읽자마자 저는 강하게 머리 한 대를 맞은 것 같았어요.

이 책에 따르면 사람들이 기업가로 가지 못하는 이유 중 하나는 기업가의 꿈을 꾸지 않아서래요. 구멍가게라 하더라도 기업가가 될 수 있다고 해요. 어쩌면 우리는 사업이라는 틀을 지금까지 규모로 규정했기에 작은 카페를 운영하면서도 사업이나 기업이라는 꿈을 꿔보지 못했던 것 같아요.

그러면 우리가 운영하는 작은 카페들도 충분히 기업이 될 수 있다는 뜻이잖아요. 갑자기 눈이 번쩍 뜨이더라고요. 기업가 처지에서 어떻게 하면 카페를 잘 운영해 나갈지를 생각하다가, 카페는 어떠한 방법으로 돈을 벌 수 있을지 생각해 보았어요. 정리를 해보니 오프라인 매장, 온라인 쇼핑몰, 배달, 예약, 대관, 이벤트, 수업 등 팔 수 있는 것들이 너무 많았어요. 그런데 흥분이 가라앉자 머리가 더 복잡해지더라고요. 어디서부터 시작해야 할지 너무 어렵더라고요.

그래서 우선 하나씩 만들어보자고 생각하고 인터넷 통신판매 사업자를 만들고 몇 가지 아이템을 조금씩 올려 보았어요. 오프라인 매장을 신경 쓰면서 온라인 매출과 배송을 신경 쓰다 보니 오히려 더 정신이 없더라고요. 다양한 파이프라인을 만들어서 시도해 보았지만, 결국 방법에 대한 문제가 아니라 제대로 판매할 상품이 없었더라고요. 결국 오프라인이든 온라인이든 좋은 상품이 있어야 잘 팔 수 있는 기술이 나오는데, 상품이 없다 보니 홍보도 제대로 할 수가 없었어요.

제일 중요한 것은 판매할 상품이 상품으로서 좋은 가치가 있을 때 제대로 된 전략을 세울 수 있어요. 작은 매장이지만 사업을 더 확장하고 싶으시다면 잘 팔리는 상품을 먼저 준비해야만 다양한 기술을 배우고 홍보를 했을 때 확장이 더 잘 된다는 것을 깨달았어요. 결국 작은 카페에서 기업으로 가고 싶다면 좋은 상품을 만드는 것에 제일 집중해야 해요. 그것이 기업으로 가는 첫 단계라는 것을 배우게 되었답니다.

Q18. 숍앤숍 운영이란 어떤 것을 말하나요?

요즘 길을 걷다 보면 카페 옆에 카페가 정말 많이 보이지 않으세요? 어느 날부터 나란히 있는 카페들에 익숙해지더라고요. 이렇게 많은 카페 속에서 살아남는다는 방법이 궁금하실 것 같은데요. 그래서 저는 늘 경쟁자가 와도 흔들리지 않을 만큼 준비를 해나가야 한다는 생각을 하고 있어요.

카페 경쟁이 심하다 보니 점점 사람들의 생각이나 운영 전략들이 진화되는 것 같아요. 예전에는 음료 하나만 가지고 전략을 짜고 기획을 했는데요. 요즘은 이색적이고 특이한 카페들이 눈길을 끌더라고요. 그러다 보니 저한테 숍앤숍으로 함께 운영해 볼 생각이 없는지 제안이 들어올 때가 있어요.

그런데 저는 이색적인 카페와 숍앤숍은 조금 다르다고 생각해요. 숍앤숍은 말 그대로 다른 두 가지 상점이 한 공간에서 협력하거나 함께 운영하는 것을 말해요. 서로 다른 두 브랜드가 프로모션으로 기획하는 것이 아니라 한 공간에서 상생하는 모습을 하나의 브랜드로서 가치를 전달하는 것은 다른 공존의 의미라고 생각해요.

자신의 브랜드를 만들어 가는 카페들은 자신이 운영하는 이미지와 잘 맞는 제품들을 매입해서 진열하거나 자체적으로 제품을 브랜딩해서 판매하는 경우가 많아요. 카페들을 돌아다녀 보면 텀블러나 친환경 제품들을 판매하는 매장들이 많은데요. 실제로 그러한 제품들이 많이 판매되지 않더라도 사람들에게 충분히 가치를 창출해 줄 수 있는 거죠.

이제는 숍앤숍이라는 개념보다는 자연스럽게 내가 좋아하는 것을 고객들에게 알리고 소통하는 방식으로 트렌드가 변했다는 생각이 들어요. 단순히 수익을 내기 위한 숍 형태가 아니라 카페가 추구하는 방향성의 가치관을 공간을 통해 소비자와 연결하고 있다고 보거든요. 카페에 시원한 음료를 드시기 위해 방문했지만 그 이상의 것을 경험시켜 드리고 서비스를 제공해 드린다면 고객으로서는 보는 것만으로도 행복하다고 생각할 것 같아요.

예를 들어, 그림을 좋아하시는 사장님이 카페에 오신 고객들에게 어떠한 즐거움을 줄 수 있을지를 생각해 보자는 거예요. 그림을 좋아하는 사장님은 다른 사람들보다 그림으로 소통할 수 있는 능력이 분명 뛰어나지만, 카페라는 공간에서 사람을 보지 않는다면 아무리 좋은 재능이 있다고 하더라도 확장이 되질 않아요. 그래서 저는 숍앤숍이 아니라 카페라는 공간에서 사장님이 사람들에게 제공할 수 있는 재능과 서비스가 무엇인지를 발견해야 한다고 생각해요.

저는 순수 미술을 전공했던 사람이기 때문에 제 잠재의식을 숨길 수가 없더라고요. 그래서 저는 동네 문화소통방을 만들어서 다양한 프로그램 기획도 하고, 카페 공간을 통해 제가 추구하는 가치관도 전달하고 있어요. 주로 활동하는 기획 프로그램이 환경과 먹거리에 관한 이야기여서 친환경 제품을 진열해서 판매하거나 건강한 먹거리에 관한 책을 전시하고 판매도 하고 있어요.

사장님들도 만약에 카페 공간을 이용해서 부수입을 내고 싶거나, 사장님이 추구하는 관심사를 전달하고 싶다면 손님과 사장님을 연결할 수 있는 도구를 찾으셔야 한다고 말씀드리고 싶어요. 나를 알리는 가장 좋은 방법은 말로 주장하기보다는 고객들이 자연스럽게 흡수하고 이 카페가 무엇을 전달하려는 것인지 고객이 느낄 수 있어야 해요. 혹시라도 지인들과 숍앤숍을 고민 중이시다면 완전한 공간 분리를 통해 각자의 생각을 표현하시기를 추천해 드려요.

Q19. 처음 시작하기 좋은 창업 규모가 따로 있나요?

가끔 그런 생각을 해요. 만약 창업 전으로 돌아간다면 저는 카페를 어디에서 어떻게 시작하면 좋을지 고민해 보거든요. 제가 제일 많이 생각하는 게 무조건 새로 시작하면 작은 카페부터 차근차근 키워나갈 것 같아요.

저는 처음으로 운영하는 카페가 혼자서 통제할 수 있는 규모가 아니다 보니 시행착오가 많았어요. 정말 어쩌다 사장이 된 거예요. 초반에는 출근하면 눈이 빨갰어요. 잠을 몇 시간밖에 못 자서요. 직원을 채용했는데 어떻게 일을 시켜야 할지 몰라서 며칠 동안 카페 매뉴얼을 만들고 부족한 부분은 직원들의 도움을 받으면서 성장할 수 있었어요.

결과적으로는 처음 카페를 오픈하고 사장이 되기까지 빠르게 성장한 부분은 있지만 마음도 힘들고 몸도 힘들다 보니 3년 동안은 거의 울면서 출근했던 것 같아요. 저희 카페가 초창기에 하루 매출이 30만 원이었어요. 카페 매출 30만 원이 작은 것 같지만요. 매일 혼자서 30만 원 벌기도 쉽지 않아요. 한 달에 월 천만 원정도 매출이 나오면 파트타임이라도 직원 한 명 정도는 쓰셔야 해요. 저도 초창기에 파트타임 직원 한 명을 채용해서 지금은 매니저 한 명에 파트타임 직원 5명과 일하고 있어요.

처음 카페를 창업하시는 분들이 어느 정도 규모로 시작하는 게 좋을지에 대한 질문을 주신다면 질문에 정해진 답은 없지만 두 가지를 생각하고 결정해야 한다고 말하고 싶어요. 하나는 지금 가지고 있는 자금을 어느 정도 투자할 수 있는지와 두 번째는 나라는 사람이 참을성과 포용력이 얼마나 있는지 객관적으로 판단할 수 있어야 해요.

카페를 운영하다 보면 늘 돈이 문제예요. 자금이 부족하면 확실하게 투자해야 할 때 못 하는 경우가 많다 보니 발만 동동거리고 조급해졌던 적이 많아요. 카페는 객단가가 낮고 고정비용은 많이 들다 보니 매출이 좋지 않은 날은 이 일을 언제까지 할 수 있을지에 대한 불안감이 크게 오더라고요.

이 부담감은 규모가 클수록 심할 거예요. 나가는 지출이 많으니까요. 그래서 처음 카페를 시작하시는 분들이 대출을 받아서 카페를 운영하기보다는 실패해도 다시 일어설 수 있을 만큼의 규모로 카페를 창업했으면 하는 바람이 있어요. 창업할 때 자신이 가진 전부를 올인하고 창업하면 운영해 나가면서 힘이 들 수밖에 없어요. 예를 들어 가지고 있는 예산이 2천만 원인데 처음부터 대출을 받아서 1억 원을 투자하기보다는 2천만 원으로 할 방법을 연구하고 시작하는 것이 훨씬 안정적이면서도 다양한 실험을 해볼 수 있어요.

《동네 카페 10년 살아남기》 내용 중 가장 인상적이었던 부분이 있었는데요. 다른 나라는 어떤 식으로 창업비용을 쓰는지 다룬 이야기였어요. 외국은 자본금이 1억이 있다면 절반인 5천만 원의 반인 2,500만 원으로 창업한다고 해요. 그 반면에 우리나라는 어때요? 유독 우리나라만 1억 원의 자본금에 1억 원을 더 대출받아 카페를 창업한다고 해요. 우리나라 사람들 대단하지 않나요! 남다른 심장을 가지고 태어난 것 같다는 생각이 들었어요.

저는 어떤 사업이든 처음은 투자가 아니라 경험으로 시작되어야 한다고 생각해요. 실패해도 괜찮다는 마음가짐이 있어야 자신있게 자기 생각과 철학을 담아낼 수 있다고 보거든요. 그런데 우리는 너무 남을 의식하고 체면을 생각하다 보니 자꾸 무리하게 자금을 쓰는 게 아닌가 싶더라고요. 저는 무조건 카페 창업을 작은 카페에서 시작하라는 말씀은 아니에요. 본인이 담을 수 있는 만큼 시작하는 것이 좋다고 이야기해 드리고 싶어요.

Q20. 카페에서는 어떤 서비스를 해야 하나요?

저는 고등학교를 졸업하고 바로 원하는 대학에 진학하지 못했어요. 그래서 엄청나게 방황했던 시간이 있었는데요. 애니메이션 회사에서 잠깐 일하다가 일본으로 유학을 가야겠다는 생각을 했어요. 목표를 세우고 결심을 하니 돈을 벌어야겠다는 생각이 들더라고요. 그래서 빨리 돈을 벌 방법이 무엇인지 검색하다가 캐디 일을 하게 되었는데요.

제가 교육을 받는 동안 실제로 있었던 일화를 이야기해 드릴게요. 골프장에서 어느 한 남자 손님이 여성 캐디를 폭행한 사건이 있었어요. 여자 캐디는 자기가 친절하게 고객을 모셨는데 왜 폭행을 당해야 했는지 모르겠다며 억울함을 호소했어요. 사건이 일어나고 며칠 뒤에 골프장으로 편지 한 통이 왔는데, 이 남성 손님의 사과문 편지였어요. 편지 안에는 사건의 이야기가 담겨 있었는데, 남자 손님이 볼이 잘 안 맞아 기분이 안 좋았는데 캐디가 그 상황에서도 "나이스 샷"을 외치는 게 너무 가식적으로 느껴져 더 화가 났다는 거예요. 사실 그 이야기를 듣고도 그래도 그렇지 캐디를 어떻게 때릴 수 있는지 이해가 가지 않았지만, 그 내용을 듣고 무조건적인 친절은 오히려 손님에게 불편함을 줄 수도 있다는 생각을 잠시나마 하게 되었어요.

카페를 운영하다 보면 정말 다양한 손님들을 만나게 되는데요. 특히 아무 이유 없이 까칠한 말투로 주문을 하시는 손님들뿐만 아니라 일부러 불만을 제기하는 경우들도 많다 보니, 항의에 대처하는 고객 응대 매뉴얼이 있기는 하지만 사실 사람의 다양한 감정을 문서로 정리하기란 쉬운 일이 아니에요.

저희 카페는 외부 음식 금지에요. 그런데 어느 날, 카페 근처에서 가족들과 식사를 하고 카페에서 어머님의 생일 파티를 하기 위해 오신 손님이 계셨는데요. 아직 손님 응대가 익숙하지 않은 신입 직원이 주문을 받게 되었어요. 혹시 생일 케이크를 먹어도 되는지 양해를 구하러 온 손님에게 딱 잘라 "죄송합니다. 저희 카페는 외부 음식 금지입니다."라고 말하자 손님이 당황한 표정을 지었어요.

다행히 제가 그 모습을 보고 얼른 손님에게 다가갔죠. "너무 죄송해요. 원칙은 외부 음식 금지이지만, 오늘은 특별한 날이시니까 저희 접시와 포크를 제공해 드릴게요. 다만 돌아가실 때 케이크 박스는 잘 정리해서 가져가 주시기 바랍니다."라고 말씀드렸더니 오히려 고객님은 감사해하셨어요. 매장 운영상 안 되는 것들이 있지만, 허용을 해 드릴 때는 무조건 괜찮다고 하는 것이 아니라 카페의 규정을 말씀드리는 게 좋아요. 왜냐하면 특별한 날이니 만큼 생일 케이크를 허용해 드린다고 말해야 허용의 가치가 더 강하게 전달되거든요.

보통 우리가 알고 있는 서비스가 무조건 고객들의 편의를 맞춰주는 것으로 생각하지만, 저는 조금 다르게 표현하고 싶어요. 서비스는 손님들의 언어를 이해하는 소통의 예술이라고 생각해요. 예술이라는 표현이 낯설 수 있지만, 카페 일을 오랫동안 하면서 제가 느끼는 서비스는 여러 가지 감각들이 작용해야 손님의 불편한 점이나 요구 상황을 듣고 소통해 나갈 수 있더라고요.

카페 문을 열고 들어오는 사람 중에는 딱 봐도 자신에게 말 걸지 않았으면 하는 철벽같은 방어적인 사람들도 있고, 표정에서부터 자신에게 말 좀 걸어달라는 눈빛을 보내는 사람들도 있어요. 사람들 각자마다 받고 싶어 하는 말이나 행동이 다르므로 정해진 공식들로 서비스하는 것은 좋은 서비스라고 말하기는 어려워요. 결국 진정한 서비스란 상대를 이해하는 기술이 아닐까 싶어요.

Q21. 브런치 카페, 어떻게 시작하면 좋을까요?

제가 일본에서 학교에 다니며 혼자 끼니를 챙겨야 했어요. 그러다 보니 자연스럽게 집에서 요리하는 일이 많아졌는데요. 제 주변에는 저와 같은 유학생 친구들이 많아서 주말 아침에는 채소와 빵을 사다가 친구들에게 브런치를 만들어 주곤 했어요.

그래서 그런지 만약 내가 브런치 카페를 오픈한다면 이런 스타일의 브런치가 나오면 좋겠다는 생각에 매일 아침 브런치를 만들어 1년 가까이 페이스북에 사진을 올리곤 했는데요. 아마 유학생 중 제가 제일 푸짐한 아침을 먹고 등교하는 학생이었을 거예요.

시간이 지나고 카페를 오픈하면서 브런치를 시도해 봐야겠다고 생각했지만 막상 운영의 어려움이 한둘이 아니더라고요. 매장에서 가볍게 샌드위치를 판매하고 있었는데, 샌드위치 주문만 들어와도 한 명은 샌드위치를 만드는 시간 동안 다른 한 명은 혼자서 주문받고 음료도 만들어야 하는 구조가 생각보다 쉽지 않더라고요.

여기에 브런치라는 메뉴가 더해지면 브런치만 담당하는 직원이 필요하겠더라고요. 보통 브런치를 판매하면 객단가 비율이 높으므로 직원 한 명을 채용해도 괜찮지 않냐는 질문을 하세요. 그런데 수익률 이외에 다른 것들을 생각해 보면요. 브런치를 즐기기 위해 오시는 분들은 커피와 식사를 한꺼번에 해결할 수 있다고 기본적으로 생각하세요. 그러므로 이동하지 않고 한곳에서 오랫동안 머무르죠. 객단가는 높아서 괜찮은 아이템이라고 생각할 수 있지만 회전율이 상대적으로 좋지 않은 단점이 있어요.

테이블 수가 많거나 브런치 가격을 조금 높게 잡아도 팔리는 지역이 아니라면 브런치 매장만으로 성공하기는 힘들어요. 우리나라에서는 한남동 같은 곳만 살아남지 않을까요? 일반 식당은 식사만 하고 나가기 때문에 테이블당 머무는 시간이 평균 30분 정도의 회전율을 가지고 있잖아요. 그런데 카페는 그렇지 않아요. 객단가만을 생각해서 운영하면 안 되는 게 브런치 카페라고 말하고 싶어요.

차라리 작은 카페에서는 객단가와 회전율을 높일 수 있는 포장 주문으로 브런치를 즐기게 하는 것이 훨씬 좋다고 생각해요. 저는 종종 브런치를 사 먹을 때 배달로 주문하는 경우가 많아요. 특히 주말 아침은 밥하기 싫은 날 있잖아요. 아니면 엄마들이랑 집에서 차 한잔할 때 배달로 주문해서 먹거든요.

제가 한참 카페에서 계절 브런치를 판매했던 적이 있어요. 반응이 너무 좋았어요. 신선한 채소를 다양하게 제공하고 모양도 나름 신경을 썼던 메뉴였어요. 브런치는 똑같은 레시피로 만든다고 해도 모양을 잘못 놓으면 느낌이 살지 않는 게 브런치에요. 그래서 직원들한테 디테일을 잡는 교육을 하는데, 요리 경력이 없는 친구들은 아무리 교육해도 한계가 있더라고요.

결국 저희는 브런치 메뉴를 정리하게 되었어요. 그런데도 브런치 카페를 오랫동안 유지하고 있는 카페들의 특징을 관찰하니, 바로 빵집 같은 시스템으로 운영하고 계시더라고요. 손님들이 앉아서 먹고 가기도 하지만 바로 사갈 수 있도록 만들었는데요. 우리는 흔히들 카페에서 먹어야 그 분위기를 낼 수 있다고 생각하잖아요. 그런데 잘되는 브런치 카페는 테이크아웃으로도 사가고 싶게끔 만들더라고요.

그래서 요즘은 맛보다 디자인인가 싶을 정도로 패키지 디자인에 정말 많이 신경을 쓰는 것 같아요. 샌드위치 하나를 사가셔도 손님에게 어떤 감성을 충족해 드릴 수 있을지 고민이 필요한데요. 포장을 해가는 것이 매장에서 드시는 것보다 어떤 즐거움을 제공해 드릴 수 있을지 연구해 보는 게 좋을 것 같아요.

Q22. 보험은 꼭 들어야 하나요?

어느 날 저희 매장으로 손님 한 분께서 전화를 주셨어요. 어제 지인들과 근처 식당에서 식사하고 저희 카페에 오셔서 커피를 마셨는데 설사를 한다는 거예요. 처음에는 "그러세요. 그런데 손님, 저희 매장에서 드시고 설사를 하신 건 아닌 것 같아요. 저희 카페에서 커피를 마셔서 일행분들이 다 설사를 하셨다면 그날 저희 카페에 오신 다른 손님들도 다 설사를 하거나 항의가 있었을 텐데요. 심지어 저희 직원들은 하루에 서너 잔 마셔도 괜찮은데요."라고 대답하자 욕설뿐만 아니라 신고를 하겠다는 등 협박 아닌 협박을 받게 되었습니다. 사실 저도 이런 일이 익숙하지 않다 보니 어떻게 대처해야 할지 너무 어렵더라고요. 우선 손님에게 죄송하다는 말씀을 전하고 앞으로는 관리에 더 신경 쓰겠다는 말씀을 드렸습니다.

그런데 그다음 날, 남편분의 부인이 전화가 와서는 속상해 죽겠다며 남편이 계속 설사하고 일도 못 나가고 있다며 약값을 요구하더라고요. 약값이야 얼마나 들겠나 싶어 우선 병원에 가셔서 진료를 받으시고 약 처방을 받으시면 연락 달라고 말씀드리고 전화를 끊었습니다. 그러자 다음 날 또 전화가 와서 억울하다며 남편은 살이 빠져가는데 약 처방 하나로 끝나는 게 괘씸하다며 이렇게는 못 지나갈 것 같다는 것이었습니다. "그럼 제가 뭘 어떻게 해 드리면 될까요?"라고 물어보니 남편에게 한약 좀 지어 먹어야 하니 한약값 50만 원은 줘야 한다는 말을 들었어요. 그 이야기를 듣고 손님 처지를 이해 못 하는 것은 아니지만 저희 사정도 이야기한 뒤에 30만 원으로 합의를 보고 끝냈던 적이 있었습니다.

그런데 이 일이 있고 얼마 되지 않아서 우연히 화재보험 설계사분을 만나게 되었어요. 이분에게 최근에 겪은 어려운 이야기를 전달하자 앞으로 이런 일이 발생하면 자신에게 연락을 달라고 하시더라고요. 무슨 말인가 했더니 화재보험 안에는 배상책임이 들어 있으므로 비용 처리를 할 수 있다고 해요. 보통 화재보험의 특징은 화재로 남에게 피해를 줬을 경우나 화재로 내 가게가 피해를 받았을 경우 보상을 받지만 저처럼 제 공간에서 손님이 피해를 보게 되면 배상책임으로 보장을 받을 수 있다고 하더라고요.

보상이 가능하다는 사실을 알고 나서 1년이 안 되어 손님 한 분이 카페에서 다친 일이 또 발생했어요. 매달려 있던 조명이 손님의 머리 쪽으로 떨어지는 사고였어요. 시설물을 제대로 점검했어야 했는데 매장 관리를 부주의하게 했기 때문에 정말 정중하게 사과드리고 치료비는 저희가 부담해 드릴 테니 얼른 병원에 가서 진료를 받으시라고 조처를 해드렸어요. 손님이 나가시자마자 보험사에 연락을 드려 잘 보상을 받을 수 있도록 당부를 드렸고요.

그런데 오히려 손님께서 병원에서 CT를 찍었는데 별다른 소견이 나오지 않아 괜찮다며 너무 걱정하지 말라고 연락을 주셔서 더 죄송한 마음이 들었죠. 그로부터 며칠 뒤 전화가 왔어요. 이번에도 사고를 당한 당사자가 아닌 부인께서 전화를 주셨어요. 남편이 사고 이후로 한의원에서 재활 치료를 받으러 다니는 것도 억울한데 보험사에서 알아서 절차를 진행해 주는 것이 아니라 자료를 준비해서 그쪽에서 청구하라는 식으로 말을 하니 화가 났던 모양이에요. 충분히 저라도 기분 나쁠 상황이라고 인지했기에 너무 죄송하다고 다시 한번 정중히 사과하고 보험사 쪽에 연락을 드려 조처했던 경험이 있어요.

배상에 대한 보상은 보험사가 해결해 줄 수 있지만, 보험사에서 고객의 마음까지 헤아려주지는 않아요. 혹시라도 매장에서 사고가 일어난다면 최대한 고객에게 죄송하다는 양해를 구하고 어떻게 다치셨는지 상태를 확인하는 것이 중요해요. 카페에서는 다양한 사건 사고가 잦기 때문에 마음 편하게 잠이라도 잘 자기 위해서는 화재보험은 꼭 들어 놓으시기를 추천드려요.

Q23. 효율성을 높이는 동선 설계는 어떻게 해야 할까요?

여러분은 카페에 가면 제일 먼저 어디로 가세요? 대부분 사람은 계산대로 향합니다. 손님들이 제일 먼저 하는 일이 바로 계산대에서 주문하는 일이기 때문이죠. 계산대에서 메뉴판을 훑어보다가 디저트가 보이면 디저트도 함께 주문할 겁니다. 주문을 마치면 그제야 앉을 자리를 찾고, 자리에 앉아 음료가 나오기를 기다리다가 진동벨이 울리면 음료를 자리까지 가져옵니다. 그리고 지인들과 시간을 보낸 후, 다 먹은 식기를 반납하는 곳으로 가서 쟁반을 올려놓고 나갑니다. 여기까지가 손님들의 이동 경로라고 보시면 됩니다.

그렇다면 일하는 사람들의 시선에서는 문을 열고 들어온 고객들에게 "안녕하세요?"라며 반갑게 인사를 합니다. 고객이 메뉴판을 편하게 볼 동안 시선은 잠시 다른 곳을 보고, 손님이 주문을 마치면 진동벨을 드리면서 "잠시만 기다려 주세요."라고 말씀을 전합니다. 음료와 디저트를 준비해 세팅이 끝나면 손님을 호출해 픽업대에서 준비된 음료를 드리기까지가 직원들의 이동 경로가 됩니다.

이 모든 이동 경로를 우리는 '동선'이라고 합니다. 동선을 설계하기 위해 제일 먼저 확인하는 부분이 출입문입니다. 픽업과 주문이 겹치면 안 되기 때문입니다. 대부분 겹치는 현상을 없애기 위해 포스기와 픽업 위치를 떨어뜨리는 경우가 많은데, 사실상 픽업 위치는 주문대 옆에 있는 게 제일 좋습니다. 그 이유는 손님들이 픽업하다가 추가로 디저트를 주문하거나 일행이 와서 음료를 추가하려는데 위치가 멀면 직원도 힘들고 고객들도 번거롭기 때문입니다.

이렇게 해서 픽업과 포스 위치가 정해지면, 그다음은 어느 위치에서 음료를 제조하는 것이 효율적인지를 생각해 봐야 합니다. 에스프레소 머신 같은 경우는 포스기 바로 옆에 두기도 하지만, 커피 추출 방법이나 디테일한 작업을 보여주고 싶은 경우가 있는데요. 그럴 때에는 포스기 바로 뒤편에 세팅하는 것이 조금 더 전문가적이거나 멋스러운 추출 모습을 보일 수 있으므로 의도적으로 손님이 보이는 각도에 세팅합니다.

에스프레소 머신을 중심으로 온수기, 제빙기, 그라인더가 위치해야 합니다. 저희 매장의 경우 좌측으로 제빙기와 온수기를 세팅하고 우측으로는 그라인더와 제조 공간이 있습니다. 주방 설계를 할 때 에스프레소 위치도 중요하지만, 냉장고는 머신 밑에 있어야 우유나 각종 재료를 꺼내기가 쉽습니다. 또한, 냉장고와 냉동고 위치를 정할 때도 그 위에 무엇을 올려야 할지를 고려해 세팅하는 것이 중요합니다.

무엇보다 제일 중요하다고 생각하는 것이 주방 간격입니다.

간혹 주방이 넓어야 일하는 기분도 좋고 일의 효율성이 좋다고 생각하지만, 120cm가 넘어가면 한 발자국이라도 더 걷게 되어 체력적으로 금방 지칠 수 있습니다. 그래서 많은 바리스타가 체력을 아끼기 위해 움직임을 적게 하고 동선 간격을 짧게 설계합니다.

그렇다면 일하는 사람을 위한 동선은 어떻게 설계하는 것이 좋은지 이야기해보겠습니다. 카페 규모에 따라 다를 수도 있고, 일하는 직원 수에 따라 달라질 수도 있지만, 한 명 혹은 네 명까지도 함께 일할 수 있는 설계를 하자면 포스기 주변으로 디저트가 있어야 합니다. 이는 포스 주문을 받는 사람이 주문이 밀리지 않을 때는 주문과 디저트 준비를 동시에 해줄 수 있어야 하기 때문입니다.

주방의 동선은 근무하는 직원들이 일을 효율적으로 진행할 수 있도록 설계하고, 매장 내부는 손님이 들어와서 나가는 순간까지 불편함이 없는지 고려해 동선을 설계하는 것이 중요합니다.

Q24. 매장을 운영하기 위해서는 어떤 절차를 거쳐야 하나요?

매장을 운영하기 위해서는 사업자등록증이 필요합니다. 사업자등록증을 만들기 위해서는 먼저 영업허가 서류를 준비해야 하는데요. 영업허가 서류를 만들기 위해서는 보건증, 위생교육수료증, 임대차계약서, 신분증이 필요합니다. 매장을 계약할 때 반드시 건축물대장상 용도를 확인하는 것이 중요한데요. 용도에 따라 일반음식점과 휴게음식점으로 나뉘기 때문입니다. 두 가지 모두 상업 활동이 가능합니다. 일반음식점은 주류 판매와 객실 설치가 가능하지만 휴게음식점은 불가능합니다.

운영 중에 커피 매출이 줄어들면 주류를 판매하거나 매출을 늘릴 수 있는 방안을 강구해야 하는 상황이 발생할 수 있습니다. 최근에는 하이볼이 유행하면서 카페에서도 가볍게 마시는 뱅쇼나 하이볼을 판매하는 매장이 늘고 있습니다. 처음에는 커피만 판매하려고 했어도 매출이 안 좋으면 계획을 빨리 수정해서 다른 음료를 팔아야 할 수 있잖아요. 그럴 때 휴게음식점은 제한이 있죠. 처음부터 일반음식점으로 허가된 곳을 들어가면 별문제가 없지만, 뒤늦게 안

게 된다면 용도 변경 신청을 해야 합니다. 문제는 용도 변경 신청이 불가능한 건물일 경우 변경 자체가 어려울 수 있습니다.

근린생활시설은 사람들이 사는 주거 환경 테두리에서 판매가 가능한 허용 범위 시설을 뜻합니다. 1종 근린생활시설과 2종 근린생활시설로 나뉩니다. 1종은 휴게음식점에 해당하고 2종은 휴게음식점과 일반음식점 운영이 가능하므로 술과 음식을 함께 판매할 수 있습니다. 1종으로 되어 있는 근린생활시설은 주류 판매가 어려울 뿐만 아니라 건축법에 따라 변경 신청이 쉽지 않다는 점을 꼭 알고 계시면 좋겠습니다.

계약하려는 건물이 있다면 정부24 사이트에서 건축물대장을 발급해 쉽게 파악할 수 있으니 계약 전에 꼭 확인해 보시기 바랍니다. 매장을 계약하고 나면 위생교육수료증을 신청할 수 있습니다. 예전에는 지역마다 지점이 있어 시간을 쪼개서 위생교육을 받았지만, 지금은 (사)한국외식산업협회를 통해 위생교육을 신청하고 3시간 이상 교육을 받으면 '나의 학습방'을 통해 바로 수료증을 출력할 수 있습니다. 휴게음식점으로 등록해야 할 때는 한국휴게음식업중앙회를 통해 식품 위생교육증을 신청하면 됩니다.

영업허가에 필요한 보건증, 위생교육수료증, 임대차계약서, 신분증을 가지고 시, 군, 구 관할 구청에 신고하면 바로 영업허가증을 발급받을 수 있어요. 여기서 팁을 드리자면, 영업 신고 시에는 면허세를 내야 합니다. 매년 1월에 정기분으로 과세하기 때문에 12월에 영업 신고를 하면 1월에 다시 등록면허세를 내야 하는 상황이 발생할 수 있습니다.

사업자 등록은 홈택스에서도 가능하므로 필요한 서류만 준비되었다면 인터넷으로 발급할 수 있습니다. 인터넷으로 사업자등록증을 만드는 방법에 대한 정보는 많으므로, 실질적으로 카페를 운영하면서 알고 있으면 좋은 팁을 알려드리겠습니다. 차후에 카페에서 인터넷으로 물품을 판매하고 싶다면 '즉석판매제조 가공업' 신고를 꼭 하시기 바랍니다. 추가로 신고하면 한 개의 매장에서 두 가지 사업을 진행할 수 있게 됩니다.

저희 매장도 사업자등록증에 음식점 이외에 서점, 도매, 컨설팅, 교육 등을 추가로 등록해 카페 운영뿐만 아니라 다양한 형태로 사업을 확장해 나가고 있어요. 저는 협회의 도움을 받고 있으므로 한국외식업중앙회에 월 25,000원의 회비를 내고 있는데요. 개인적으로 꼭 가입하기를 추천합니다. 사업자등록증이 만들어지면 나머지는 협회에서 추가 작업이나 많은 도움을 주기 때문에 외식업 활동을 하시는 사업자분이라면 협회에 꼭 가입하셔서 도움받으시길 추천합니다.

Q25. 오픈 이벤트는 어떻게 할까요?

어느 날, 지인분한테서 연락이 왔어요. “최 사장님, 제가 아는 분이 카페를 오픈했는데 오늘 개업식이라고 초대했네요. 시간 되시면 함께 카페 가서 차 마시고 와요.” 오픈 당일에 같이 가자는 연락이었지만 그날은 마침 다른 일정이 없어서 잠시 다녀오기로 했어요.

카페에 도착하자마자 여기가 오늘 오픈한 카페라는 걸 멀리서도 알 수 있었어요. 입구 앞에 현수막으로 ‘오픈 이벤트 아메리카노 1,500원’이라고 쓰여 있었거든요. 할인 이벤트 문구 때문인지 사람들이 주문하려고 계산대 앞에 길게 줄을 서 있었는데요.

사람들 틈 사이로 오픈한 사장님의 얼굴을 처음 보았어요. 인사도 제대로 못 하고 카페 한쪽 테이블 의자에 앉았어요. 50대 초반 정도의 여사장님이었는데, 음료를 제조하는 게 다소 미숙해 보였어요.

아직 주문하지 않고 테이블에 가만히 앉아 있었는데 남편처럼 보이는 분이 테이블에 떡을 가져다주셨어요. 떡을 먹으며 수다를 떨다 보니 시간이 훌쩍 지나갔어요. 한 차례 정신없는 시간이 지나고 나서야 여사장님이 테이블로 오셨어요. 사장님의 얼굴은 많이 지쳐 보였지만, 손님들이 많이 몰렸다는 것이 기쁘셨는지 뿌듯한 표정을 지으셨어요.

이런저런 이야기를 나누다가 "앞으로 꽃길만 걸으세요, 사장님." 하고 인사를 건네고 왔던 기억이 나요. 그리고 6개월 뒤에 지인으로부터 여사장님의 근황을 듣게 되었어요. 오픈 지 1년도 안 되었는데 장사가 너무 안돼서 걱정이 많다는 이야기였어요. 그 소식을 들었는데 그렇게 놀라지는 않았어요. 어느 정도는 예상하고 있었거든요. 다만 생각했던 것보다 어려움이 일찍 찾아와서 마음이 안타까웠어요.

만약 제가 그분과 친분이 있었고 친한 사이였다면 오픈 이벤트를 하지 말라고 조언했을 거예요. 이벤트가 무조건 나쁘다는 것이 아니라, 만약에 카페 운영을 해보고 함께 일하는 직원과 호흡이 잘 맞춰지면 모를까, 처음 카페 창업을 오픈하면서 할인 이벤트를 한다는 것 자체가 큰 모험이라고 생각해요.

이런 오픈 이벤트는 제대로 준비가 되어 있지 않을 경우 손님들에게 불편함과 운영의 미숙함을 느끼게 해줄 뿐이에요. 과연 오픈 이벤트 후에 4,000원씩 하는 아메리카노를 사람들이 사 먹을까요? 프랜차이즈 같은 경우, 카페가 오픈하면 일정 기간 몇 가지 특정 음료들을 할인 이벤트로 진행해요. 그게 가능한 이유는 프랜차이즈 같은 경우 본사에서 인력 파견 지원을 해주기 때문에 사람들이 몰려도 소화해 낼 수 있어요.

혹시 이런 일 겪지 않으셨어요? 친구들과 밥을 먹고 차를 마시는 곳을 찾다가 길에서 우연히 새로 오픈한 카페를 발견하게 되면 그곳을 가보려고 하잖아요. 그런데 한 친구가 "야, 저기 진짜 별로야! 내가 저번에 오픈한 날 가봤는데 커피 한잔에 30분을 기다렸어. 너무 느리더라."라고 말한다면, 그 말을 들은 사람들은 그 카페에 대한 선입견이 생기게 되겠죠. 카페 운영이 처음이시고 아직 서툴다면 무턱대고 오픈 이벤트를 하기보다는 그동안 고맙고 마음을 전하고 싶은 사람들을 초대해서 앞으로 카페에 적응해 가는 동안 많이 도와달라고 정중히 부탁하는 자리가 오히려 카페 운영에 도움이 될 수 있어요. 저는 이렇게 하는 게 첫 번째 단골을 만드는 것이라 생각해요.

저 또한 카페를 오픈할 당시 오픈 광고나 이벤트 행사 광고를 하지 않았어요. 첫날 그냥 조용히 문을 열었어요. 오시는 고객분들에게 일정 기간 테이블마다 초콜릿과 꽃을 놓아드렸어요. 그렇게 서서히 고객들을 확보해 갔습니다. 조급해하지 마세요. 홍보는 어느 정도 실력이 갖추어진 다음에 시작해도 괜찮아요.

Q26. 쿠폰과 포인트 적립은 어떻게 하면 좋을까요?

제가 카페 창업을 준비하던 초창기에는 이미지 플랫폼이 지금처럼 다양하지 않았기에 일러스트 작업으로 스탬프를 만들었어요. 하지만 지금은 기본적인 포스터 작업이나 도장을 만들 때는 캔바, 미리캔버스, 망고보드 등을 이용하면 손쉽게 작업할 수 있어요. 스탬프 도장을 만들다 보니 도장 쿠폰도 준비해야겠다는 생각이 들어서 제작하게 되었는데요. 지금은 포인트 적립이 많아져서 창업을 준비하시는 분들이 포인트 적립을 많이 하는 추세이지만, 아직도 쿠폰 도장을 사용하는 사장님들이 많기에 각각의 장단점을 소개해 보려고 해요. 보통 쿠폰 10개 혹은 8잔을 드시면 음료 한 잔이 서비스로 나가잖아요. 그런데 생각해 보면 3,500원짜리 음료를 10번 먹으면 한 번이 무료인데, 거의 10% 이상의 적립인 셈이에요.

쿠폰 사용의 최대 장점은 어떠한 가입 절차가 필요 없다는 거예요. 운영자로서는 크게 번거로운 일이 아니지만 손님으로서는 매번 들고 다녀야 하거나 결정적인 순간에 쿠폰을 잃어버리는 경우가 많다 보니 30번 넘게 방문했어도 무료 음료를 못 드시는 고객분들이 생각보다 많더라고요. 어떻게 보면 10%나 되는 적립이지만, 운영자로서는 저비용으로 단골을 관리하기가 편해요.

저도 매장에서 도장 쿠폰을 사용했었는데요. 2년 후에는 플러터 적립 시스템을 만나 도장 쿠폰 대신 적립 서비스를 도입하게 되었어요. 저희가 사용하는 플러터는 포인트 적립은 물론, 고객의 행동 패턴을 분석하고 온라인으로 쿠폰이나 이벤트 문자를 전송할 수 있는 기능이 있어 고객 관리가 훨씬 편리해졌어요. 요즘은 다양한 포인트 적립 시스템인 포인톡 또는 포스와 연동되는 페이히어 등 다양한 프로그램이 생겼기 때문에 사람들의 후기를 잘 알아보고 도입하는 것을 추천해 드려요.

만약 쿠폰 도장을 고민하고 계신다면, 초창기에 단골을 모을 때 좋은 것 같아요. 하지만 단골분들이 많아지고 관리가 쉽지 않다고 판단되면 포인트 적립도 추천해 드립니다. 《작은 카페 성공 매뉴얼》 저자 조성민 대표는 대전에 허밍 카페를 운영하고 있습니다. 제가 2015년도에 《나는 스타벅스보다 작은 카페가 좋다》라는 책을 읽고 대표님을 만나러 대전에 간 적이 있습니다. 그때만 해도 조성민 대표님은 고객 관리를 바인더로 하고 있었고, 포인트가 많이 쌓이는 분들에게는 명예의 전당이라는 명패를 만들어 주고 있어서 고객 만족도가 굉장히 높다고 하더라고요.

일반 쿠폰의 단점은 기록이 없어서 단일성이 강해요. 한 번 다 쓰면 새로 쿠폰을 찍어야 하므로 자주 오는 단골도 언제나 그 자리에 있는 듯한 느낌을 줍니다. 반면, 적립 포인트는 그동안 사용한 금액과 포인트 사용 금액을 알 수 있으므로 포인트가 차감되어도 이 고객님이 우리 카페에 얼마나 자주 오시는지 알 수 있어요. 그동안 방문한 횟수를 보면서 서비스 이벤트도 진행할 수 있어요.

적립 포인트는 설정이 자유롭고 변경도 가능해요. 3% 적립을 했다가 10만 원 이상 이용해준 고객에게는 5%, 30만 원 이상 이용해주신 고객에게는 7% 등으로 파격적인 포인트를 적립해 드릴 수도 있어요. 적립 포인트의 단점이 있다면 가입비와 월 사용료가 있다는 점 이외에는 불편한 점을 찾지 못했어요. 그러하기에 처음부터 무리하게 적립 포인트를 도입하기보다는 쿠폰을 사용하다가 변경하는 걸 더 추천해 드려요. 나중에 쿠폰 도장에 쌓인 고객분들은 시스템을 변경하면서 포인트를 넣어주면 되기 때문에 처음부터 포인트 적립을 도입하지 않아도 괜찮다고 생각해요.

Q27. 조언은 어디까지 들어야 하나요?

카페 창업을 결심했다면, 오픈할 때까지 누구의 조언도 함부로 듣지 말기를 권합니다. 심지어 유튜브에서 카페 창업의 어려움을 이야기하는 영상을 굳이 볼 필요도 없다고 생각합니다. 카페 창업이 힘들다는 것은 사실이지만, 실패한 사람들의 이야기를 듣다 보면 긍정보다는 부정적인 이야기만 들리기 때문입니다. 저는 이 책에서 카페 창업이 만만치 않다고 이야기하지만, 이는 너무 쉽게 생각하는 사람들에게 경각심을 주기 위한 것입니다.

요즘 카페를 창업하는 사람들을 보면 무엇을 어떻게 제공할지보다 어떻게 보여줄지에 대한 고민과 시간을 더 많이 투자합니다. 사람들은 성공이라는 틀 안에서 상대를 분석하거나 실패와 성공을 자기 스타일로 해석하는 경우가 많습니다. 그러다 보니 누군가의 조언은 혼자서 내린 판단이나 결정을 도와주기도 합니다.

하지만 카페를 한다고 선언한 후에는 '한다, 안 한다'의 결정이 아니라 '잘하는 방법'을 알고 싶다면 부모나 주변 지인들에게 조언을 구하지 않았으면 합니다. 괜히 조언을 듣고 싶다며 아무에게

나 자신의 마음을 털어놓지 않았으면 좋겠어요. 혹시라도 마음의 위안을 받고자 지인들에게 자기 생각을 이야기했을 때, 오히려 그것이 독이 되어 마음에 상처를 받을 수도 있습니다.

카페를 운영하고 싶다는 이야기를 지인들에게 꺼냈을 때 듣고 싶은 말은 하나였을 겁니다. 내 결정이 옳다는 것. 단지 자신에게 확신이 없어서 주변 사람들에게 확인해 보고 싶었겠죠. 카페를 운영하다 보면 트렌디한 메뉴들이 눈에 들어옵니다. 매출에 영향을 줄 수 있는 디저트를 연구하거나 매장을 더 효율적으로 운영할 방법을 연구하기 위해서는 시간과 비용이 들기 마련인데요. 이럴 때는 혼자 결정하는 것이 망설여질 때가 많아요. 답을 쉽게 얻을 수 있는 문제에는 남들의 의견이나 조언을 듣지 않아도 실행할 수 있지만, 큰 비용이 들거나 좋은 결과물을 내기 위해 시간을 들여야 할 때는 고민이 많아집니다. 이럴 경우에는 저도 모르게 지인들에게 물어보게 되더라고요.

카페를 운영하면서 쉬운 길은 없어요. 그리고 모든 결과는 투자한 만큼 자신에게 돌아오게 되어 있다고 믿어요. 제가 10년 넘게 카페를 운영하다 보니 저도 새로운 일을 시작하고 싶다는 생각을 떨쳐버리기가 쉽지 않더라고요. 마침 카페에서 5분 거리에 마음에 드는 공간이 있었어요. 임대료가 생각보다 비싸지 않아서 뭔가를 도전해야겠다는 생각이 들었는데요. 저의 확신이 부족했기 때문에 지인에게 "이곳에서 카페 컨설팅 교육을 진행하면 어떨까?"라는 질문을 했죠. 지인에게 들은 소리는 본전 없는 대답뿐이었어요. 결국 저는 제가 내린 결정으로 공간을 얻게 되었어요. 카페와 교육장을 오가면서 체력적으로 소모도 만만치 않았지만, 더 큰 문제는 6개월이 넘도록 카페 창업 교육생이 한 명도 없었다는 거예요. 분명 시작할 때는 비장한 목표를 세우며 진행했지만, 현실은 생각만큼 성과가 나오지 않더라고요.

하지만 저는 제가 내린 결정이 무조건 손해라고 생각하지 않아요. 오히려 카페 창업을 교육해야겠다고 다짐하면서 제가 운영하는 카페를 더 신경 쓰고 매출을 올릴 수 있는 계기가 되었거든요.

사람은 너무 편안하면 안주하지만, 때로는 자신을 벼랑 끝으로 몰아야 절박함 속에서 방법과 계획들이 더 정확하게 나옵니다. 그러니 카페 창업을 시작한다고 마음을 먹고 결정했다면, '실패하면 어쩌지'라는 걱정보다는 위기에 대처할 수 있는 마음의 근육을 단련하면 좋을 것 같아요. 결국 컴컴하고 끝이 없을 것 같은 긴 터널은 누구와도 함께 갈 수 없어요. 오직 스스로 내린 결정을 가지고 방법을 찾아가는 수밖에 없죠.

Q28. 홍보는 어떻게 해야 할까요?

제가 2013년 카페를 오픈했을 당시와 지금은 완전 시스템과 환경이 많이 변했기 때문에 전단지로 카페를 홍보하는 시대가 아닌 소셜미디어 플랫폼을 통해 카페를 홍보하는 시대가 되었어요. 그러다 보니 무작정 카페를 홍보하기 위해 광고회사에 맡기기보다는 자신의 이야기를 오픈 전부터 전달할 수 있어야 해요.

시대적인 패턴을 가만히 관찰하다 보면 사람들의 소비 심리가 예전과 다르다는 것을 발견할 수 있거든요. 예전에는 제품의 성능이나 품질 또는 디자인을 보면서 제품이 가지고 있는 특징을 파악해서 상품을 구매했다면 지금은 인플루언서, 즉 그 제품을 사용하는 사람을 보고 상품을 구매하는 경우가 더 많아졌어요.

사람들은 어떤 경로로 카페를 찾을 것으로 생각하시나요? 혹시라도 어떻게 찾아오는지 모르신다면 나는 어떤 경로로 카페를 찾아다니는지를 생각해 보는 것이 좋을 것 같아요. 저는 카페 탐방을 할 때 인스타그램을 통해 '카페 맛집'을 검색하거나, 아니면 지명을 넣어서 '강남 카페'를 검색하는 편이에요. 이미지로 마음에 드는 카페를 검색한 후에 네이버에서 다시 검색해서 플레이스나 블로그 후기 글을 보고 선택해서 찾아가곤 합니다.

서점에 가면 '블로그 마케팅', '인스타 마케팅', '유튜브 마케팅', '페이스북 마케팅' 등 다양한 마케팅 책이 있죠. 이런 책들을 보고 있으면 홍보를 위해서 마케팅을 배워야 할 것 같다는 생각이 들지만 막상 어디서부터 배워야 할지 혼란을 겪을 수도 있어요. 저 또한 많은 시간을 여러 가지 마케팅을 배우느라 돈과 시간을 엄청나게 쏟아붓기도 했으니까요.

그런데 결국 제가 내린 결론은 자신이 가장 익숙한 플랫폼에서 활동하는 게 진리라고 생각해요. 사실 이걸 깨닫기까지 오랜 시간이 걸렸는데요. 《내 운명은 고객이 결정한다》 박종윤 선생님의 온라인 수업을 듣고 더 확실하게 깨닫게 되었어요. 제가 그동안 다양한 지식을 습득했음에도 성과가 없는 이유에 관해 설명해 주셨는데요. 그동안 마케팅의 정의를 정확히 모르고 배웠기 때문에 목적도 없이 무조건 배우기만 바빴던 거예요.

마케팅은 한마디로 말하자면 시장이었어요. 'market', 그런데 그 시장이 나의 독립된 시장이 되기 위해서 우리는 플랫폼이라는 채널을 통해 자신을 홍보하는 것이라고 말씀해 주셨는데요. 결국 우리가 흔히 알고 있는 인스타그램, 블로그, 페이스북은 그냥 채널에 불과할 뿐이었어요. 그러므로 무작정 배우는 것이 중요한 것이 아니라 자신이 좋아하는 채널에서 시작하는 게 중요해요.

꼭 인스타그램이 아니더라도 자신이 좋아하는 채널을 선택했다면 자신을 드러내는 연습을 오픈 전부터 했으면 좋겠어요. 보통 대다수 사람이 카페를 오픈한 후에 사진을 올리는 경우가 많은데요. 그렇게 시작하면 출발점부터 조급한 마음이 생길 수 있어요. 하지만 나는 왜 카페를 시작하려고 했는지부터 준비 과정에서 무엇을 배우고 어떤 어려움이 있었는지의 과정까지 올리면서 팬층을 확보해 가는 홍보 전략을 추천해 드리고 싶어요.

다양한 플랫폼에서 자신의 매장이나 제품을 홍보하는 사람들을 보면 항상 그 과정을 이야기해요. 어떤 과정에서 나는 어떤 마음으로 카페를 오픈하는지, 그리고 준비하는 과정에서 어떤 어려움과 고민이 있는지를 사람들과 소통해 가다 보면 어느 날 이미 오픈만을 기다리는 고객들이 계실 거예요.

홍보를 잘하는 방법은 결국 나라는 사람을 통해 사람들이 관심을 끌게 만드는 작업이라고 말하고 싶어요. 그러니 오픈 전부터 사람들과 공감하며 외롭지 않게 오픈하셨으면 좋겠어요.

Q29. 카페에 필요한 장비 구입 팁은 어떤 것들인가요?

제가 최근에 카페 창업 교육장을 만들면서 중고로 에스프레소 머신을 샀는데요. 교육용으로 사용하기에는 문제가 없지만, 중고제품으로 매장에서 쓰기에는 안정적이지 않더라고요. 더 큰 문제는 알 수 없는 원인을 찾기 위해 A/S를 받아야 했는데, 중고라서 부를 때마다 무조건 출장비가 발생했고, 출장비가 생각보다 비싸더라고요. 세 번 정도 출장비를 내면 제빙기 한 대를 더 살 수 있는 가격이 나오더군요.

제가 처음 매장에서 사용한 커피머신 장비는 '란실리오 클라쎄7'이었어요. 고가의 장비는 아니지만 그래도 10년 동안 효자 노릇해준 훌륭한 머신이었어요. 운영하면서 고장으로 수리해 본 적은 없지만, 소모성인 가스켓, 샤워 스크린, 바스켓, 스팀 노즐은 틈틈이 교체하고 머신 관리에 신경을 많이 썼던 덕분에 10년 넘게 함께해준 머신이에요. 그럼에도 제가 최근에 에스프레소 머신과 냉장고, 냉동고를 교체했는데요. 아직도 잘 사용하고 있는 장비를 소개하자면 '브레마 제빙기'와 '바이타믹스 블렌더'에요. 처음 구매했을 때는 가격이 다른 제품보다 비싸다 보니 고민을 많이 했는데요. 지금 와서 생각해 보면 돈을 벌어다 준 제품인 것 같아요.

저 같은 경우에는 냉장고와 냉동고를 구매할 당시 직냉식과 간냉식이 있는 줄 몰랐어요. 단지 가격이 조금 저렴하다는 이유로 직냉식을 선택했는데 그 덕분에 손목 근육통에 종종 시달리는 편이에요. 간냉식은 차가운 바람을 팬으로 순환시키기 때문에 냉장고 내부를 차갑게 유지하는 방식이라면 직냉식은 냉장고 내부를 직접 차갑게 만들기 때문에 성에가 잘 끼거든요. 냉장고는 온도가 아주 높지 않기 때문에 직냉식을 사용해도 괜찮지만, 냉동고는 어느 순간 성에가 많이 끼게 돼요.

혹시라도 나중에 구입한 냉동고가 직냉식이라면 당황하지 마시고 관리를 잘해 주면 됩니다. 미리 말씀드리지만 저는 이런 냉장고를 10년 동안 사용했어요. 성에를 제거하기 위해 가끔 저희 직원이 송곳이나 뜨거운 물을 들고 오는데요. 그러면 냉동고가 빨리 고장 날 가능성이 크기 때문에 재료를 모두 꺼낸 후에 성에가 조금 녹으면 손으로 제거해 주는 게 제일 좋아요.

중고제품과 새 제품의 차이는 아무래도 품질관리 기간이라고 보시면 되세요. 여기서 팁을 조금 드리자면 새 제품을 구매하고 나서 A/S 만료 기간 한 달 전에 고장이 없더라도 무조건 무료 관리를 받는 것을 추천해요. 보통 제품들이 1년 혹은 2년까지는 제품 품실 보증 기간이 있으므로 그 기간 안에 발생하는 수리비는 제조사가 부담하기 때문에 제품 품질 보증 기간 만료 전에 점검을 받아 놓으면 고장 없이 오래 사용할 수 있어요. 제품 점검 날짜는 공책이나 노트에 정리하면 잊어버리는 경우가 많으니 필터 교체일, 점검 일자는 제품 앞에 부착하여 수시로 점검할 수 있도록 기록하시는 게 좋아요.

좋은 장비란 가격 대비 성능이 괜찮고 고장 없이 관리가 편한 제품을 말해요. 요즘은 유튜브나 블로그 후기를 통해서도 다양한 제품의 장단점을 잘 알 수 있지만, 카페 박람회를 통해 다양한 제품들을 보고 업체들이 소개하는 제품들의 장점과 문제점들을 직접 들어보시고 판단하시는 게 좋아요.

저는 무조건 비싼 제품을 사는 게 정답은 아니라고 생각하기 때문에 구입할 수 있는 예산 범위 내에서 매장에 적합한 제품을 구매하는 것이 좋다고 봐요. 제품은 결국 관리를 어떻게 하는지에 따라 좋은 제품도 수명이 짧아질 수 있어요. 그러므로 항상 청결하게 제품 관리를 하는 것이 장비를 오래 사용하는 방법이에요.

Q30. 제빙기를 선택하는 팁이 있나요?

몇 년 전 정확히 기억나지는 않지만, 그해 여름은 정말 더웠어요. 날씨 때문에 사람들이 얼음물을 많이 요청해 처음으로 제빙기 바닥을 보았던 날이었어요. 오후 3시밖에 되지 않았는데 얼음이 동이 나기 시작하면서 식은땀이 나더군요. 얼음이 떨어져서 고생하고 나니 알겠더라고요. 제빙기가 계속 얼음을 만들어 주는 줄 알았는데, 그게 아니었어요. 일반적으로 카페에서 사용하는 제빙기는 50kg짜리인데, 하루 만들어지는 얼음 양이 딱 50kg이었던 거예요. 평소에는 얼음 양이 충분했지만, 처음으로 제빙기 바닥이 보이자 상황을 이해하게 되었어요.

매장의 규모에 따라 제빙기의 용량이 달라지겠지만, 보통 저가형 카페의 경우 점심시간에 손님들이 몰리면 빠르게 얼음 음료를 제공하기 위해 150~200kg의 대용량 제빙기를 갖춰 두어야 해요. 제빙기도 냉장고와 마찬가지로 수냉식과 공냉식이 있는데요. 지금까지 사용했던 제빙기가 공냉식이었어요. 공냉식은 가격이 저렴하고 보통 카페 매장에서 가장 많이 사용하는 제품이기 때문에 한 차이

망설임도 없이 구매한 제품이에요. 만약 제빙기 소리가 요란하거나 얼음의 빙질이 제대로 나오지 않는다면, 기계 고장이라고 생각할 수 있는데요. 저도 처음에는 소음이 심해지니 뭔가 잘못됐나 싶어 업체에 전화를 해서 기사분이 오셔서 말씀해 주셨는데, 제품이 놓인 위치가 벽이랑 너무 가까우면 기계를 오래 사용하기 힘들다고 하시더라고요.

시간이 지나고 나서야 이해한 것은 이것이 공냉식의 단점이라는 것이었어요. 제빙기에 달린 냉각팬이 바람을 일으켜서 열을 배출해야 하는데, 벽이랑 가까워서 열이 빠져나가지 못한 거였죠. 더운 열기 때문에 팬의 소음이 더 심해지고 결국 얼음의 빙질까지 영향을 받게 된 거예요. 처음부터 공냉식 제빙기를 구매하시는 분들은 주방을 설계할 때부터 통풍 공간을 확보하는 것이 중요해요. 이런 불편함을 피하고 싶다면 수냉식 제빙기를 구매하면 되는데요.

수냉식은 물로 열을 식혀주기 때문에 소음이 적고 공냉식 제빙기처럼 공간을 확보할 필요가 없어요. 그리고 얼음 생산 속도도 공냉식보다 빠르므로 사용하기 편해요. 그러나 수냉식을 사용하려면 물을 계속 틀어 놓아야 하고 필수로 급수 배수관 설치를 해야 해요. 온종일 물을 틀어야 하므로 수도요금이 많이 부과되지만, 더 중요한 고려 사항은 겨울에는 배수관이 동파될 위험이 있다는 것이죠. 수냉식과 공냉식이 각각 장단점이 있으므로, 카페 환경에 맞게 선택하면 되지만, 무엇보다 수도세 폭탄은 피하고 싶을 거예요.

어떤 제빙기를 사용하든 가장 중요한 것은 위생관리입니다. 특히 제빙기 관리를 소홀히 하면 식중독 같은 감염을 유발할 수 있으므로 점검일지를 작성하여 기록하는 것이 중요해요. 제빙기 청소는 두 가지를 기억해야 해요. 하나는 내부와 외부 청소인데, 내부는 이물질이나 석회가 쌓이지 않도록 최소 월 1회 소독제를 이용해서 세척과 소독을 해주는 것이 중요해요. 공기 필터는 매장 환경에 따라 먼지가 많이 쌓이기 때문에 때때로 점검해 주어야 빙질에 영향을 받지 않아요. 마지막으로 관리해야 하는 것은 필터 관리인데요. 필터는 보통 6개월에 한 번씩 갈아주기는 하지만, 매장의 환경에 따라 달라질 수 있어요.

Q31. 에스프레소 머신은 어떤 것을 구입해야 하나요?

제가 카페를 처음 운영했을 당시에는 원두 자체를 강배전보다는 중배전으로 로스팅했어요. 당시 한국형 프랜차이즈들이 급성장하는 추세였죠. '아라비카 100%'라는 TV 광고뿐만 아니라 어느 순간 사람들이 로부스타와 같은 저가 품질의 원두보다는 품질이 좋은 원두를 선호하기 시작하던 무렵이었어요. 하지만 오랜 시간 동안 사람들에게는 로부스타 같은 다크한 커피가 익숙했기 때문에 아라비카종으로 중배전을 해도 사람들은 연하다고 말하던 시기였어요. 카페를 운영하면서 커피에 대한 지식을 더 쌓아야겠다고 생각이 들어 테라로사에서 운영하는 커피 교육을 따로 신청해서 로스팅부터 드립 커피 추출까지 새로 배우기 시작했어요.

그때가 벌써 8년이 넘었네요. 그때 선생님께서 저희 매장의 원두를 지금보다 약배전으로 로스팅해야 커피가 가지고 있는 고유의 맛을 끌어낼 수 있다는 조언을 주셨어요. 하지만 현재 매장에서 사용하고 있는 머신으로는 약배전으로 원두가 가지고 있는 맛을 추출하는 데 한계가 있었어요. 결국 중배전 로스팅으로 호불호가 갈리지 않는 커피 원두를 선택하게 되어 지금의 '까치카페만의 커피'를 브랜딩하게 되었어요.

에스프레소 머신은 크게 세 가지로 나뉘는데요. 보급형 커피 머신, 중급형 커피 머신, 고급형 커피 머신입니다. 보급형은 보일러가 일체형이고, 중급형은 독립형 보일러를 말해요. 고급형은 흔히 하이엔드 커피 머신이라고 말하는데, 독립 보일러와 가변압 추출이 가능하므로 커피 맛의 디테일을 잡을 수가 있어요. 다만 단점이 있다면, 이런 섬세한 작업과 다양한 기능을 사용하기 위해서는 일하는 직원들이 일정한 수준의 커피 지식을 가지고 있어야 맛의 디테일을 유지할 수 있다는'점이에요. 매장 자체가 바쁘고 누구나 빠르게 가르쳐서 생산성을 높이기 위해서는 고가의 복잡한 머신보다는 심플한 머신이 훨씬 효율적이라고 생각해요.

그래서 커피 머신을 선택할 때는 먼저 커피가 매장에서 차지하는 비중과 주변 상권을 파악하는 것이 중요해요. 일반 동네 상권에서 무난한 커피를 선호하는 고객층이라면 굳이 비싼 머신을 구매할 필요가 없다고 생각해요. 좋은 머신을 먼저 구매하는 것보다는 매장의 콘셉트와 브랜딩 가치를 정한 후, 그에 맞는 머신을 선택하는 것이 더 현명한 방법이라 생각해요.

저는 10년 전 '란실리오 클라쎄7'을 카페쇼에서 구매했어요. 이 머신은 저에게 큰 도움이 되었지만, 이제는 교체할 때가 되었죠. 커피 머신을 다루면서 가장 중요하게 생각해야 할 부분 중 하나는

A/S 서비스예요. 머신 청소를 하다 보면 작은 실수로 부품을 잃어버릴 때가 있는데, 그럴 때 빨리 연락해서 필요한 부품을 받을 수 있어야 해요. 에스프레소 머신이 고장 나면 매장 운영이 어려워지기 때문에, 온라인상에도 부품이 있는지와 이를 관리해 주는 영업부서가 있는지 확인하는 것이 중요해요. 최근에 '씨메05 뉴 시그니처' 머신기를 구매했는데요.

이 머신을 선택한 이유는 독립 보일러가 있기 때문이었어요. 기존에 사용하던 란실리오 제품은 1개의 보일러로 스팀, 온수, 커피 추출을 모두 처리해야 했기 때문에 연속 추출 시 온도의 편차가 크고, 원두의 맛 변화를 일정하게 유지하기가 어려웠어요. 반면 독립식 보일러는 커피 그룹의 수만큼 작은 보일러들이 개별적으로 있으므로 그룹별로 온도 제어가 가능하고, 온도에 크게 영향을 받지 않아 일정한 맛을 유지할 수 있어요. 전에 사용했던 기계보다 조금 더 비싸긴 하지만, 좋은 기계가 커피 맛에 주는 영향은 확실히 크다고 느꼈어요.

하지만 무엇보다 중요한 것은 현실적인 점검이에요. 무리하게 에스프레소 머신에 투자하기보다는 카페 운영에서 필요한 만큼의 기능과 성능이 있는 제품을 선택하는 것이 더 현명하다고 생각해요. 다양한 머신을 비교해보고, 자신에게 맞는 최적의 선택을 하시길 바랍니다.

Q32. 상가 계약 시 주의해야 할 점은 무엇인가요?

한 번은 사람들이 오지 않는 구석진 상가가 싸게 나왔다는 이야기를 들었어요. 지인 중에 제빵을 잘하시는 분이 계셨는데 그 건물에 관심을 가지셨어요. 그 정도 월세면 많은 투자를 하지 않아도 베이커리 카페를 운영할 수 있을 것 같다며 계약을 하셨죠. 너무 인적이 드문 골목이었지만 그분의 눈빛은 벌써 줄 서는 디저트 맛집이 될 거라는 확신이 있으셨어요. 그런데 정말로 사장님의 예감은 적중했어요. 몇 개월 뒤 디저트 맛집으로 소문이 나면서 사람들이 몰려오기 시작했고, 하루 6시간만 근무하고 일찍 문을 닫는 가게로 유명해졌어요.

어느 날 매장을 찾아가 보니 본격적으로 투자를 하시려는지 인테리어 공사를 제대로 하고 계셨어요. '역시 성공하는 사람들은 맨땅에 헤딩해도 성공하는구나'라는 생각이 들더라고요. 그런데 얼마 후 길에서 우연히 만난 사장님의 모습은 정신이 반쯤 나가 있었어요. 금방이라도 눈에서 눈물이 쏟아질 것 같은 얼굴로 제 손을 붙잡으셨어요. 무슨 일인지 궁금해서 인근 카페에서 차 한잔을 마시며 이야기를 들어보았더니, 재개발로 인해 매장을 정리해야 할 것 같다는 이야기였어요. 그동안 벌어놓은 돈을 인테리어비에 투자했던 사장님은 너무 허탈한 표정이었어요.

계약 당시 꼼꼼하게 살폈어야 했는데, 저렴한 가격에만 끌려 계약 내용을 충분히 확인하지 않았던 거죠. 힘들게 쌓은 탑이 한 번에 무너지는 상황을 옆에서 보니, 카페 창업을 하기 전에 상권을 잘 알아봐야겠다는 생각이 들었어요.

계약 전에 상권을 분석해야 하는 이유 중 하나는 재개발 가능성 유무를 확인하는 것이 중요해요. 보통은 파악하기가 힘들 수 있는데, 상권 분석을 할 때 조건이 좋지 않더라도 운영자의 영향력에 의해 상권 주변이 변하는 경우도 간혹 있으므로 좋은 상권과 나쁜 상권을 규정짓는 것이 애매하지만, 피해야 할 매장 위치가 있어요.

바로 큰 건물들 사이에 있는 오래된 낮은 건물 상가는 되도록 피하는 것이 좋아요. 그 이유는 모든 상가는 그 토지에 대한 용도가 정해져 있는데, 그 구역의 용도에 따라 건물을 올릴 수 있는 높이가 정해져 있기 때문이에요. 이러면 어느 날 갑자기 낮은 건물들이 사라지고 재개발되는 경우를 종종 보게 되죠. 계약 당시 건물주가 재개발할 의사가 없다고 하더라도, 건물주가 바뀌면서 재건축을 진행하는 경우도 있어요.

카페를 오랫동안 운영하고 싶다면 계약 전에 용적률과 건폐율을 알아보고, 재개발 가능성을 확인하는 것이 중요해요. 이런 상가의 특징은 주변 시세보다 임대료가 낮으므로 임대료만 보고 결정을 했다가 나중에 후회하는 경우가 생길 수 있어요.

최근에 월 매출 2억 원을 내는 카페 대표님을 만나 뵙게 되었어요. 그분께서 말씀하시기를 상권 분석이 정말 중요하지만, 좋은 상권이라고 해서 카페에 딱 맞는 입지는 아닐 수 있으므로 위치가 아무리 좋아도 주변에 무엇이 있는지에 따라 좋을 수도 나쁠 수도 있다고 하시더라고요.

예를 들어 카페 주변에 고깃집과 술집이 있다면, 고기 냄새나 담배 냄새, 사람들이 버린 담배꽁초와 쓰레기들이 카페 방문객에게 좋은 이미지를 제공할 수 없으므로, 낭만적인 카페가 아닌 해장 하러 오는 고객들이 많을 수 있다고 말씀하시더라고요. 결국 상가를 계약하기 전에 좋은 상권만을 파악하기보다는 주변에 무엇이 있는지 잘 확인해 보고, 카페가 들어오기 좋은 입지인지를 알아보는 것이 굉장히 중요하다는 사실을 배우게 되었어요. 무조건 싸다고 좋은 것도 아니고, 유동 인구가 많다고 해서 좋은 상권도 아닐 수 있으므로 계약 전에 꼼꼼히 알아보고 검토하시는 것이 중요하다고 말씀드리고 싶어요.

Q33. 커피 말고 배워야 할 것은 어떤 것인가요?

제가 예전에 새벽에 일어나서 '김미경의 미라클 모닝'에 열심히 참여했던 적이 있었어요. 미라클 모닝은 새벽 6시에 일어나 30분 정도 김미경 강사의 이야기를 듣고 1시간 정도는 자기 계발을 위해 책을 읽거나 목표로 하는 계획을 함께 실천해가는 활동이에요. 미라클 모닝에는 다양한 층이 활동했지만, 주로 일자리를 갈망하는 엄마들이 새로운 꿈을 위해 도전하는 사람들이 많았습니다. 그래서 사람들로부터 동기부여를 많이 얻기도 했었죠.

새로운 도전을 앞에 두고 망설이는 사람들에게 김미경 강사는 독설을 퍼붓기도 하고, 어떨 때는 "너만 그런 거 아니니까 괜찮다"라는 위로로 사람들을 감동의 눈문바다로 만들기도 했습니다. 입담이 너무 좋다 보니 매번 다양한 주제로 가르침을 주셨는데요. 그중에서 제가 제일 기억나는 이야기가 있다면 "어머님들 제발 눌러요!"입니다. 새로운 플랫폼이 나오고 편리한 앱이 나왔다면 무작정 눌러봐야 합니다.

시대가 많이 변했습니다. 예전처럼 커피 장인이 되기 위해

한 우물을 파면 존경을 받거나 돈을 더 많이 벌 수 있던 시대가 아닙니다. 시대가 변했음에도 예전의 방식을 고집하는 것은 결국 고객들과 소통해 나가는 데 한계가 있기 때문입니다. 카페를 운영하기 위해서 판매하는 상품의 퀄리티를 높이고 더 좋은 가치를 전달하는 것은 기본입니다. 요즘 신상 카페를 돌아다니다 보면 예전처럼 대충 운영하는 매장은 찾기 어렵습니다. 많은 카페 속에서 어떤 차별점을 배워야 할지를 고민해 본다면 결국 고객들과 소통해 나가는 기술을 익혀야 한다는 것을 알게 됩니다.

소통의 기술? 그렇다면 굳이 다양한 플랫폼을 익혀야 할 필요가 없다고 생각할지도 모르겠지만 그렇지 않습니다. 사람들이 소통하는 방식이 바뀌었습니다. 예전에는 서로의 안부를 묻기 위해 직접 얼굴을 보고 인사를 나누었지만, 지금은 그렇지 않습니다. 그래서 그런지는 모르겠지만 불필요한 말과 감정을 아끼는 사람들이 많아졌습니다. 매장의 정보나 소식을 플랫폼상에서 많이들 올리는데요. 자신의 매장을 소개할 때도 그냥 올리는 것이 아니라 상대방의 관심을 끌 수 있는 주제로 상대방의 행동을 유도하여 고객의 관심을 받아야 하는 시대입니다.

이제는 소통의 언어와 표현의 방식이 달라지고 변했다는 것을 받아들여야 해요. 자신에게 맞는 플랫폼을 찾고 소통해가려는 방법들을 배우는 것은 앞으로의 경쟁력이 되기 때문입니다. 이러한 공부를 기피 공부만큼이나 실행해 나가야 합니다 결국 앞으로는 누가 더 많은 플랫폼에서 사람들과 소통해 나가는지가 경쟁력이 될 수 있습니다. 지금 우리가 직면한 디지털 시대에서 카페 운영의 성공 여부는 단순히 좋은 커피를 제공하는 것만으로 결정되지 않습니다. 고객들은 이제 단순히 맛있는 커피를 찾는 것이 아니라, 그 커피를 둘러싼 이야기를 듣고, 그 경험을 공유하고, 그 공간과 상호작용하기를 원합니다. 이는 곧 우리가 단순히 커피의 맛을 연구하는 것 외에, 어떻게 하면 고객과 더 깊이 연결될 수 있을지를 고민해야 한다는 것을 의미합니다.

새로운 디지털 도구와 플랫폼을 사용하는 법을 배우는 것은 필수가 되었습니다. '캔바'나 '미리캔버스' 같은 도구들은 누구나 쉽게 접근할 수 있는 강력한 도구들입니다. 이런 도구들을 활용하면, 적은 비용으로도 고품질의 마케팅 자료를 만들 수 있고, 이는 곧 매출 증가로 이어질 수 있습니다.

Q34. 원가 계산은 어떻게 해야 하나요?

보통 원가 계산을 할 때 한 잔에 사용되는 재료비를 계산하고 마진율을 계산하게 되는데요. 카페를 운영하시는 분 중에는 아침에 세팅하며 버려지는 커피들도 원가 계산에 포함해서 원가를 계산하시는 분들도 계세요. 생과일주스나 커피가 들어가 있지 않은 메뉴를 계산할 때는 로스가 거의 없어서 원재료만을 가지고 원가 계산을 하기가 쉽지만, 커피 같은 경우는 추출 세팅이 빨리 잡히지 않는 날도 있고, 직원들이 마시는 커피 양까지 측정하기란 쉽지 않잖아요.

그러므로 두 가지 방법 중 여러분들이 편한 방법으로 원가 계산을 하면 좋을 것 같아요. 첫 번째 방법은 버려지는 부분을 포함해 원가 계산을 하는 방법이에요. 공식은 간단해요. 원두 양(1kg) ÷ 1회 사용량(20g)은 50잔을 만들 수 있어요. 재료 가격(2만 원) ÷ 50잔을 계산하면 1잔의 원가가 400원이라는 것을 알 수 있죠. 만약 직원들이 2명이고 하루에 3잔씩 먹는다고 치면 -6잔을 차감하고, 세팅해서 4번 정도 샷을 버리게 된다면 -4잔을 차감해서 계산하게 되면 50잔이 아닌 1kg에 40잔을 판매하게 되고 결국 커피 1잔당 원가는 400원이 아닌 500원이 되는 거예요. 이런 식으로 원가 계산을 해도 되지만 저 같은 경우에는 로스율을 품목에 새로 만들어서 적용하고 있어요.

보통 매장에서는 전체 매출에서 임대료 10%, 인건비 25%, 재료비 35%(현재 물가 상승으로 평균 40%), 공과금 및 세금 10% 이렇게 비율을 잡는다면 로스 품목란을 따로 만들어서 5%로 잡아 놓아요. 만약 한 달 매출이 2,000만 원이라고 가정했을 때 5%면 100만 원이 되거든요. 사실상 원두 손실 금액은 한 달에 5% 미만이지만 손실 금액을 잡아두면 운영하면서 발생하는 소모품 제품까지 포함할 수 있어요.

매장을 오픈하고 원가 계산을 해야 하는 이유는 전문가마다 다양한 주장들이 있겠지만 실제로 카페를 운영하면서 원가 계산을 중요하게 생각하는 부분은 손님들에게 얼마의 가격으로 좋은 서비스를 제공해 드릴 수 있는지를 파악하기 위함이에요. 카페를 운영하기 위해서 원가 계산이 굉장히 중요하기도 하지만 저 같은 경우에는 몇 퍼센트에 집중하기보다는 마진 금액에 집중해요.

예를 들어 자몽주스 같은 경우는 1잔에 6,000원인데 재료비를 빼면 3,000원이라는 차액이 발생하는데, 같은 가격의 바나나 주스를 팔고 남은 마진이 5,000원이라면 바나나 주스에서 많은 이익이 발생하기 때문에 그만큼 다른 곳에서도 무조건 마진을 높게 가지고 가기보다는 고객이 만족할 수 있는 퀄리티나 맛에 신경을 더 쓰는 편이에요. 그러다 보니 케이크 같은 디저트를 옵션처럼 제공해 드리기도 하죠. 물론 이것은 카페에 오시는 타깃층이나 상권에 따라 달라질 수 있겠지만 저희 매장의 경우는 오시는 분들의 타깃층이 가족 단위가 많다 보니, 특히 아이들과 함께 오시는 부모님들은 아이에게 음료를 사주자니 양이 너무 많아 부담을 가지시는 분들이 계세요. 그래서 저는 이런 경우에 금액을 저렴하게 해서 마진이 많이 남지 않더라도 아이들이 먹을 수 있는 음료를 준비해 드려요.

우리가 장사를 하기 위해서 수치적인 통계와 마진율을 알아야 하는 것이 맞지만 너무 이쪽으로만 집착하게 되면 고객분들에게 좋은 제품을 제공하지 못할 수가 있어요. 그래서 저는 좋은 제품을 먼저 만들고 그다음에 얼마를 받아야 합당한지를 생각하는 편이에요. 장사는 이문을 남기는 것이 아니라 사람을 남기는 것이라는 말이 있잖아요. 사람에게 호감을 받기 위해서는 상품에 더 집중하고 환경을 개선할 수 있는 쪽으로 원가 계산이 우선되어야 돈을 주고 사드시는 고객분들도 한 잔의 음료에 진심이 느껴지실 거라 생각해요.

Q35. 쿠팡 이벤트 어떻게 하나요?

홍보에도 전략이 필요합니다. 네이버 플레이스는 사업자를 내고 90일이 안 된 사업자들을 위한 네이버만의 특별 혜택이 있어요. 바로 신규 오픈한 사업자들에게 상위 노출을 해주는 작업을 진행해 주는데요. 이건 정말 특별한 혜택이에요. 보통 카페가 상위 노출이 되기 위해서는 다양한 조건을 충족시켜야 하는데, 새로 오픈한 매장에는 노출에 도움을 주는 서비스를 진행해 주기 때문에 정말 큰 홍보 효과가 있습니다. 그러므로 오픈을 하고 초반 리뷰 작업을 위해 이벤트를 진행하는 것이 좋다고 봅니다.

우선 설정하는 방법은 인터넷에 '네이버 플레이스 신규 오픈'이라고 검색하면 설명이 조목조목 잘 나와 있으므로 그대로 따라 작성하면 됩니다. 약간의 꿀팁을 드리자면 네이버는 네이버 시스템을 잘 사용하는 사용자에게 더 많은 노출의 기회를 주기 때문에 스마트 스토어, 블로그, 네이버 결제 시스템 등 다양한 플랫폼 기능을 사용하고 있는 업체를 단골로 파악합니다.

보통 카페 오픈 이벤트와 리뷰 이벤트를 같이 진행하는 업체들이 있는데 성격이 다르므로 중복되지 않게 이벤트를 진행하는 것이 좋아요. 오픈 이벤트에는 몇 가지 음료 품목을 할인해서 판매한다면 리뷰 이벤트는 인증샷과 후기를 남겨주시는 고객분들께 제공하는 일종의 선물 이벤트로 감사를 표현하는 것이 더 효과적입니다.

우리가 주로 식당에 가면 볼 수 있는 리뷰 감사 선물들을 보면 돈으로 살 것 같은 품목을 제공해 주는 경우가 많아요. 예를 들어 고깃집에서 음료수 한잔을 사 먹고 싶을 때가 있지만 간단하게 리뷰를 작성하면 음료수를 공짜로 먹을 수 있는 혜택을 받을 수 있습니다. 리뷰 이벤트로 제공하는 상품은 이왕이면 손님들에게 소비를 줄일 수 있는 혜택을 제공할 수 있어야 리뷰 작성률이 높아져요.

리뷰 이벤트를 진행할 때는 무조건 상품이 비싸고 좋은 것을 주는 것이 아니라 카페에 오신 손님들에게 함께 제공하면 좋은 것들을 고객들에게 혜택으로 드리는 것이 중요해요. 그러다 보니 리뷰 작업 시 음료와 함께 곁들여 먹을 수 있는 디저트를 제공해 드리는 경우가 많은데 수제 디저트를 제공해 드리는 것은 고객으로서는 득이지만 운영자로서는 매번 리뷰 이벤트에 제공할 쿠키를 만들기 위해 피로도가 생긴다면 오래 할 수 있는 일은 아닌 것 같아요.

이럴 때 저는 디저트를 저렴하게 구매해서 고객분들께 나눠 드리는 것 또한 나쁘지 않다고 봐요. 카페를 운영하면서 저의 1등 공신으로 일을 해주는 업체가 있다면 쿠팡이 아닐까 싶어요. 프랜차이즈 같은 경우는 본사에 발주를 넣는 반면에 개인 카페는 직접 장을 보거나 주문을 개별적으로 해야 하는 번거로움이 있다 보니 급하게 필요한 식자재나 제품을 사지 못할 때 쿠팡 로켓와우를 자주 이용하는 편이에요.

특히 이벤트 제품을 구매할 때는 쿠팡 비즈를 추천하는데요. 추천하는 이유는 사업자들을 위한 혜택들이 아주 많다 보니 조금 더 저렴하게 물품 구매가 가능해요. 꼭 리뷰 이벤트뿐만 아니라 어린이날 같은 때 어린이들에게 젤리를 선물해 줄 수도 있고 어버이날에 부모님을 모시고 온 테이블에 소정의 간식을 드릴 수 있잖아요.

별거 아닐 수 있지만 생각보다 작은 것에 감동하시는 고객님들이 많아요. 그리고 그런 작은 정성은 고객의 마음을 감동시키고 항상 저희 매장을 기억하게 하는 아이템이기도 하므로 부담 없는 이벤트를 자주 제공해 드리세요.

Q36. 정부지원금은 어떻게 받나요?

만약 제가 시간을 돌려 창업을 다시 한다면 두 가지 혜택을 놓치지 않을 거예요. 하나는 청년 때 사업을 시작해서 종합소득세를 내지 않는 혜택을 받을 것이고, 또 하나는 '창업 정부지원금'을 받을 거예요. 정부지원금은 한 번도 안 받은 사람은 있어도 한 번만 받는 사람은 없을 정도로, 한 번 알기 시작하면 매년 정부지원금이 나올 때마다 눈에 불을 켜고 조건에 맞는 지원금을 찾기 위해 밤낮으로 사냥을 하기 바쁘다고 해요.

제가 사는 지역은 광명시이기 때문에 광명시청 사이트에 들어가서 검색하기도 하지만, 광명시는 경기도에 속해 있으므로 경기도 창업지원도 알아볼 수가 있어요. 지자체마다 검색 키워드가 다르므로 '정책자금'으로 검색되기도 하지만 '육성지원사업'으로 검색되는 경우도 많아요.

대부분 정부지원금 자체가 초기 사업자들이나 예비 창업자들을 위해 마련된 것이기 때문에 5년만 넘어가도 받을 수 있는 정책자금은 적어지지만 '소상공인 지원금'을 통해 경영에 필요한 예산을 받을 수 있으므로 카페를 운영하시는 분들도 지원을 받을 수 있어요.

만약 운영이 힘들어져서 어쩔 수 없이 폐업하게 되더라도 '소상공인 희망드림'이라는 지원 사업이 있으므로 사업을 재개할 수 있도록 정부지원금을 받는 연습을 하는 것이 중요할 것 같아요.

정부에서 주는 창업지원금 같은 경우는 갚지 않아도 되는 돈이지만, 2년 이내에 폐업하면 지원받았던 돈을 다시 돌려줘야 하므로 폐업 위기가 와도 빨리 폐업할 수 없는 상황이 발생할 수 있어요. 그런 경우에는 사업지원금을 받았다고 해서 마냥 좋아할 일은 아니므로 더 많이 준비하고 지원을 받을 필요가 있어요.

초창기에 정부지원금을 받아 창업을 준비했더라면 더 많은 것을 준비했을 것이라는 생각도 들지만, 나랏돈은 내 돈이 아니기 때문에 서류 작성하는 것도 만만치 않아요. 제가 카페를 운영하면서 다양한 활동을 하기 위해 동아리 활동지원금이나 마을 활동지원금을 받아서 활동하는 편인데 50만 원 쓰는 것도 생각처럼 쉬운 일이 아니더라고요.

나랏돈을 쓰기 위해서는 사진으로 기록하고 영수증을 남기고 회의록과 계획서를 건마다 남기는 작업을 해야 하다 보니 재료 등을 무조건 사고 싶다고 해서 살 수 있는 것이 아니라 사업계획서에 작성한 토대로 목적에 맞게 재료를 사거나 활동을 해야 하므로 어떨 때는 그냥 편하게 내 돈으로 쓰고 싶다는 생각이 들더라고요.

카페 운영에서 가장 중요한 것은 안정적인 재무 구조라고 생각해요. 정부지원금과 정책자금 대출을 잘 활용하면 큰 도움이 될 수 있겠지만, 이러한 지원을 받기 위해서는 준비와 노력이 필요해요. 먼저, 지원금을 받을 수 있는 자격을 갖추기 위해서는 철저한 계획과 준비가 필요해요. 또한, 지원금을 받았다면 그 돈을 어떻게 사용할지 명확한 계획을 세워야 하는데요. 지원금은 자산으로 취급되지 않기 때문에 재료비나 운영비로 사용하는 것이 일반적입니다. 따라서, 지원금을 받았다면 그 돈을 효율적으로 사용할 수 있도록 세심한 관리가 필요해요.

Q37. '휴게 음식점'이란 말은 무슨 뜻인가요?

어느 날, 한 남자분이 저희 카페에 찾아왔어요. 밖에서 오랜 시간 서 있었는지 아이스 아메리카노를 주문하시고 음료를 받자마자 벌컥 벌컥 숨도 안 쉬고 마셨어요. 마침 손님이 없던 터라 저는 매장을 돌아다니며 청소를 하고 있었는데, 그 남성분이 이 마을에 관심을 보이시더라고요. 이 동네에 사람들이 많이 오는지, 마을 주차 문제는 어떤지 조목조목 물어보시길래 "혹시 이 마을로 이사 오시나요?"라고 물었더니 그 남성분은 "아니요. 요 앞에 새로 지은 건물에 고깃집을 하려고 알아봤는데 휴게음식점으로 허가된 건물이라 그 앞에 조금 낡은 건물을 다시 알아보고 있어요."라고 답하셨어요.

그때서야 카페 앞에 대형 카페가 생길 수도 있겠다는 생각을 하게 되었어요. 사실 요즘은 바로 위아래 카페를 창업해도 이상한 일이 아닐 만큼 카페들이 많이 생기다 보니 크게 당황할 일은 아니지만, 조금 걱정이 되기는 했어요. 저희 매장은 휴게음식점과 일반음식점을 고민할 필요가 없이 전에 운영하던 식당이 한식집이었기에 일반음식점 등록이 어렵지 않았어요.

하지만 생각 외로 많은 사람이 일반음식점과 휴게음식점의 차이를 모르다 보니 카페를 운영하시는 예비 사장님들이 휴게음식점으로 사업자등록을 내시는 경우들이 가끔 있으시더라고요. 일반음식점과 휴게음식점의 큰 차이는 간단하게 말하자면 술을 판매할 수 있느냐 없느냐의 차이인데요. 휴게음식점은 술을 판매할 수 없다 보니 좀 전에 방문하셨던 손님께서도 새로 지어진 건물을 알아보다가 발을 돌리셨을 거예요.

예전에 저희 어머니께서 식당을 운영하셨는데 생각 외로 식당에서 반주로 술을 드시는 분들이 매우 많아서 식당은 무조건 일반음식점으로 해야 매출이 발생하겠더라고요. 혹시라도 일반음식점이 가능한 건물인지를 알기 위해서는 건축물대장을 확인하면 알 수 있는데요. 사실 시설 부분에서도 차이가 있지만 대표적인 부분은 일반음식점은 조리를 위해 주방시설과 환기시설을 갖춰야 하고, 휴게음식점은 간단하게 조리시설만 갖추어도 괜찮아요.

사업자를 내기 위해서는 보건증, 영업신고증, 위생교육수료증을 받아야 하는데요. 위생교육을 신청하는 방법도 일반식당은 한국외식업중앙회에서 이루어지지만, 휴게는 휴게음식중앙회에서 신청하고 위생교육을 들을 수 있게 되어 있어요. 어차피 술을 판매하지 않을 거라면 휴게음식점으로 사업자를 신청해도 괜찮다고 생각이 들겠지만, 코로나 때를 한 번 생각해 보면 생각이 달라질 수도 있어요.

저는 정말 이때를 생각하면 카페뿐만 아니라 자영업자분들이 뇌의 총량을 다 쓰지 않았나 싶을 정도로 위기의 순간에도 정말 대처 능력들이 보통이 아니라는 생각이 들더라고요. 그때 당시 '카페 안에서 취식 금지'라는 규제가 있었던 적이 있는데요. 일반음식점 사장님들은 음식을 판매해서 안에서 취식이 가능하도록 어떻게든 운영해 나갔지만, 휴게음식점은 기본적으로 음식업이 아닌 카페이기 때문에 안에서 취식이 불가피했어요.

한국외식업중앙회는 지역마다 있으므로 운영 시스템이 조금은 다를 수 있겠지만, 한국외식협회에 저는 꼭 가입해서 다양한 혜택을 받기를 적극적으로 추천하는 편이에요. 사업자 등록증이 나오면 포스기를 주문하는데, 포스기뿐만 아니라 세무적인 문제, 소상공인 지원금 정보, 매년 신청해서 들어야 하는 위생교육 등 운영하면서 필요한 것들을 다양하게 지원해주고 가르쳐 주시기 때문에 위생교육을 받고 그냥 돌아오는 것이 아니라 한국외식업중앙회에서 일하시는 분들과 눈도장도 찍고 인사도 하고 좋은 관계를 맺으면 많은 도움을 받을 수 있어요.

Q38. 단골손님을 만드는 원두 선택이 따로 있을까요?

커피 문화 시장이 확장됨에 따라 품질이 좋은 원두를 선택해 고객들에게 제공하는 것이 더욱 중요해졌습니다. 고객들은 커피가 맛이 없다는 것을 쉽게 알아차립니다. 커피가 맛이 없다는 것은 목 넘김이 어렵다는 표현이기도 합니다. 커피의 산미가 포도주처럼 지나치게 강하거나 쓴맛이 강해 인상을 쓰게 만든다면, 사용하는 원두를 점검해야 합니다. 아무리 좋은 원두를 준비해도 추출을 잘못하면 원두의 장점보다 단점이 두드러질 수 있습니다.

제가 테라로사에서 커피 교육을 받으면서 들었던 이야기가 있습니다. 커피가 제일 맛있는 첫 번째 조건은 신선도라고요. 생두의 상태가 중요합니다. 아무리 로스팅과 추출을 잘해도 생두 자체가 신선하지 않고 보관을 잘못하면 아무리 로스팅을 잘해도 한계가 있습니다. 어떻게 보면 바리스타가 커피를 맛있게 추출하는 퍼센트는 10% 정도이고, 로스팅이 30%, 생두가 60% 이상을 차지한다고 보시면 됩니다.

카페는 크게 두 종류가 있습니다. 커피 전문점과 다양한 먹거리 음료를 제공하는 일반 카페가 있습니다. 커피 전문점으로 카페를 운영할 때는 커피 마니아층이 많으므로 커피가 가지고 있는 고유의 맛을 끌어내기 위해 디테일한 작업이 필요합니다. 그러므로 커피 전문점을 운영할 때는 많은 경험과 지식이 필요하고, 오랜 시간 준비하는 것이 중요합니다. 하지만 일반 카페를 준비하시는 분들이라면 직접 로스팅을 하기보다는 원두를 공급받아 판매하는 경우가 대부분입니다. 그러다 보니 원두 거래처를 잘 선택하는 일이 굉장히 중요한데요. 카페에 방문하는 고객들이 다양한 목적으로 방문하더라도 카페의 기본은 커피입니다.

그러므로 카페가 아닌 곳에서 커피를 판매할 때는 어설프게 판매할 바에는 하지 않는 게 좋다고 말씀드립니다. 물론 고객의 편의를 위해 커피도 판매하려고 하지만, 몇 명의 고객 때문에 비싼 에스프레소 머신을 도입하는 것은 투자비도 제대로 못 나올 가능성이 큽니다.

제가 아는 빵집 사장님도 커피를 판매하고 싶다며 어떤 원두를 사용하는 게 좋은지 물어오셨습니다. 어느 정도 예산을 잡고 있냐고 물어보니 집에 가정용 머신 기계가 있어서 머신을 따로 사지 않아도 괜찮을 것 같고, 커피는 코스트코에서 판매되는 원두를 사용하면 어떠냐고 하시더라고요. 실제로 우리 동네에 코스트코에서 판매되는 스타벅스 원두를 사용해 카페를 운영하는 분이 계시는데, 그 동네에서 독점으로 운영하다 보니 몇 년째 운영은 잘해 나가고 있습니다. 하지만 바로 옆에 카페가 들어오면 타격이 클 것 같다는 생각이 듭니다.

커피를 판매할 거라면 그냥 판매하기보다는 원두의 품질을 고려해 좋은 제품을 고객들에게 제공해야 한다고 생각합니다. 괜찮은 원두 납품 업체를 선택하기 위해서는 두 가지를 고려하는 것이 중요한데요. 첫째, 샘플 테스트를 통해 우리 매장과 맞는 원두를 선택하는 것이 중요하고 둘째, 신뢰할 수 있는 업체를 찾아야 해서 로스팅만 전문적으로 하는 업체인지 카페를 운영하면서 병행하는 업체인지 확인하는 것도 중요합니다.

요즘 카페에 납품하는 원두 업체들을 보면, 머신 세팅과 에스프레소 추출 방법부터 운영에 필요한 세팅을 맞춰주는 업체들이 많습니다. 따라서 가격과 자신의 업장에서 어울리는 원두를 구입하는 게 중요한데요. 원두는 샘플 신청을 하면 대부분 무료로 보내줍니다(간혹 택배비를 받는 업체도 있습니다). 주의해야 할 점은 샘플을 받아서 핸드드립으로만 테스트를 하는 경우가 있는데요. 판매할 머신 기계로 추출해 봐야 정확하게 알 수 있다는 것입니다. 문제는 샘플 양이 적다 보니 테스트해서 맛을 보기 전에 입자 조절을 하다가 다 써버리는 경우가 종종 있으므로, 추출이 자신 없으신 분들은 원두 업체에 직접 방문해서 테스트해 보는 것도 좋은 방법입니다.

Q39. 세금, 어떻게 내야 하나요?

어찌 보면 오랫동안 카페를 운영할 수 있었던 이유 중 하나는 자산관리사 공부를 하셨던 어머니께 세무 관리를 배웠기 때문이라고 생각해요. 어머니는 늘 매년 바뀌는 세법 개정 책을 사다가 정리하시고, 바뀐 정책이 있을 때마다 알려 주셨습니다. 꼼꼼한 어머니 덕분에 내야 할 세금을 감면받을 때가 많았어요. 항상 하시는 말씀 중 하나가 "돈을 많이 버는 것보다 더 중요한 것은 절세"라고 말씀하셨는데요. 아무리 돈을 많이 벌어도 세금으로 많이 내야 한다면 일을 많이 벌이지 않는 게 훨씬 이득이라고 하셨어요.

소득액(연간 총수입금액 - 공제금액) 1,200만 원 초과 4,600만 원 이하 시 소득액의 15%, 4,600만 원 이상 8,800만 원 이하일 경우 24%, 8,800만 원 초과 1억 5천 이하일 경우에는 35%의 소득세를 내야 하는데요. 제 순수익이 월 500만 원이라고 가정했을 때, 제가 부과해야 하는 세금은 1,440만 원을 내야 해요. 1,440만 원을 세금으로 낼지, 아니면 직원 채용으로 저의 순수익을 4,500만 원으로 맞추고 15%인 675만 원을 내는 것이 좋은지 생각해 본다면, 오히려 투자하고 세금을 덜 내는 쪽이 훨씬 나은 선택이라고 생각해요.

보통 사업자를 내기 위해 보건소에서 하는 위생검사를 받으면, 세무서에 가서 사업자등록증 발급 신청을 하게 되죠. 이때 세무서 직원이 간이과세로 할 것인지 일반과세로 할 것인지에 관해 물어보는데요. 처음 카페를 오픈한 작은 규모의 사장님들은 1년 동안 매출이 적을 것이라 생각하고 부가세를 1년에 한 번만 내도 되는 간이과세로 신고를 합니다.

보통 꽃집이나 작은 공방 같은 경우에는 큰 인테리어 공사가 필요 없어서 간이과세로 하는 경우가 많지만, 카페 같은 경우에는 간이과세보다 일반과세로 신고하기를 추천하는 이유 중 하나는 카페는 인테리어 비용뿐만 아니라 초기에 설치해야 하는 초도 사용 비용이 많이 발생하는데, 대부분이 세금계산서를 처리하는 업체의 물건이나 제품이기 때문이에요. 간이과세로는 부가세 환급을 받지 못해 오히려 손해를 보는 경우가 많습니다.

이뿐만이 아닙니다. 카페를 운영하다 보면 샌드위치 대량 주문 및 행사 음료를 주문할 경우가 많은데, 간이과세자는 세금계산서 발행이 힘들어 지속적인 교류가 끊어질 수 있는 단점도 생길 수 있어요. 저희 카페는 시민들의 지속적인 문화 활동을 위해 동아리 활동지원금이나 문화 행사에 필요한 답례품 의뢰가 들어올 때가 있는데요. 지자체에서 지급한 예산은 사진 증빙과 영수증 증빙을 해야 해서 계산서를 요구하실 때가 있어요. 간이 영수증으로 증빙하기도 하지만, 간혹 계산서 발행을 요구하는 곳이 있다 보니 그럴 때는 홈택스에 들어가서 계산서를 발행해야 해서 다양한 종목에서 영역을 넓히고 싶다면 일반과세가 낫지 않을까 싶어요.

사장이 되고 나서 알게 된 사실은, 뒤돌아서면 세금이라는 것입니다. 1월과 7월은 부가가치세 신고, 5월은 종합소득세 신고 그리고 매월 10일 원천징수를 신고해야 합니다. 이게 끝이 아니죠. 직원 채용에 있어서도 아르바이트를 두는 것과 정직원을 두는 것에 따라 4대 보험료가 달라지기도 합니다.

직원 관리도 책임감이라는 발목에 잡혀 억지로 끌고 갈 문제는 아니더라고요. 직원을 채용한 후 수습 기간이라고 하더라도, 한 달 전 해고 통보를 하지 않을 경우 해고 수당을 지불해야 하므로 업주가 책임을 져야 하는 상황이 발생할 수 있습니다. 주 15시간 미만 근무자도 직원으로 포함되기 때문에, 근로자가 5인 이상일 때와 5인 미만일 때 적용되는 근로기준법이 달라 추가적인 비용을 부담해야 하는 상황이 올 수 있습니다. 카페를 운영하시면서 최대한 손실이 적은 방법과 노하우를 숙지하셔서 정법으로 세금 감면도 많이 받으시길 바라요.

Q40. 직원 채용 시 꼭 알아야 할 팁이 있나요?

카페에서 5년 넘게 일하던 직원이 갑작스럽게 일을 그만두게 되어 새로운 직원을 채용해야 했습니다. 한 달 전부터 사람을 구한다는 소식을 올렸지만 조건에 맞는 직원을 구하는 게 생각처럼 쉽지 않더라고요. 10년 넘게 카페 일을 하면서 제일 힘든 일이 무엇인지 물어본다면, 망설임 없이 직원 관리라고 말할 것입니다.

사장이라면 누구나 일 잘하고 성실한 직원을 채용하고 싶을 것입니다. 말 한마디만 해도 의도를 잘 파악해서 일을 착착해 놓는 친구. 저도 그런 직원을 채용하고 싶습니다. 하지만 머릿속 이상형에 가까운 직원은 아직 채용해 본 적이 없습니다. 카페에 걸맞은 직원을 채용해야 하다 보니 면접 전 서류면접으로 나이, 성별, 경력, 사는 지역 등을 고려하여 직원을 채용하고 있습니다.

현재 운영하는 카페는 매니저 1명, 평일 파트타임 2명, 주말 파트타임 3명 이렇게 6명의 직원과 카페를 운영해 나가고 있습니다. 카페 초반에는 매니저 없이 정직원 1명으로 시작했었는데, 아무래도 매출이 증가하고 해야 할 일들이 많아지면서 매니저를 채용하게 되었습니다.

매니저를 채용하게 된 이유 중 하나는 혼자서 6명의 직원을 감당하기가 정신적으로 피곤했기 때문이었습니다. 하지만 나와 맞지 않은 매니저와 일을 하는 것은 직원 6명을 감당하는 만큼 피로도가 생각보다 만만치 않습니다. 카페를 운영하면서 제일 힘들었던 적이 있는데, 직원들을 통제해야 할 매니저가 중심을 잡지 못하고 제가 지시한 운영방침을 무시한 채 자신이 하고 싶은 스타일대로 카페를 운영하고 있었다는 사실이었습니다. 그 이후로 깨달은 것이 있다면, 직원들에게 제가 하는 만큼 매장에 신경 써 주기를 바라는 것은 무리라는 것입니다.

일 잘하는 직원을 채용하는 것이 효율적인 면에서 좋을 거라 생각하지만, 멀리 보았을 때는 성실하고 책임감이 강한 직원이라면 일머리가 부족해도 크게 문제가 되지 않습니다. 오히려 일머리 없는 직원은 가르쳐준 그대로 흡수하는 경우가 더 많습니다. 그러므로 직원이 부족하고 능력이 나쁘다고 나무라기보다는, 운영하는 오너로서 직원을 성장시키는 책임감도 느껴야 한다고 봅니다. 직원들은 늘 사장을 보고 움직이고 함께 뛰기 위해 준비되어 있습니다. 이제 좋은 직원을 만나려는 생각보다는, 책임감이 있는 좋은 사장이 되기 위해 노력하고 있습니다.

좋은 직원을 채용하기 위해서는 몇 가지 중요한 요소를 고려해야 합니다. 첫째, 적절한 채용 절차를 구축하는 것입니다. 서류

전형뿐만 아니라 실제 면접에서 지원자의 성향과 능력을 파악할 수 있는 질문을 준비해야 합니다. 둘째, 명확한 업무 지침과 기대치를 제공하는 것입니다. 직원들이 자신의 역할과 책임을 명확히 알고 있다면 업무 수행에 있어 혼란이 줄어들고, 그만큼 효율성도 높아질 것입니다. 셋째, 직원들의 성장을 도모하는 것입니다. 정기적인 피드백과 교육을 통해 직원들이 계속해서 발전할 수 있도록 도와야 합니다.

PART 2. 저는 창업 후 이렇게 했어요

Q41. 카페 특색을 살리는 효과적인 방법은 무엇일까요?

저희 카페가 광명인데도 불구하고 목동, 시흥, 영등포에서 오시는 단골분들이 계세요. 커피를 마시러 오시는 게 아니라 대추탕을 드시러 오세요. 보통 카페에 가면 '대추차'라고 표시가 되어 있는데, 저희 집은 '대추탕'이라고 표시되어 있거든요. 대추차를 만드는 과정은 큰 차이가 없지만, 손님은 '차'와 '탕'은 다른 종류라고 생각하세요. 그러다 보니 "대추탕이 뭐예요?"라는 질문을 정말 많이 받아요. 그냥 대추차인데 말이죠. 다만 그릇을 돌솥 탕 그릇으로 내놓고 있어요. 이런 작은 디테일이 손님들에게는 특별한 경험으로 다가가게 됩니다.

제가 카페에서 대추탕을 팔아야겠다고 생각했던 이유는 생전에 저희 아버지가 자주 가는 한방찻집이 있었어요. 늘 그 집 대추차를 좋아하셨는데, 어느 날 그 매장이 없어지는 바람에 더는 아버지가 좋아하시던 대추차를 마실 수 없게 되었어요. 이때 느꼈던 아쉬움이 저를 대추탕 판매로 이끌었습니다.

그리고 얼마 후에 대추탕의 고장이 전북 정읍이라는 사실을 알고 저는 3시간을 달려 정읍으로 가게 되었지요. 그곳에서 몇십 년째 한방차를 만들고 계시는 사장님을 만나게 되었고, 인연이 되어 사장님께 대추탕을 배우게 되었습니다. 그때 배운 정읍식 대추탕을 카페에서도 판매하다 보니 일부러 대추탕만 드시러 오시는 분들이 많아지게 되었어요.

저희 메뉴가 정말 다양하게 많이 있지만, 손님이 메뉴에 꽂혀서 오는 것은 단일품이더라고요. 예를 들어 비슷비슷한 스파게티 집이 있는 가운데 한 집은 수제 피클이 나오고 있다면 그것만으로 특색을 갖출 수가 있거든요. 다만 그 특색이 그 지역, 혹은 전국에서 제일 맛있다고 한다면 한 가지만이라도 사람들 기억에 남을 방법이라 생각합니다. 우리가 이천에 가서 제일 많이 먹는 음식은 '쌀'을 이용한 거예요. 한 차림 상은 어디에도 있지만 이천쌀 맛을 제대로 느끼기 위해 먼 곳까지 차를 몰고 갑니다.

이천의 쌀이 특별한 이유는 단순히 쌀 자체의 품질 때문만이 아니라, 그 쌀을 활용한 다양한 요리와 전통 방식에서 오는 맛 때문입니다. 카페도 마찬가지죠. 특색 있는 카페는 모든 음료가 맛있어서 찾아가는 것이 아닙니다. 아인슈페너에 올라간 크림 하나가 전국에서 최고라면 그걸로 카페를 홍보하는 효과를 내는 것은 충분합니다. 특색을 살리는 것은 단순히 제품의 맛뿐만 아니라, 그 제품을 어떻게 제공하느냐에도 달려 있습니다. 예를 들어, 특별한 그릇에 담아내거나 독특한 분위기를 조성하는 것도 하나의 방법입니다. 저는 사장이 제일 잘해야 하는 부분이 있다면 카페 특색을 찾는 일이라 생각하고 있습니다. 경영과 운영은 전문 컨설팅의 도움을 받으면 생각했던 것보다 쉽게 해결할 수 있지만, 매장의 특색을 찾는 일은 많은 탐구와 노력이 필요하기 때문이죠.

커피는 기호식품이기에 맛으로만 평가받기에는 힘듭니다. 하지만 전국에서 제일 화려한 플레이팅으로 승부를 본다거나, 우리나라에서 커피 종류가 제일 많은 곳이라면 사람들의 이목을 끄는 것은 시간문제라 봅니다. 예를 들어, 커피와 함께 제공되는 디저트가 특별한 곳, 커피 한 잔에 담긴 이야기가 있는 곳 등 다양한 요소들이 특색을 만드는 포인트가 될 수 있습니다.

저희 카페는 대추탕 하나만으로도 많은 손님의 발길을 이끌었습니다. 이는 단순히 맛있는 음료를 제공하는 것 이상의 의미를 지닙니다. 손님들에게 특별한 경험을 제공하고, 그 경험이 좋은 기억으로 남게 하는 것, 그것이 바로 특색을 살리는 최고의 방법이라 생각합니다.

Q42. 손님이 커피 맛이 이상하다고 할 때는 어떻게 해야 하나요?

요즘 드는 생각은 한자리에 오랫동안 버티고 있으면 좋은 점이 하나 있다는 거예요. 바로 전문가로 인정받는다는 것입니다. 그래서 그런지 요즘은 커피가 맛이 없다는 컴플레인은 예전만큼 있지는 않지만, 간혹 신입 직원이 들어오면 불만을 제기하는 손님들이 한시적으로 생기기도 합니다.

"사장님이 타주는 커피는 맛있는데 저 직원이 타준 커피는 맛이 없어요." "아, 그러세요? 그럼 제가 다시 만들어드리겠습니다." 이렇게 말씀드리고 예전 같았으면 직원 교육을 다시 했겠지만, 지금은 그냥 웃고 지나갑니다. 고객이 저에게 듣고 싶어 하는 말이 무엇인지 알기 때문이죠. 단골을 못 알아보는 신입 직원이 만들어 주는 커피가 아무리 맛있어도 단골분들에게는 맛이 없게 느껴질 수밖에 없거든요. 손님들은 다양한 태도로 카페에 관심을 표현하는데, 그중 하나가 "커피가 지난번과 맛이 달라요."라는 표현입니다.

물론 손님이 커피 맛이 다르다고 한다면 신중하게 원인이 무엇인지 알아봐야 하지만, 우선 단골분이 커피 맛이 지난번과 다르다고 이야기하면 그럴 리가 없다는 표정으로 멀뚱멀뚱하게 쳐다보기보다는 '그걸 어떻게 아셨지?'라는 표정으로 손님을 반전문가로 인정해 주는 것이 좋아요.

"맞아요? 예리하시네요! 커피 원두를 바꿔 보았어요. 조금 더 비싼 고급 생두를 로스팅해 보았는데 맛이 이상하신가요?"라고 대답해 드리면 대부분 손님은 "아, 어쩐지 평소와 커피 맛이 다르더라고요!"라고 웃으며 어깨가 으쓱해지는 고객님을 보게 되기도 합니다.

하지만 물맛이 이상하다고 한다면 얼른 필터를 교체해야 합니다. 이것은 커피의 맛과 별개의 심각한 문제예요. 이럴 때는 솔직하게 "최근에 매장이 바빠서 필터 사용량이 많았나 봐요. 일반 사람들은 잘 못 느끼시는데 정말 감사합니다."라고 고객님께 감사의 표현을 전달해야 고객님도 조금은 이해의 폭이 생길 수 있어요.

카페를 운영하다 보면 맛에 대한 평가나 공간 인테리어에 대한 평가를 직설적으로 받을 때가 있어요. 이것은 좋고 나쁨의 문제가 아닌 취향의 문제이기 때문이죠.

한번은 이런 일이 있었는데요. 바닐라 라테를 주문해 주신 고객님께서 바닐라 라테 맛이 다른 카페와 다르다며 환불을 요구하는 경우였어요. 고객으로서는 바닐라 라테가 다른 카페와 다른 맛이 느껴졌겠지만, 운영하는 카페 입장에서는 손님들에게 질 좋은 고급 시럽을 사용하기 위해 고가의 바닐라빈으로 직접 만든 바닐라 시럽이었어요. 인공 바닐라빈만 섭취하다가 천연 바닐라빈을 처음 접하는 고객분들은 그런 반응이 올 수 있거든요.

그런데 신입 직원이 이런 자초지종을 설명하지 않고 바로 죄송하다며 환불을 해버렸어요. 잠깐 자리를 비운 상태에서 그런 일이 생겼고, 결국 그 손님에게는 맛없는 바닐라 라테를 판매해버린 카페가 되어버렸습니다.

음료 맛이 이상하다고 컴플레인이 온다면 왜 맛이 이상하다고 손님이 생각하는지 다시 한번 생각해야 해요. 무조건 환불을 하는 경우는 우리가 잘못되었다는 것을 인정하는 꼴이 되어버립니다. 우리가 만드는 것이 얼마나 가치 있는지 스스로 당당해야만 손님에게도 정확하게 설명해 드릴 수 있습니다. 그러므로 맛에 대한 컴플레인이 온다고 당황하지 말기를 바라요. 우리는 분명히 질 좋은 커피와 음료를 판매하고 있는 제공자이기 때문입니다.

Q43. 진상 손님 대처법이 있나요?

금연 장소에서 담배를 피우시는 분들이 계시다 보니 벽면 여기저기에 주의사항 글들을 붙여 놓기 바빠요. 이뿐만이 아니에요. 간혹 카페 물건을 그냥 가지고 가는 사람도 있어요. 매장에서 사용하는 나이프, 포크, 일회용품 등 심지어 화장실 휴지를 왜 가져가시는 걸까요? 자꾸 이렇게 카페 물건을 가져가시니 예쁘고 비싼 그릇과 컵 대신 잃어버려도 마음 아프지 않은 아이템들로 카페 세팅을 바꾸게 되더라고요.

카페를 운영하면서 바꾼 것은 식기뿐만이 아니에요. 예전에는 항상 테이블 위에 테이블보를 깔고 그 위에 꽃을 꽂아 놓았는데요. 손님들은 제가 세팅해 놓은 그대로 테이블에 앉지 않더라고요. 직원을 부르지 않고 의자와 테이블을 옮기다가 꽃병이나 인테리어 소품을 망가뜨리는 일이 종종 발생하곤 했어요.

카페를 개업하고 초반에는 카페에서 맥주도 판매했던 적이 있는데요. 1년도 안 되어 판매를 접었어요. 처음 맥주를 판매했을 때는 카페에서 가볍게 한잔 정도 즐기고 싶어 하시는 고객들을 위해 판매했는데요. 맥주를 주문하시는 분들은 2, 3차를 하고 난 뒤에 마지막 한잔을 위한 건배의 장소가 되더라고요.

때로는 진상 손님들 때문에 힘들 때도 있지만 어찌 보면 그런 손님들 덕분에 저의 색깔이 더욱 뚜렷해지는 것 같아요. 주인이 어떤 색깔을 가지고 카페를 운영해 나가는지에 따라 손님의 유형이 결정되기 때문인데요. 우리 카페에 늘 오시던 70대 정도의 할아버지가 계셨는데 항상 비서 같은 분을 데리고 다니셨어요. 딱 봐도 건물 몇 채를 가진 엄청난 부자 할아버지처럼 반짝거리는 목걸이와 반지를 주렁주렁 달고 있었어요.

그 할아버지는 늘 카페에 오시면 블루베리 요구르트를 주문하셨는데, 항상 우리 직원들을 비서처럼 심부름을 시키시더라고요. 저희는 늘 그분을 블루베리 할아버지라고 불렀는데요. 나이가 있으신 어르신들에게는 진동벨을 드리지 않고 되도록 직접 가져다드리려고 해요. 하지만 그분에게는 그게 당연한 서비스라고 생각하셨는지 더 많은 서비스를 요구하시더라고요.

예를 들면 음료를 가져다드리면 물도 가져와라, 냅킨도 가지고 오라며 바쁜 와중에도 소리를 지르며 직원을 불러댔어요. 심지어 옆에 비서가 있는데도 말이죠. 그 이후로 할아버지 손님에게도 일반 손님들과 같은 규칙을 적용했어요. 계산하러 계산대에 오시지 않으면 주문을 받으러 가지 않았어요. 그리고 주문을 하시면 진동벨을 드렸어요. 그랬더니 그다음부터는 블루베리 할아버지와 비서는 더는 카페에 오지 않으셨는데요. 사실 저는 진상 손님을 퇴치하고 싶었던 것이 아니라 우리의 시스템을 이해해 주기를 바랐어요.

하지만 한 번 마음 상한 손님은 다시 오지 않더라고요. '아프니까 사장이다'라는 소상공인 카페에 들어가면 정말 많은 진상 손님들로 힘들어하시는 사장님들이 많아요. 한명 한명 손님들이 귀중하고 소중하지만 진상 손님들까지 모두 껴안고 갈 수가 없어요. 그럴 때는 마음은 아프지만 가지치기를 해야 해요. 단 한 사람 때문에 다른 사람이 피해를 보거나 경영에 문제가 된다면 마음의 병이 깊어지기 전에 방법을 찾아야 해요.

Q44. 재방문이 안 되는 이유는 무엇인가요?

"언니? 요즘 장사 잘돼?"

"아니, 유료 광고할 때는 조금 오더니 홍보를 안 하니깐 손님들이 없네. 요즘 경기가 안 좋아서 손님들이 없나 봐."

"아 그래?"

입이 근질거렸지만 참았습니다. 과연 경기가 안 좋아서 손님이 없는 걸까요? 분명 광고 효과는 있었다는데 한 번 왔던 손님들이 왜 재방문을 하지 않았을까요? 이유는 딱 하나 아닐까요? 다시 사 먹어야 할 이유를 못 찾은 거겠지요.

흔히들 실패의 원인을 경기가 좋지 않다, 인적이 드물다, 상권이 좋지 않다는 등 다른 곳에서 찾는 경우가 많은데요. 요즘처럼 SNS가 발달한 시대에 살아가는 우리가 상권과 인적이 드물어서 손님이 없다고 말한다면 사실 그것은 현실을 인정하지 않는 거라는 생각이 들어요.

자신의 문제를 인지하는 것은 대단한 용기가 필요하지만 이럴 때는 잠시 자존심을 내려놓아야 해요. 그래야 문제를 제대로 해결하기 위해 소비자 입장에서 생각해 볼 수 있거든요. 어쩌면 해결책은 쉬울 수 있어요. 매장에서 판매되는 커피나 샌드위치 혹은 디저트도 그래요.

"너 그 집 샌드위치 먹어 봤어?"

"하루에 딱 30개만 만드는데 채소가 얼마나 신선한지 진짜 맛있더라."

"그래? 거기가 어디야?"

사람들은 자신이 경험한 것들을 사람들에게 전달해 주는 것을 굉장히 좋아한다는 사실 알고 계시나요? 제가 제일 잘하는 일이 맛집을 발굴해서 지인들에게 소개해주는 일이에요. 가끔 인스타그램에 올라오는 사진들을 보면 어느 여행지에서 맛있게 먹은 사진 한 장으로 사람들의 관심이 몰리는 경우가 있어요.

지인들에게 맛있는 것을 소개하고 싶은 심리는 '나는 항상 맛있는 것을 먹으러 다니는 사람'으로 상대에게 인식되고 싶은 심리가 있어요.

인간의 심리 안에는 가성비가 좋고 잘 산 것은 자랑하고 싶어 하는 욕구들이 있어요. 이것은 곧 돈을 함부로 사용하지 않고 가치적인 것에 소비하는 사람으로 비치기 때문인데요. 요즘 맛이라는 기준은 그렇게 중요하지 않다고 전문가들이 말해요. 이 말을 다르게 표현하자면 맛이 없어도 된다는 의미가 아니라 맛은 기본으로 있어야 한다는 의미에요.

기본적인 맛을 충족해 줄 수 없다면 다음 단계로 넘어가기가 힘들거든요. 그래서 저는 늘 홍보력이 뛰어나다 하더라도 상품의 가치가 없다면 홍보는 오히려 독이 될 수 있다고 말씀드리고 싶어요.

사람들이 재방문하는 이유는 그만한 가치가 있기 때문인데요. 카페 같은 경우에는 음료의 맛과 가성비도 중요하겠지만 나의 시간을 이곳에서 보내기에 충분한 소비가치가 있는지도 사람들이 판단해요. 만약 재방문 되지 않고 있다면 좋은 상품을 판매하고 있는지 먼저 검토를 해야겠지요. 그리고 남들에게 소개할 만큼의 맛과 비주얼인지도 확인해 보셨으면 좋겠어요.

Q45. '결핍은 최고의 스승'이란 말은 무슨 뜻인가요?

제가 자주 가는 칼국숫집이 있습니다. 60대 중후반의 아주머니 세 분끼리 식당을 운영하시는데, 손발이 어찌나 빠른지 마치 무대 위에서 춤을 추는 것 같아요. 저는 언제나처럼 늘 먹던 바지락칼국수를 주문하고 휴대전화를 만지작거리고 있었죠. 그때 옆 테이블에서 혼자 콩국수를 주문하셨던 아저씨가 소금이 없다고 하자, 일하시던 아주머니께서 "어머, 내 정신 좀 봐. 죄송해요. 호호호."라며 웃으시는 겁니다. 그 웃음소리가 어찌나 밝고 유쾌하던지, 저도 모르게 따라 웃고 말았어요. 듣기만 해도 기분이 좋아지는 목소리 톤이었어요.

저는 밀레니얼 세대지만, 함께 일하는 20대 직원들은 '밀레니얼'이라는 단어조차 잘 사용하지 않아요. 제가 어릴 때부터 모바일 기기에 익숙해져서 문서로 된 자료가 더 편한 것은 사실이지만, 이건 시대적 문제라기보다는 제 성격에 더 가까운 것 같아요. 카페를 운영하는 것이 제 성격에 맞아야 하는데, 실제로는 그에 맞지 않는 부분이 많더라고요. 서비스직을 하기에 제 성격은 좀 불리한 점이 많아서 평소에도 긴장을 많이 하고 예민한 편입니다.

늘 마음에 여유가 없는 저는 가끔 들르는 식당의 세 여사장님들을 보고 있으면 "그래, 장사는 저렇게 해야 하는 건데……." 그런 생각이 들다가도 "나는 저렇게는 못 해. 나는 내 스타일로 운영하겠어!"라고 혼잣말을 속삭이며 칼국숫집을 나오곤 하죠. 카페 하나를 운영하기 위해 정신력을 붙들어야 하는 순간이 정말 많은데요. 여러 매장을 운영하시는 사장님들은 정말 대단하다는 생각이 듭니다. 도대체 어느 정도의 멘탈을 가져야 사업을 늘릴 수 있는 걸까요?

그럴 때면 저는 늘 서점에 가서 책 한 권을 사 옵니다. 불안감을 떨쳐버리려는 방법으로는 책만큼 큰 무기가 없는 것 같아요. 제가 멘탈이 제일 흔들렸던 시기에 저의 멘탈을 잡아준 책이 있다면 《더 해빙》이라는 책이에요. 일하다 보면 돈에 예민해져서 앞을 못 볼 때가 많거든요. 직원들의 행동 하나하나에도 돈과 연결 짓게 돼요. 그러다 보니 쉬고 있는 직원만 봐도 한숨이 나오는 거죠. 그런데 이 책에서는 불안한 미래 때문에 현재를 놓치거나 판단을 흐리게 하지 말고, 지금 있는 것에 더 집중하는 방법을 알려주더라고요.

특히 돈을 끌어오는 사람과 돈을 밀어내는 사람의 유형을 배우면서 불안한 감정을 억제하고 지금 현재 아무것도 일어나지 않은 상황에 집중하려고 노력했어요. 누구나 자기 자신에 대한 결핍이 있을 거예요. 저는 그 결핍이 인정이었어요. 카페를 운영하면서도 사람들에게 인정받고 싶어 하는 욕구가 많다 보니, 지금의 만족보다는 아직 부족한 부분만 자꾸 눈에 들어오더라고요.

우리는 보통 자신의 약점이나 결핍을 숨기기 바쁘죠. 하지만 반대로 이야기하면 결핍이 있다는 것은 해결해 나갈 것이 있다는 뜻이고, 문제를 해결해 나갈 수 있다는 의미가 되더라고요. 저는 바지락 칼국수 사장님들처럼 호탕한 성격의 소유자는 아니지만, 저 스스로의 결핍을 해결하기 위한 저만의 방식을 찾아가는 중이에요.

어느 날 손님이 카페 의자에 대한 불편함을 호소한다면, 그것을 개선하려는 방법을 찾아야 한다고 생각해요. 지금 당장 돈을 써서 교체하기가 힘들다면 조금 더 편한 방석을 배치하는 거죠. 예민하게 받아들이는 것이 아니라 그냥 개선하면 되는 거예요. 스스로 부족함을 인정하는 순간 집착은 사라지고 새로운 도전이 시작되거든요. 저는 결핍만큼 최고의 스승이 있을까 싶어요.

Q46. 카페 리뷰를 확인해야 하는 이유는 무엇인가요?

한참 베이글을 공부할 때가 있었습니다. 혼자서 베이글을 만들어보다가 좋은 기회가 생겨 유명한 베이글집 사장님께 베이글을 배우게 되었는데요. 마침 창업을 준비 중이던 젊은 청년 한 분과 베이글 수업을 듣게 되었습니다. 그런데 이분을 보면 '사람이 어떻게 이렇게 상냥할 수 있지?' 그런 생각이 들더라고요. 저처럼 예민한 사람은 사람에 대한 경계가 굉장히 심한 편인데, 이분은 그렇지 않으셨어요. 유머 있거나 말을 재치 있게 하는 스타일은 아니었지만, 어떤 사람 옆에서도 자신을 낮추며 경청하는 모습이 참 인상적이었어요. 그런 모습을 보면서 이분은 어떤 장사를 해도 잘하겠다는 생각이 들었습니다.

얼마 뒤에 이 젊은 청년분이 베이글 가게를 오픈한다는 소식을 들었고, 오픈한 지 얼마 되지 않아 그의 가게는 줄 서는 베이글 가게가 되었습니다. 시간이 지난 지금도 여전히 사람들이 많은 유명 맛집이 되었습니다. 호기심에 네이버로 검색해서 매장 리뷰를 보니, 사람들의 맛 평가뿐만 아니라 사장님이 너무 친절하다는 후기가 많더라고요.

예상은 했지만 이렇게 빨리 자리를 잡을 줄은 몰랐기에, 카페 운영 10년을 했지만 오히려 배울 점은 배워야겠다고 생각했어요. 저는 사람들의 평가를 듣는 것이 두려워 네이버 리뷰도 몇 년은 보지 않았습니다. 괜히 마음에 상처만 남아 카페를 제대로 운영해 나가지 못할까 봐 사람들의 후기를 하나하나 체크하는 일도 저에게는 쉽지 않았어요.

하지만 부족함을 숨기지 않고 개선해 나가는 청년 사장님의 모습을 보면서, "그래! 부족한 부분은 머무는 것이 아니라 개선해 나가면 되는 거야!"라고 다짐하고 리뷰를 열어 확인해 보기 시작했습니다. 그런데 웬걸, 생각보다 좋은 평가가 많았고 이분들에게 그동안 감사하다는 글 하나 남기지 못했다는 것이 갑자기 죄송스러웠습니다. 급기야 후기 글에 댓글을 남기기 시작하면서 고객님들의 불만이나 개선했으면 좋겠다는 이야기도 받아들일 수 있었습니다.

처음 카페를 오픈하고 열심히 준비한 카페를 저평가받거나 혹평을 듣는 것은 오랜 상처가 되어 아직도 카페 후기를 검색하는 것이 그리 편하지는 않지만, 더는 저의 가능성을 스스로 접지 않기로 다짐했어요. 가능성을 열어두고 발전된 저를 믿어 보기로 했습니다. 리뷰를 체크하며 고객의 불만들이 어떤 점들인지를 확인하면서 고객들과 소통을 해나가고 있습니다.

간혹 리뷰를 보다 보면, "커피가 맛이 없어요." "디저트가 별로예요." "친절하지가 않아요."라는 글이 보여도 상처를 받기보다는 다른 사람들이 이 후기 글을 보기 전에 빠르게 대처하려고 노력해요. 한 번에 모든 것을 다 변하게 할 수는 없지만, 고객의 이야기를 듣고 있다는 태도를 보여주는 것은 굉장히 중요하더라고요.

우리도 사람인지라 매일같이 손님들에게 좋은 텐션으로 음료를 빠르게 제조해 드리지 못하는 순간도 있을 거예요. 그럴 때 누군가의 서비스가 별로라는 글이 올라온다면, 앞으로 더 개선하도록 노력하겠다는 댓글만 달아도 우리는 더 나은 서비스로 보답할 수 있다는 의사 표현을 고객들에게 전달해 드릴 수 있어요.

불은 빠르게 끌수록 좋습니다. 작은 불씨를 장기간 버려두는 일은 굉장히 위험한 일이라는 것을 저는 너무 늦게 깨달았네요. 그리고 관심보다 더 무서운 것은 무관심이라는 사실을 통해 매일 리뷰를 확인하고 있습니다. 마음의 근육에 살을 찌우기 위해 오늘 하루도 일어난 실수에 대해 피하기보다는 인정하고 개선하려고 노력 중입니다.

Q47. 사업의 성과는 오직 매출로 말해야 하나요?

인스타그램에는 N잡러 이야기, 블로그 월 천만 원 벌기, 하루 4시간 투자로 월 천만 원 벌기, 워라밸로 돈 벌기 등 유혹하는 광고들이 너무 많습니다. 그 광고를 보고 '그래, 카페는 취미로 하고 나도 인생 역전으로 편하게 살아보자!' 다짐하며 수강 신청을 합니다. 수업을 듣기 전부터 저는 이미 성공한 저를 상상하며 지금보다 조금 편하게 돈을 벌 수 있겠다는 행복감에 젖곤 했습니다.

하지만 강의를 다 듣고 적용해 보면서 깨닫게 되더라고요. '그래서 돈은 언제 벌지?' 생각처럼 돈은 쉽게 벌리지 않고, 돈을 벌기 위해서는 더 큰 노력을 해야 한다는 것을 배우게 됩니다.

이 수업은 나와 맞지 않는 것 같다며 또 다른 아이템을 다시 찾기 시작합니다. 더욱 쉽게 돈을 벌 수 있다면 지금보다는 행복할 것 같다는 망상에 빠져 내가 가야 할 방향과 목적을 잊은 채 돈을 좇기 시작합니다. 하지만 쉽게 벌 수 있는 돈은 존재하지 않더라고요. 설령 존재하더라도 그 길이 나와 맞지 않음을 뒤늦게라도 깨닫게 되어 얼마나 감사한지 모릅니다.

제가 깨달은 것은 어떤 기술이든 내 것이 아니라면 오래가지 못한다는 것이었습니다. 모든 사업 또한 마찬가지입니다. 결국 돈만 좇으며 가는 길에는 어려움이 닥쳤을 때 다시 일어나야 하는 이유와 극복해야 하는 이유가 없더라고요.

일하다 보면 위기가 닥치고 힘들 때가 있습니다. 그런데도 버틸 수 있는 일은 이 일을 좋아하거나 부딪치며 극복하고 싶은 욕구가 있어야 하는데, 돈만 보고 배웠던 기술은 결국 포기가 빨라요. 어쩌면 이러한 과정을 통해 진심으로 지켜내고 싶었던 것은 카페가 아니었나 싶습니다. 저에게는 카페를 오랫동안 운영하고 싶은 목적이 있었습니다. 성과를 다른 곳에서 찾으려 했던 시간을 통해 제가 좋아하는 일이 카페라는 것을 알게 되었습니다. 돌아서 깨달은 사실은 결국 내가 하고자 하는 일에 집중하고 에너지를 쓸 때 비로소 매출이 일어나기 시작한다는 것입니다.

결국 사업에서의 매출은 자신이 얼마나 집중하는지에 따라 달라집니다. 카페를 운영하는 동안 저는 많은 시행착오를 겪었습니다. 고객의 요구를 파악하고, 메뉴의 품질을 개선하며, 서비스의 질을 높이기 위해 끊임없이 노력했습니다. 그 결과, 매출은 서서히 증가했고, 재방문율도 높아졌습니다. 그러나 이러한 성과는 단순히 운이 좋아서가 아니라, 저의 꾸준한 노력과 열정 덕분이었습니다.

사업을 성공적으로 운영하기 위해서는 지속적인 학습과 자기 계발이 필요합니다. 새로운 트렌드를 파악하고, 고객의 피드백을 수용하며, 변화에 빠르게 대응할 수 있는 능력이 중요합니다. 또한, 직원들과의 소통과 협력을 통해 팀워크를 강화하고, 모두가 함께 성장할 수 있는 환경을 조성하는 것도 필수적입니다.

결국, 사업의 성과는 매출로 말합니다. 매출은 단순한 숫자가 아니라, 내가 얼마나 고객의 기대를 충족시키고, 그들의 신뢰를 얻었는지를 보여주는 지표입니다. 앞으로도 저는 카페를 운영하면서 얻은 경험과 교훈을 바탕으로, 더 나은 서비스를 제공하기 위해 끊임없이 노력할 것입니다.

Q48. 카페가 성장하고 있다는 증거를 어떻게 알 수 있나요?

"사장님, 카페 운영 쉽지 않은데 그래도 오랫동안 잘 운영하시네요. 저도 카페 운영했었는데요. 돈도 돈이지만 몸이 너무 힘들어서 2년 만에 매장 접었어요."

"카페 일이 다 그렇죠. 그런데 제가 곱창집에서 아르바이트했던 노동력에 비하면 카페는 양반인걸요."

말을 이렇게 했지만 사실 저도 저 손님과 다르지 않게 피로감도 느끼고 힘들 때도 많습니다. 그런데도 제가 버틸 수 있었던 비밀 한 가지를 이야기하자면, 저는 사실 카페 일을 그렇게 열심히 하지 않는다는 것입니다.

이게 무슨 소리인지 싶겠지만, 저는 저 자신의 문제를 잘 알다 보니 게으른 완벽주의자가 될 가능성이 큰 사람 중 하나였습니다. 시작은 늘 열정적이지만 마무리가 항상 부족한 제가 카페에서 오래 버틸 수 있었던 방법은 최선을 다하지 않는 것이라 생각했어요. 최선을 다하지 않았기 때문에 포기보다는 과정을 즐기는 실행력이 좋은 사람이 되었습니다.

카페를 시작한 초반에는 모든 것들을 제대로 갖춰야 한다고 생각했기 때문에 직원들과 관계를 맺기보다는 잘하고 있는지 관리 감독하기가 바빴습니다. 그리고 시간이 지난 뒤에 제 곁을 떠나는 직원들을 보면서 카페를 잘 운영해 나가기 위해 애쓴다는 것이 결국 잘못된 방향으로 가고 있다는 것을 알게 되었습니다. 때로는 열심히 살아가기 위한 최선이 오히려 독이 되는 경우가 있습니다. 자꾸 더 잘해야겠다고 욕심을 부리면 부릴수록 생각만 길어지고 일 처리가 늦어지더라고요.

간혹 카페를 오픈했을 당시 깨끗하고 정리정돈이 잘 되어 있던 카페들이 2년 뒤에 가면 애정이 느껴지지 않는 공간으로 변하는 경우가 많습니다. 처음 가졌던 열정만큼은 아니지만 지속해서 공간에 온기를 주기 위해서는 작은 실행들을 끊임없이 행동해 나가야 한다고 생각해요.

한번에 좋은 결과를 내기보다는 작은 성과를 모으다 보면 오히려 기대 이상의 결과가 나올 때가 있습니다. 직원들과의 관계도 그렇더라고요. 직원들이 제대로 일을 해주지 않으면 속상한 감정들이 본의 아니게 화로 나오다 보니 오히려 직원들에게 잔소리를 많이 했는데요. 이제는 직원들에게 손님들에게 조금 더 친절하게 말을 하고 행동을 하라는 말을 강요하지 않습니다. 대신 늘 웃는 얼굴로 고객들을 맞을 수 있는 환경을 제공하기 위해 노력합니다.

카페 개업 초반에는 직원이 저보다 아는 것이 많다는 이유

자체가 자격지심으로 올 때가 있었습니다. 사장이라면 다 알아야 한다는 생각 때문에 부끄러움을 참다 보니 직원이 해주는 작은 조언에도 저 자신이 심각해지더라고요. 지금 생각하면 가볍게 생각해도 되는 일들을 초반에는 왜 그렇게 심각하게 받아들이고 예민했는지 모르겠어요.

이제는 일에 대한 문제나 저에 대한 문제를 심각하게 받아들이기보다는 "내가 이걸 잘 못 하는구나!", "이런 부분이 많이 부족하구나"라고 가볍게 생각하려고 합니다. 그러자 직원들보다 못하는 부분이 결코 부끄러운 일이 아니게 되었습니다. 직원과의 관계 그리고 손님과의 관계를 친밀하고 단단한 관계로 만들어가기 위해서는 모든 상태를 조금은 편한 상태로 바꿔 나가야만 더 많은 것들을 적용해 나가고 발전해 갈 수 있습니다.

Q49. 인스타그램은 선택이 아닌 필수일까요?

카페를 운영하면서 글을 조금 더 잘 쓰고 싶다는 생각이 들었어요. 생각을 잘 정리하거나 감정을 글로 잘 묘사해 나가고 싶었거든요. 그래서 글을 잘 쓰고 싶다는 집착은 많은 책을 사서 보고, 자청의 《초사고 글쓰기》 전자책도 10만 원 넘는 비용을 내서 읽어봤어요.

하지만 뒤늦게 깨달은 것은 글이라는 것이 책만 본다고 한 순간에 잘 써지거나 감각이 좋아지는 것이 아니라는 사실이었어요. 오랫동안 글을 써보지 않은 사람이 책 한 권으로 실력이 좋아지기란 쉽지 않고, 큰 노력이 필요한 작업이더라고요.

그런데도 제가 하고 싶은 이야기를 잘 전달하기 위해 글을 잘 쓰고 싶은 욕구는 멈추지 않는 것 같아요. 블로그를 성장시키기 위해 매일 글을 쓰려고 했어요. 1시간이면 충분히 올릴 수 있는 내용을 저는 3시간 넘게 썼죠. 글감을 만들어내는 것도 생각보다 쉽지 않았어요. 제가 카페를 홍보하기 위해 주로 사용하는 채널은 네이버 블로그, 인스타그램, 유튜브였는데요.

이 세 가지를 하는 이유는 예전에 마케팅 강의를 들었을 때,

마케팅 전문가들이 "유튜브, 블로그, 인스타그램은 꼭 하세요!"라고 말했기 때문이에요. 그래서 블로그도 열심히 했지만, 시간이 너무 많이 소요되더라고요. 이 세 가지의 특징을 이야기하자면 블로그는 사진보다는 후기 글, 자기 생각을 장문으로 표현하는 곳이에요. 그러다 보니 글을 통해 정확한 정보성이나 관심사 대상층이 유입되어 검색이 되는 채널이죠.

인스타그램 같은 경우는 글보다는 사진의 감성이나 짧은 영상을 통해 고객의 마음을 사로잡아 사람들의 관심을 집중시키는 채널이에요. 마지막으로 유튜브는 정보를 텍스트보다는 영상으로 빠르게 알고 싶을 때 사람들이 검색해서 알아보는 채널이고요.

카페를 홍보하기 위해 이 세 가지를 다 잘하면 좋겠지만, 사실 이 세 가지를 카페 운영하면서 잘 해나가기가 쉽지 않더라고요. 물론 블로그를 활성화하면 카페 노출이 잘되는 장점이 있지만, 동네 카페에서 빠르게 주변 상권을 홍보하고 사람을 모으는 일에는 인스타그램이 더 효과적이라고 생각해요. 지금은 사람들이 인스타그램에서 카페를 검색하고 더 정확한 정보를 알기 위해 네이버로 넘어가기 때문이죠. 그러므로 인스타그램만 잘해도 홍보는 충분하다고 생각해요.

저는 글 쓰는 일이 힘들어서 블로그보다는 인스타그램을 더 활성화하고 있어요. 인스타그램에서는 글을 길게 남길 필요도 없어요. 그래서 저처럼 글쓰기를 어려워하는 분들은 억지로 블로그 글

쓰기를 배우기보다는 인스타그램을 활용하는 것이 더 나을 수도 있어요. 인스타그램 계정을 만들고 제일 먼저 해야 하는 일은 프로필 세팅인데요. 누군가가 여러분들의 계정을 타고 들어와서 팔로우하고 갈지 안 할지는 프로필 세팅에 따라 달라져요. 만약 팔로우를 늘리고 싶다면 사생활보다는 카페의 일상을 대중들과 공유하고 싶은 주제나 정보성 글로 올리는 것이 좋아요.

초반에 팔로우가 없다면 게시물 홍보를 통해 타깃층을 설정하는 것도 좋은 방법이에요. 초반에는 20대층을 타깃으로 설정하면 좋은 점은 아무래도 젊은 층들이 신상 카페 투어에 관심이 많기 때문인데요. 지역 설정을 통해 하루에 3~5천 원 정도 인스타그램 광고에만 투자해도 생각보다 지역 노출이 잘되기 때문에 인스타그램 계정이 없으신 분들은 꼭 계정을 만들어서 홍보 효과를 보셨으면 좋겠어요. 이제 인스타그램은 선택이 아닌 필수입니다.

Q50. 우리 카페에 와야 하는 이유는 어떻게 만드나요?

제가 운영하는 카페는 광명 구름산 아래 금당마을이라는 작은 마을에 있어요. 카페를 처음 오픈했을 당시, 이 마을에 카페는 저희가 처음이었기 때문에 많은 분들이 '망하려고 이런 곳에 카페를 차렸나봐'라는 말을 많이 했었죠. 그도 그럴 것이 그때는 등산로 초입이 아닌 뒷길에 있었고, 주변 식당들도 활성화되지 않은 상태라서 이런 반응이 나온 것도 이해가 됐습니다.

그런데 10년이 지난 지금, 저희 마을에는 6개의 카페가 생겼어요. 예전에는 주변에 식당이 있어서 식사를 마치고 커피를 마시려는 사람들은 선택의 여지가 없었어요. 저희 카페밖에 없었으니까요. 그래서 맛이나 서비스가 부족해도 그냥 차를 주문해서 드셨던 것 같아요. 어떻게 보면 저도 배짱 장사를 하고 있었던 셈이죠.

그러던 어느 날, 새로운 카페가 하나 생기더니 어느 순간 바로 앞에 우리 카페보다 3배 정도 큰 로스팅 카페가 오픈했는데, 그때부터는 정말 정신을 차려야겠다는 생각이 들었어요. 갑자기 비상이 걸린 듯 걱정이 태산이었죠. 몇 년 동안 큰 노력을 하지 않아도 경쟁자가 없으니 베짱이처럼 카페를 운영했던 것이 드러나기 시작했어요. 위기감을 느끼니 무언가 변하지 않으면 안 되겠더라고요. 조금 더 매장 운영을 잘해야겠다는 생각이 들더라고요. 그렇게 초심으로 돌아가 책도 보고 벤치마킹도 하면서 저희 카페를 객관적으로 보려고 노력했어요.

그러다 어느 날 주변을 둘러보니 벌써 6곳의 카페가 생겼더라고요. 초반에는 사람들이 궁금해서 새로 생긴 매장에 가보고 맛도 보시더라고요. 그러다가 다시 저희 카페를 다시 찾아주시는 분들을 보면서 더 감사했어요. 이제는 저희 카페에 오시기 위해서는 5개의 카페를 지나쳐야 하니까요. 더운 날씨에 걸어서 여기까지 오시는 고객님들을 보면 저절로 고개가 숙여져요. 그러다 문득 그런 생각이 들었어요. 이분들은 왜 다른 카페를 지나쳐서 여기까지 오셨을까? 그 많은 카페 중에서 저희를 선택한 이유가 분명 있을 거라고 생각했어요.

카페를 운영하다 보면 계획에 없던 변수들이 찾아오곤 해요. 분명 인근 상가에 카페가 없었는데 어느 날 바로 옆에 카페가 생기는 등 창업하기 전에 상권 분석을 철저히 했음에도 불구하고 운명처럼 피할 수 없는 일들이 발생하죠. 저 또한 저희 카페 말고는 카페가 생길 수 없다고 믿었던 것이죠.

그런데 저희 카페에 예상과 다르게 주변 식당에서 식사하고 오시는 손님들이 생각보다 많아졌어요. 카페 홍보를 하지 않았던 저희 매장은 신규 카페들이 홍보를 시작하면서 같은 마을에 있던 저희 카페까지 홍보 효과를 보게 되었어요. 우후죽순으로 생겨나는 같은 업종의 매장들 사이에서 결국은 고객의 선택을 받은 것이지요.

생각해 보면 손님들이 방문하는 목적은 다양하겠지만, 이 동네에서만큼은 '우리 카페가 제일 괜찮다'라고 스스로 평가할 수 있을 만큼 자신이 운영하는 매장에 대한 확신이 있어야 해요. 이를 위해 개선해야 할 부분들을 체크하고 1%씩만 올리기 위해 노력해 보세요. 커피 맛도 1%, 공간의 편리함도 1%, 서비스도 1%. 이렇게 1%씩만 더 올리면 작은 퍼센트들이 모여 10%, 20%가 만들어지지 않을까요?

Q51. 트렌드는 어떻게 읽나요?

보통 카페 창업을 준비하기 위해 최소 6개월에서 최대 3~5년 이상을 투자하는 경우가 많아요. 희한하게도 오랜 시간 준비했다고 꼭 성공하는 것도 아니고, 짧게 준비했다고 꼭 실패하는 것도 아니더라고요. 오랜 시간 준비한 카페는 전문성과 자신감을 가지고 오픈하지만, 실패에 대한 대비나 준비가 부족한 경우가 많아요. 반면, 준비 기간이 짧고 스스로가 부족하다고 인식하는 창업자는 언제 망할지 모른다는 생각에 미리 대비하는 경우가 많고요.

그래서 매장을 알아볼 때도 다양한 변수를 예측해 무리하게 투자하지 않죠. 두 매장의 스타일을 비교해 보면, 준비가 부족하다고 인식하는 카페는 끊임없이 채우기 위한 노력을 하고, 충분히 채워진 상태에서 오픈한 매장은 홍보와 유지를 위해 집중해요.

트렌드를 읽는다는 것은 단순히 유행을 따르는 것이 아니라, 변화를 예측하고 준비하는 것을 의미해요. 제가 카페를 운영하면서 항상 염두에 둔 것은, 언제 망할지 모른다는 불안감 속에서도 끊임없이 배우고 대비하는 것이었어요. 준비 기간이 짧아도 노력하고 성장하려는 의지가 있다면 카페는 쉽게 망하지 않아요.

중요한 것은 노력의 흔적을 고객에게 보여주는 것입니다. 고객들은 단순히 차를 마시고 가는 것 같지만, 사실은 사장님과 카페를 관찰하고 있어요. 카페가 정체되거나 변화하기 위해 아무런 노력도 하지 않는다고 느끼면, 아무리 노력한다고 말해도 고객으로서는 아무런 변화가 없는 것처럼 느껴질 수 있어요.

인스타그램이나 블로그를 통해 지속해서 변화를 보여주는 것이 중요해요. 예를 들어 새로운 음료를 개발하는 모습을 공유하거나, 매장에서의 작은 변화를 소개하는 등 고객에게 부지런한 사장님의 이미지를 심어주는 것이 필요해요. 음료와 디저트 트렌드도 예외는 아니에요. 트렌드를 이해하지 못하고 고객의 질문에 대답하지 못한다면, 그 카페는 뒤처질 수밖에 없어요.

더불어 트렌드를 좇아가는 것이 아니라, 트렌드를 알고 지켜내야 할 것과 변화해야 할 것에 관한 기준을 세우는 것이 중요해요. 카페를 운영하면서 시대적 트렌드가 어떻게 흘러갈지를 예측하고 대비하는 것은 필수입니다. 반짝하고 사라질 품목인지, 오랫동안 유지할 수 있는 메뉴인지를 판단하고 결정하는 과정이 필요해요.

저의 목표는 3대(아버지, 저, 아들)를 잇는 카페로 성장하는 것이기 때문에, 강한 색깔을 입히지 않고 연필로 스케치를 하듯이 여지를 남겨 두고 있어요. 트렌드라는 폭풍에도 흔들리지 않는 카페로 살아남기 위해 연말이면 매년 《트렌드 코리아》를 읽고 내년을 준비해요.

트렌드를 읽는다는 것은 변화에 민감하게 반응하고, 새로운 것을 수용하며, 고객에게 꾸준히 변화를 보여주는 것입니다. 그렇게 해야만 많은 카페 중에서도 고객들이 우리 카페를 선택하게 되는 이유를 만들어낼 수 있어요. 카페 운영에 있어서 트렌드를 읽고 반영하는 것은 단순히 '유행을 따라가는 것'이 아닙니다. 그것은 고객의 기대와 요구를 이해하고, 이를 충족시키기 위한 지속적인 노력을 의미합니다.

Q52. 첫 번째 손님을 직원이라고 말하는 이유는 무엇인가요?

카페 창업을 준비하면서 선생님께서 해주신 말씀이 아직도 기억에 남아요. "여러분들이 나중에 카페 창업을 하신다면 직원들에게 잘해 주세요. 직원이 곧 여러분들의 첫 번째 손님입니다." 벌써 10년도 넘은 이야기이지만, 이 말씀은 여전히 저의 마음에 깊이 새겨져 있어요.

좋은 사람 주변에는 늘 좋은 사람들이 모이는 법입니다. 제가 생각하는 좋은 사람은 착한 사람이 아니라, 사장으로서 책임을 다할 수 있는 사람을 뜻해요. 직원들의 월급을 놓치지 않기 위해 노력하고, 시간과 약속을 지키기 위해 노력합니다. 직원들에게만 책임을 부여하지 않고, 힘든 일은 함께 나눌 수 있도록 주변을 살피는 것도 제 몫이라고 생각해요.

저는 지금까지 일했던 직원들에게 늘 감사함을 느끼고 있어요. 물론 계약관계로 만났지만, 인연이라는 게 또 어떻게 연결될지 모르잖아요. 직원들이 카페 일을 그만두고도 단골로 다시 만날 때만큼 행복한 일이 있을까요? 카페를 운영하면서 제일 뿌듯하고 행복한 순간은 일했던 친구들과 잘 헤어질 때예요. 사람과의 인연은 말 온도에 따라 시작되고 마무리된다고 하잖아요.

일하다 보면 좋은 말만 할 수는 없어요. 때로는 잘못된 지점을 정확하게 짚어주기도 하는데, 본의 아니게 상대에게 상처를 줄 때도 있어요. 직원들이 일을 그만둘 때는 여러 가지 사정이 있지만, 저의 말실수로 인해 이별을 통보했던 직원은 생각보다 오랫동안 기억에 남더라고요. 미숙했던 표현으로 이별을 맞이했던 경험들은 오랜 시간 저를 더 성숙하게 만들어 주었어요.

그래서 그만두는 친구들에게 감사의 편지를 받을 때마다, 제 스스로가 잘 성장해가고 있다는 생각에 많은 위로를 받곤 해요. 오너라는 자리는 누군가가 잘했다고 평가를 받는 자리가 아니다 보니, 가끔은 저 자신이 잘하고 있는지 궁금할 때가 많아요. 그래서 직원들과의 이별 순간에서 어떤 식으로 마무리되었는지가 저의 평가 기준이 되기도 해요.

오랫동안 직원을 다루면서 경험한 깨달음은 시키지 않아도 알아서 일하는 직원은 없다는 것입니다. 그런 직원은 애초에 성립될 수 없다고 판단하는 것이 건강한 직원 관리라고 생각해요. 이러한 생각을 바꾸기 시작한 것은 불과 3년 전입니다. 그전에는 직원에게 바라는 것이 많은 사장이었어요. 눈앞에 보이는 것들을 해놓지 않으면 왜 이런 것도 안 해놓느냐며 지적하기 바빴죠.

사장이 보는 시야와 직원이 보는 시야는 다를 수밖에 없는데도 자꾸 직원들에게 요구 아닌 요구를 하게 되더라고요. 사장은 넓은 면적으로 다양한 것들을 한눈에 볼 수 있지만, 직원들은 하나하나 설명해줘야 넓게 이해할 수 있어요. 예를 들어 "냉장고 청소해 주세요."라고 지시만 하는 것이 아니라, 언제, 몇 시에, 어떻게 청소를 하면 좋을지에 대해서 구체적으로 설명해줘야 직원들이 이해하고 실행할 수 있어요.

그냥 "청소해 주세요."라고 지시해놓고 "청소를 이렇게밖에 못해?"라고 꾸짖는 것은 잘못된 방법이었어요. 결국 한숨만 쉬면서 정리가 되지 않은 매장을 보며 직원 관리가 힘들다며 직원들만 탓하던 제 모습을 발견했어요. 뒤늦게 깨달음을 얻고, 제가 변해야겠다고 생각하게 되었어요. 누구의 탓이 아닌, 제 탓이었어요. 학습을 제대로 시키지 못한 제 잘못이었어요. 지시와 학습은 다른 영역이라는 것을 몰랐던 것이죠. 요즘 직원들을 보면 얼마나 감사한지 몰라요. 시키지 않은 일도 척척 해내요.

결국 제가 앞에서 뛰면 직원들도 함께 옆에서 뛰더라고요. 저를 믿고 한 방향으로 갈 수 있도록 중심만 잘 잡아준다면, 함께 일하는 직원은 모두 소중한 존재라고 생각해요.

Q53. 실천력을 기르고 싶을 때는 어떻게 하나요?

한참 제빵에 관한 관심이 생겨 빵을 배우러 다닌 적이 있습니다. 특히 건강한 먹거리에 대한 관심이 많다 보니 우리 토종밀에 대해 공부를 하게 되었는데요. 인터넷으로 검색하다 보니 유기농 우리밀로 천연발효빵을 교육하는 곳을 알게 되었습니다. 마침 천연발효종 빵 만들기 수업이 있어 양평으로 빵을 배우러 가게 되었습니다.

경기도 양평에 있는 '곽지원의 빵공장'은 《장인의 장사》 '곽지원' 셰프님이 계신 곳이었습니다. 사실 이곳에 빵을 배우러 오시는 분들은 선생님이 누구인지 이미 알고 방문한 사람들이었지만, 저는 남은 자리가 있다 하여 급하게 신청했고, 뒤늦게 곽지원 셰프님이 굉장히 유명한 분이라는 것을 알게 되었습니다.

이곳에 도착하자마자 선생님 소개가 이어지고 수업에 참여하는 사람들의 소개도 돌아가며 나누었습니다. 수업에 참여한 수강생들 또한 대단하신 분들이 많았습니다. 이 상황이 낯설기만 한 저는 이제 막 우리밀을 알기 시작한 신입생이었기 때문에 처음 본 곽지원 선생님의 모습은 작고 단단한 흔들림이 없는 바위 같았습니다.

오랫동안 자신의 신념을 위해 우직하게 한 길을 걸어오신 선생님의 모습을 보면서 삶의 또 다른 멋을 배우게 되었습니다.

《장인의 장사》 표지 앞부분에 이런 글귀가 쓰여 있습니다. "한때 잘나가는 장사를 할 것인가, 은은하게 오래도록 망하지 않는 장사를 할 것인가?" 저는 이 질문에 마음속으로 '은은하게 오래도록 망하지 않는 장사를 하고 싶습니다.'라고 말하고 있었습니다. 눈앞의 성공만을 위해 무작정 체력을 방전하기보다는 오랫동안 살아남는 경영을 꿈꾸어야 자신의 진짜 이야기를 만들어 갈 수 있다는 생각이 들었습니다.

선생님은 요즘 젊은 사람들이 창업하고 1년도 되지 않아 망하는 이유 중 하나는 알맹이 없는 그럴듯한 포장으로 짧은 기간에 장사로 대박을 꿈꾸기 때문이라고 말씀하시며, 애초부터 대박을 꿈꾸기보다는 내 손으로 고객을 만족시킬 수 있는 일에 집중하는 것이 어떤 불황에도 망하지 않는 방법이라고 조언을 아끼지 않으셨습니다. 그 말에 저는 살짝 뜨끔했습니다.

저도 그랬거든요. 늘 대박을 꿈꿨기 때문에 몸보다는 머리를 굴려 대박 날 수 있는 아이템과 패키지에 대한 고민으로 늘 생각에 잠겨 있었습니다. 그래서 늘 머리는 무겁기만 하고 막상 몸이 쉽게 움직여지지 않았습니다. 제빵을 배웠지만 배운 것을 써먹지 못했습니다. 생각만 하느라 결국 손에 익혔던 감각들은 기억나지 않았고 배우면서 할 수 있을 것 같았던 자신감은 레시피를 보고도 어렵게

만 느껴졌습니다.

그때 문득 곽지원 선생님의 말씀이 떠올랐습니다. 빵을 배우는 일은 누구나 할 수 있지만 지속해서 만들어나가는 사람은 극소수라는 말씀 말이죠. 지금의 시대에는 돈과 시간만 주어진다면 배우는 일은 그렇게 어려운 일이 아닙니다. 하지만 선생님의 말씀처럼 배우는 건 쉬워도 실천해 나가는 사람은 아무나 할 수 없는 일이었어요.

지금의 카페 시장도 마찬가지라고 생각합니다. 카페 창업은 누구나 할 수 있지만 망하지 않고 유지해 가는 카페는 흔하지 않잖아요. 기본이 탄탄하지 않은 카페는 오래 살아남기가 힘들어요. 그래서 저는 늘 기본에 집중하려고 하고 있습니다. 제가 생각하는 카페 운영의 기본은 행동으로 배웠던 것들을 매일같이 빼먹지 않고 실행해 나가는 것이라고 말씀드리고 싶습니다. 손님이 없다는 이유로 문을 일찍 닫거나 여는 불규칙함이 아니라 늘 고객과의 시간 약속을 지켜나가고, 기계들을 매일같이 청소하고 게을리하지 않는 초심 같은 몸가짐에서 출발하는 것이 기본이라고 봅니다.

Q54. 우리는 왜 백화점에 갈까요?

제가 백화점에 가는 이유는 두 가지가 있습니다. 하나는 최신 트렌드를 분석할 수 있기 때문이고, 두 번째는 선물다운 선물을 살 수 있기 때문입니다. 우리는 아울렛보다 백화점 상품이 더 비싸다는 것을 알고 있지만, 그런데도 백화점 제품을 선택하려는 이유는 무엇일까요?

같은 브랜드 제품이라도 어디에서 구매했느냐에 따라 상품의 가치가 달라질 수 있기 때문입니다. 백화점은 신상품의 트렌디한 느낌이 강하지만, 아울렛은 유행이 지난 할인점 같은 이미지가 강합니다. 그래서 선물의 질을 높이고 싶을 때 백화점을 가곤 하죠. 저는 백화점 지하에 있는 식품 코너를 특히 좋아합니다. 이유는 팝업스토어가 주기적으로 열려 다양한 제품을 판매하기 때문입니다. 평소에 관심 있던 베이커리 가게나 외국 브랜드 제품이 보이면 구경하러 가는데요.

이곳에서 저는 사람들이 어떠한 이유로 제품을 구매하는지 관찰합니다. 한번은 백화점 홍보관에 빵집이 팝업으로 운영되고 있었는데요. 제가 잘 아는 브랜드는 아니었지만, 저도 모르게 쟁반에 빵을 한가득 담고 계산하려고 줄을 서 있더라고요. 그러다 문득 '나는 왜 빵을 한가득 담고 있는 걸까?'라는 생각이 들었습니다. 내가 구매한 이유에 대해 곰곰이 생각해 보았습니다. 첫 번째로 관심을 끌었던 것은 사람들이 몰려있다는 점이었습니다. 사람들이 모여 있는 곳에는 특별한 무언가가 있을 거라는 착각을 하게 되죠.

아마 대부분 사람이 인스타그램으로 줄 서는 맛집을 발견하거나, 지나가는 길에 사람들이 어떤 가게에 줄 서 있는 곳을 보면 '이 집은 맛집인가'라는 생각을 한두 번씩은 했을 것입니다. 저도 그런 생각에 빵을 사 먹어야겠다고 느꼈습니다. 하지만 막상 줄을 서서 먹어봤더니 기대에 못 미쳤다면 재방문으로 이어지기 힘든 예도 있습니다.

두 번째는 빵의 상품성이 너무 맛있어 보였기 때문입니다. 쫄깃해 보이고 내용물이 알차 보이는 빵의 모습이 침샘을 자극했습니다. 그래서 빵을 다 먹지 못하더라도 호기심을 자극한 빵은 먹어봐야 직성이 풀리겠다는 생각이 들었습니다. 사람들의 눈길을 끌어서 먹어보니 정말 맛있다면 어떨까요? 제가 먹어본 맛 중에 최고라면 누군가에게 선물해도 부끄럽지 않은 선물이 될 것입니다.

고객은 결국 많은 검토를 통해 상품의 포장까지 선택하게 됩니다. 여기서 포장지까지 마음에 든다면 생각나는 사람이 더 많아지겠죠. 결국 최고의 매출을 연결해 주는 것은 포장 시스템 아닐까 생각해요. 카페를 운영하면서 고객을 만족시키는 것은 어찌 보면 이론적으로는 어려운 일이 아닐 수 있습니다. 찾아오시는 고객분들에게 좋은 상품을 만들어 제공하면 되는 것이죠.

같은 제품이라도 어디에서 돈을 지불했느냐에 따라 다르므로 사람들이 백화점에서 소비하는 이유는 고급스러움이라는 단어가 걸맞게 상품의 질뿐만 아니라 포장의 패키지 디자인까지 구매자의 욕구를 충족해 주기 때문이라고 생각합니다. 결국 손님들을 위해 좋은 상품을 만드는 것이 중요하지만, 지인들에게도 소개할 만한 제품의 가치를 만들어 주어야 매출까지 연결되지 않을까 합니다.

Q55. 문화가 오래간다는 말은 무슨 뜻인가요?

2022년 8월 8일 저녁, 카페를 마감하고 집으로 돌아왔어요. 그날 저녁은 유난히 비가 많이 내렸고, 천둥·번개를 동반한 호우주의보 경보가 내려졌죠. 매년 여름마다 비가 내리는 일이라 큰 문제는 없겠지 생각하며 평온하게 잠을 청하려 침대에 누웠습니다. 그러나 빗소리는 마치 천장을 뚫고 나올 것처럼 요란하게 들려 마음이 불안해지더군요. 결국, 이불을 걷어내고 CCTV로 가게 상황을 보게 되었어요. 매장 안은 어두컴컴했지만 유리창에 비친 바닥이 찰랑찰랑하게 보이는 것 같았습니다.

"여보, 카페에 좀 가봐야겠어요!" 걱정된 남편은 함께 가자며 밤 11시에 카페로 향했어요. 카페로 가는 길목에는 쓰레기통이 길가로 빗물에 밀려 나와 있고, 더는 물살에 차가 움직일 수 없었습니다. 그 순간, 카페를 지켜야 한다는 불꽃 같은 에너지가 솟아올랐습니다. 남편의 손을 뿌리치고 카페 안으로 어렵게 진입했어요. 구름산 바로 아래였기 때문에 토사가 내려오고 있었고, 이미 가게 안쪽으로 물이 들어와 엉망이 되었어요. 물을 막아야 한다는 생각에 매장 안에 있는 수건과 이불을 모조리 가져와 문틈을 막기 시작했어요. 혼자서는 도저히 답이 없었습니다.

그때, 주변에 사는 지인분이 "카페 괜찮아?"라는 문자를 보내왔고, 다급한 마음에 카페 상황을 사진으로 보내드렸습니다. 몇 분 뒤, 주변에 사시는 지인들이 오셔서 함께 물을 퍼 나르기 시작했고 아침이 되자 더 많은 분이 오셔서 토사를 치워주기 위해 다함께 손을 걷어붙였어요. 감사함에 저도 모르게 눈물이 쏟아졌어요. 생각지도 못한 주변의 도움 덕분에 카페 내부는 빠르게 복구할 수 있었고, 현재까지도 카페를 잘 운영하고 있습니다.

어떻게 보면 이런 일이 함께 사는 마을이기 때문에 가능한 일 같아요. 그래서 카페가 마을에 있다 보니 카페뿐만 아니라 마을의 문제점들을 발견하면 때로는 해결사의 역할도 하려고 합니다. 길이 울퉁불퉁해서 마을에서 뛰노는 아이들이 다칠 것 같거나, 나뭇가지가 위험해 보이면 시청 민원실에 전화해서 처리를 부탁드리곤 해요.

주변의 일에 관심을 두다 보면 다양한 활동을 하는 사람들을 만나게 돼요. 그중 하나가 기후위기 대응 활동입니다. 손님들에게 플라스틱을 사용하지 않고 텀블러를 지참할 시 할인을 적용해주며, 함께 쓰레기를 줍는 줍깅 활동을 통해 카페가 추구하는 방향성과 공동체 문화를 만들기 위한 커뮤니티를 운영해 확장해 나가고 있어요.

저희 카페는 세련되지는 않지만, 이곳에서 많은 사람이 편안하고 가치 있는 소비를 했다고 느끼길 바랍니다. 그래서 늘 친정집 같은 카페를 상상하며 오랫동안 마을에서 운영해 나가고 있습니다.

제가 점점 문화에 집착하는 이유는 우리가 '100세 시대'에 살고 있기 때문입니다. 카페 운영 초반에는 너무 힘들었지만, 10년을 잘 버틴 저에게 카페는 친구가 되었고 평생 운영해 나가고 싶은 직장이 되었습니다.

《살롱문화》라는 책을 보면 나이가 들면 어떻게 카페를 운영해 나가야 할지에 대해 생각을 정리해주더라고요. 결국, 지속 가능한 카페를 운영하기 위해서는 나이, 학벌, 성별과 상관없이 '문화적 소비'로 소통해 나가야 한다고 해요. 문화란 혼자서는 가능하지 않기 때문에 함께하는 사람들과 문제를 해결해 나가며 소통할 때 시작된다고 믿어요.

Q56. 위기는 어떻게 대처해야 하나요?

2015년 5월, 결혼식을 마치고 얼마 되지 않아 아버지가 갑자기 쓰러지셨어요. 응급차에 실려 중환자실에 입원한 아버지는 생사의 갈림길에 있었어요. 병원에서 누워 계시는 동안 아버지와 대화하는 시간은 짧았지만, 아버지는 카페에 대한 애정을 '우리에게 행운'이라고 표현하셨어요. 그리고 저에게 부탁하셨습니다. "딸아, 카페 벽면에 체 게바라를 그려주면 좋겠구나. 많은 젊은이들이 자유를 위해 자신의 삶을 살아갔으면 좋겠다."

그 말을 들은 저는 바로 카페로 가서 체 게바라를 벽면에 그렸어요. 아버지가 보시면 좋아하실 거라는 생각으로 그림을 완성했죠. 하지만 아버지는 끝내 그림을 보지 못하고 세상을 떠나셨습니다. 갑작스러운 아버지의 죽음은 제 삶의 방향과 가치관이 회오리치듯 바뀌는 순간이었어요. 지금보다 조금 더 안정되고 편안한 삶을 꿈꾸는 우리는 어쩌면 현재의 행복을 미래에 반납하며 하루를 사는 것이 아닌지에 대한 생각이 들더라고요.

부모란 늘 가족들을 위해 희생하다가 마지막 순간에는 초라

한 모습을 보이곤 하죠. 돈을 벌기 위해 현재의 자신을 돌보지 못했고, 너무 많은 에너지를 써버린 아버지는 결국 59세에 돌아가셨어요. 어쩌면 제가 문화카페를 꿈꾸는 이유 중 하나는, 제 삶을 뒤돌아보았을 때 외롭지 않은 사람이 되고 싶은 욕구가 강하기 때문이에요.

카페라는 직업이 돈을 벌기 위해 선택한 일이지만, 단순히 돈만을 생각하고 일하다 보면 매 순간 이 일을 언제까지 해야 할지에 대한 딜레마에 빠지게 돼요. 그러기에 카페라는 공간을 통해 행복을 느낄 수 있는 요소들을 발견해 나가려고 부단히 노력하고 있어요.

저는 삶의 지표가 '생존'으로 바뀌는 순간 엄청난 변화가 일어나는 것을 경험했어요. '못할 것 같다'는 없어지고 뇌 속에서는 무조건 '해야 한다'로 바뀌더라고요. 제가 코로나 시대를 자주 언급하는 이유는, 2020년 발생한 코로나가 저를 벼랑 끝까지 몰고 갔기 때문이에요. 제가 생존해야겠다고 생각한 이유가 두 가지가 있었는데, 하나는 직원에 대한 책임감이고 두 번째는 아버지와의 추억을 오랫동안 지키고 싶었기 때문입니다.

남들은 힘들면 직원을 정리하라고 말했지만, 그건 저 자신에게는 너무 창피한 일이었어요. 무능력한 사장 때문에 직원들을 해고해야 한다면 남아있는 직원들은 앞으로 저를 믿고 일할 수 있을지 모르겠더라고요. 어떤 수를 쓰더라도 본격적으로 카페를 지켜야겠다고 생각했고, 바로 드라이브스루 주문과 광명지역 배달 서비스를 하게 되었어요.

배달의민족도 알아보았지만 시내와 떨어져 있다 보니 배달 대행 수수료가 너무 높더라고요. 계산을 해보니 제가 가져가는 수익은 20% 미만이였어요. 그래서 저는 직접 배달을 했고, 손님과 접촉하지 않고 최대한 안심하고 드실 수 있도록 문 앞에 걸어놓고 오는 서비스를 했죠. 그렇게 코로나 시기에도 고객들과의 연결의 끈을 놓지 않았어요.

배달이 큰 매출을 올려주지는 않았지만, 그래도 전 직원 해고 없이 무사히 코로나 시기를 통과할 수 있었어요. 직원들은 카페에서 일하다가 다른 목적이 생기면 일을 그만두기도 해요. 그런 직원들에게 너무 많은 애정을 줄 필요가 있냐는 질문을 받을 때도 있지만, 제가 생각하는 사장은 직원이 그만두기 전까지도 손을 잡아주는 역할을 해야 한다고 생각해요.

큰 파도가 지나간 자리에는 늘 새로운 시각과 생각을 제시해줘요. 힘든 상황에서도 희망을 잃지 않게 해주는 건 경험에서 오는 지혜라고 생각해요.

Q57. 직원을 채용해야 하는 이유는 무엇인가요?

한번은 독감에 걸린 직원이 출근하지 못해서 어쩔 수 없이 혼자 카페를 운영하게 되었습니다. 그날따라 평소보다 많은 손님이 연달아 들어오면서 음료를 만들 시간도 없이 주문을 받느라 정신이 없었습니다. 그러던 중 8명의 단체 손님이 들어와서 서로 다른 음료를 주문했고, 그 뒤로도 손님이 계속 들어왔습니다.

저도 모르게 내면에서 '그만 와!'라는 외침이 나왔어요. 카페를 운영하는 사장님이라면 손님이 무서워지는 순간을 한두 번쯤은 경험해보셨을 겁니다. 급한 대로 "10분 뒤에 주문받겠습니다"라고 공지하고 급하게 음료를 만들었던 기억이 아직도 생생합니다. 혼자 일하는 것은 정말 심장이 쫄리는 경험이었어요. 직원이 실수하면 힘들기도 하지만, 그래도 직원이 없으면 더 힘든 것이 카페 운영이라는 걸 다시 한번 느꼈습니다.

그래서 직원 채용을 하지 않고 1인 카페를 운영하는 것은 현실적으로 어렵다고 말씀드리고 싶어요. 최근 제 지인분이 1인 카페를 오픈했는데, 저는 꼭 직원 채용을 하시라고 당부드렸지만, 지인은 사람 신경 쓰지 않고 편하게 운영하고 싶다고 했습니다. 얼마 뒤, 운영한 지 한 달도 되지 않아 인스타그램에 주 2회 휴무 공지가 올라왔더라고요. 카페 일이 겉에서 보기에는 우아해 보일지 몰라도, 실제로는 해야 할 일이 산더미 같아요. 그냥 여유롭게 하루에 몇 잔 판매해도 된다는 마인드로 시작했다 하더라도, 고객은 예상외로 많이 방문하기도 하고, 좌석이 만석임에도 어디선가 의자를 가져와 자리를 만드는 게 고객님들의 클래스죠.

이렇게 되면 결국 카페 운영이 원하는 방향으로 가지 않을 수도 있어요. 다양한 변수를 맞이하기에 단시간이라도 직원을 채용해서 잠시나마 기댈 수 있는 동반자가 꼭 필요합니다. 작은 카페를 운영하면서 직원을 채용하게 되면 인건비가 부담스럽다고 말하는 사장님들이 계십니다.

그러나 인건비가 안 나오는 것이 아니라 처음부터 공간에서만 손님을 받을 계산을 했기 때문이죠. 작은 공간이더라도 생각을 어떻게 전환하는지에 따라 매출은 달라질 수 있습니다. 단순히 지출을 아끼기 위해 직원을 채용하지 않고, 주 2회 휴무를 결정하는 일이 오히려 매출에 더 큰 영향을 준다고 생각해요.

혼자 운영을 하다가 힘들 때면 지인들에게 연락해서 바쁜 타임에 도움을 요청하기도 합니다. 저도 한 번은 너무 바쁜 주말에 직원 한 명이 못 나오게 되어서 지인에게 부탁한 적이 있었는데요. 어쩐 수 없는 상황에서 지인에게 부탁할 수는 있지만, 이것이 반복되면 안 되겠다는 생각이 들더라고요.

생각해 보세요. 카페에 갔는데 주인은 없고 아는 지인이 대신해서 일하고 있다고 생각해 보세요. 이곳은 아무나 만들어도 되는 레시피로 그냥 대충해서 판매하고 있다는 이미지와 편견을 줄 수 있어요. 우리가 하는 일은 자선사업이 아닌 이상 고객들에게 상품을 주고 돈을 받는 일입니다. 그렇다면 그냥 상품을 대충 만들어서 파는 이미지로 보여서는 안 된다고 생각해요.

입속으로 들어간다고 해서 다 똑같은 맛이란 존재하지 않아요. 아무리 좋은 원두를 사용하더라도 카페 전체적인 모습이 그렇지 않다면 손님은 좋은 원두를 사용했다고 생각하지 않을 거예요.

직원을 채용하는 이유는 업무의 효율을 높이기 위함도 있지만, 고객들에게 더 나은 서비스를 드리기 위한 목적이 제일 큽니다. 혼자서 10분을 기다려야 나오는 음료를 직원 한 명이 더 있음으로써 3분 만에 음료를 제공할 수 있다면 고객으로서는 서비스 만족도가 높아질 수밖에 없겠죠. 절대 혼자 일하는 것이 많은 이득이 아니라는 것을 아셨으면 좋겠어요.

Q58. 개인 카페가 대형 카페처럼 운영하면 안 되는 이유는 무엇인가요?

카페는 손님을 응대하고 음료를 만드는 일 외에도 보이지 않는 부수적인 일들이 더 많습니다. 저 같은 경우는 직원을 몇 명 두고도 밥 먹을 시간도 없어 숨이 차고 정신도 없어요. 그런데도 사업체를 확장하는 카페 사장님들은 어떻게 직원 관리를 하길래 사업을 늘릴 수 있는 것인지 너무 궁금하더라고요.

'지금보다 매출을 늘려서 직원을 고용한들 현시점에서 크게 달라지는 것이 있을까?' 생각해 보니 크게 달라지는 게 없다는 생각이 들더라고요. 어느 날, 지인분이 카페에 놀러 오셔서 자리에 앉자마자 "어제 파주에 있는 엄청나게 큰 카페에 갔는데 빵 종류도 많고 사람들이 엄청 많이 오던데, 여기도 빵을 좀 팔아봐! 거기는 커피 한 잔이 6,000원이야! 그렇게 받아야 돈을 벌지!"라고 말씀하셨습니다.

동네 카페를 운영하면서 간혹 대형 카페들과 비교될 때가 있어요. 물론 저희 카페에 대한 애정에서 나오는 이야기라 감사하지만, 한편으로는 부담스러울 때도 있습니다. 카페 마감을 마치고 잠시 앉아 넋 놓고 있으면 낮에 지인이 했던 말이 떠오르곤 합니다.

이럴 때면 제가 더 성장해야겠다는 생각에 무언가를 배우기 바빠집니다. 어느 날, 제빵과 관련된 워크숍이 있었는데 마침 시간적 여유가 생겨 갈 수 있었어요. 워크숍 참여자들은 대부분 카페를 운영하시는 분들이었고, 각자 소개를 듣자마자 카페를 검색해 보니 핫플레이스로 유명한 카페 대표님들이더라고요.

좋은 기회에 여러 대표님을 만날 수 있었고, 각자 카페 운영의 노하우 및 고충에 대해 공유하는 시간을 잠깐 가졌습니다. 그때 처음 알게 된 사실은 카페를 운영하는 사장님들은 저처럼 카페만 운영하는 분들이 아니라는 것이었습니다. 대부분 IT 사업가이면서 투자자로 카페에 직원을 고용해 운영하는 분들이었어요. 순간 저 자신이 작아지는 느낌이 들었지만, 그분들의 말을 경청했습니다.

투자자들이 상권 분석을 하는 방법에 관한 이야기를 잠깐 들을 수 있었는데, 시장 조사를 할 때 돈의 움직임을 본다고 해요. 대기업들은 어느 지역에 투자할지 파악해서 돈을 잘 쓰는 곳과 돈을 잘 쓰는 사람들의 동선을 파악해 매장 입지를 선정한다고 합니다.

반면 여기 계신 대표님들과 제 고민은 너무 달랐습니다. 저는 늘 지출을 아끼려는 방법을 고민하거나, 항상 투자할 때도 돈 걱정이 먼저였는데, 그들은 돈에 대한 걱정보다는 어떻게 하면 고객을 만족시킬 수 있을지에 더 많은 집중을 쏟고 있었습니다.

요즘 카페들을 보면 박물관이나 미술관처럼 고급지고 특이한 곳들이 많아요. 처음부터 준비 과정이 다르므로 그들이 있는 상권에서 살아남는다는 게 너무 힘들겠다는 생각이 들었어요.

오늘도 손님들은 괜찮은 카페를 다녀와서 저희 카페와 비교를 합니다. "손님, 저희 카페는 런던베이글이 아니에요." 자금이 충분하면 모를까, 일반 개인 카페가 대형 카페와 똑같은 전략을 가지고 운영하는 것은 힘듭니다. 그들처럼 같은 전략으로 상대할 것이 아니라면, 규모가 작은 카페들은 다른 형태로 운영해 나갈 전략을 짜야 합니다. 지금의 카페 시장에서는 무조건 생존하는 것이 중요합니다. 그들이 잠잠해질 때까지요.

Q59. 퍼스널 브랜딩은 어떻게 하는 건가요?

커피 시장에서 오래 살아남기 위해서는 경제적으로 어느 정도 여유가 있어야 한다는 생각이 들었어요. 힘든 시간을 겪은 저로서는 오프라인 매장만으로 오랫동안 카페 운영이 힘들 수 있겠다고 생각했거든요. 날씨에 따라 매출이 변동하고 물가 상승으로 메뉴 가격을 올리는 것도 동네 카페로서는 한계가 있다고 느꼈어요. 지금 당장은 괜찮지만, 미리 준비하지 않으면 시대적 변화와 물가 상승 폭등에 엄청난 영향을 받을 것이라는 생각이 들더라고요.

결국 수익적인 파이프라인을 확장하기 위해 인스타그램 새 계정을 만들고 카페 창업 공유 플랫폼을 만들게 되었어요. 팔로워가 제로인 상태에서 시작하려고 하니 어떻게 저를 알릴지 막막하더라고요. 지인들에게 저를 알리기에는 아직 익숙하지 않아서인지 조금 쑥스럽다는 생각이 들어 '인스타그램 퍼스널 브랜딩'이라는 수업을 신청하게 되었고 퍼스널 브랜딩에 관해 공부하게 되었어요.

퍼스널 브랜딩을 간단히 이야기하자면 개인의 가치관이나 전문성을 목표로 정한 다음 차별화된 자신만의 색깔로 브랜딩해 나가는 것입니다. 최근 화제가 되는 《역행자》의 자청이 그러한 경우예요. 자청이라는 이름을 풀이하면 '자수성가 청년'이라는 뜻이 있는데요. 그는 유년 시절부터 불우한 환경에서 자라 자신감도 없고, 공부도 못하고, 사회성까지 떨어진 찌질한 아이였다고 합니다. 대인관계를 잘하기 위해 책을 읽고 하나씩 읽고 적용해 본 자청은 결국 사람의 심리를 파악해 연봉 10억 원의 자산가로 성장하게 되었어요.

우리가 그를 기억하는 것은 그의 과거가 우리와 다르지 않다는 것입니다. 그러다 보니 우리도 자수성가로 성장할 수 있다는 희망적인 메시지가 강하게 느껴져요. 저도 자청의 영향을 받아 '까창'이라는 닉네임을 만들고 카페 창업에 관한 노하우를 소통하고 있습니다. 막상 인스타그램에 까창이라는 계정을 만들었지만, 어떤 콘텐츠를 올려야 할지 막막하더라고요. 단순히 창업과 관련된 정보만 올리는 것이 좋은지 아니면 카페 일상에서 일어나는 일화를 공유하며 소통하는 것이 좋을지 방향을 잡기가 생각처럼 쉽지 않더라고요.

초반에는 무조건 정보 위주로 글을 올리다가 최근에는 사장님들이 공감할 수 있는 콘텐츠를 공유하려고 노력하고 있어요. 저로서는 소통하기 위해 매일 인스타그램을 하지만, 제 주장만 한다면 보시는 분들이 공감하거나 받아들이기 힘들겠더라고요. 퍼스널 브랜딩은 결국 자신에게 집중하고, 자기 생각을 다른 사람에게 전달하는 과정이 되어야 자신을 브랜딩해 나갈 수 있다고 해요.

그렇다면 카페를 운영하는 곳에서는 고객과 어떤 소통할 수 있을까요? 고객의 관점에서 저를 객관적으로 바라보는 연습을 하다 보니 카페 계정에서는 사생활을 공유하기보다는 카페를 운영하며 겪는 일화나 메뉴 하나를 탄생시키고 만드는 과정을 공유함으로써 저의 철학이나 생각이 자연스럽게 전달될 수 있도록 하는 것이 좋겠다고 생각했어요.

카페를 브랜딩하기 위해서는 고객과 나 사이에 무엇을 전달하고 소통할 것인지가 무엇보다 중요해요. 저 같은 경우에는 카페가 가지고 있는 친근한 이미지와 일에 대한 열정을 통해 성장해가는 모습을 보여드리고 있어요. 커피를 더 맛있게 만들기 위해 현재 어떠한 노력을 하고 있는지, 손님이 방문하기 전에 주로 어떤 일을 하면서 고객을 맞을 준비를 하는지, 콘텐츠 하나를 올릴 때마다 고객의 관점을 생각하며 조금 더 발전하려는 태도를 보이려고 노력하고 있어요.

Q60. 네이버 플레이스 노출을 위한 SEO 세팅법은 무엇인가요?

네이버 플레이스에서 노출을 잘하기 위해서는 SEO, 즉 검색 엔진 최적화(Search Engine Optimization)를 이해하고 플레이스에서 어떤 방식으로 노출을 시키는지 알아보는 것이 중요해요. 네이버 플레이스에 가입하고 최적화 시스템을 적용하지 않으면 고객이 검색했을 경우 카페 존재감이 쉽게 드러나지 않을 수 있거든요.

네이버 플레이스 같은 경우는 영수증, 리뷰, 블로그, 클릭 수 등 인지도를 통해 노출값을 설정하지만, SEO 엔진 최적화 세팅이 되어 있지 않으면 의미가 없어요. 그러므로 내 플레이스의 정보를 소개 글이나 매장을 찾아 오시는 길에 잘 녹여서 작성하는 것이 핵심 포인트예요. 네이버는 자사 플랫폼에서 많은 유저가 활동하는 것을 굉장히 좋아해요. 많은 유저 중에서도 좋은 정보를 제공해 주는 사용자들을 특히 더 좋아하는데요.

네이버라는 플랫폼은 블로그나 플레이스에 정보 글을 올리더라도 금칙어를 조심해야 해요. 금칙어란 금지된 단어 혹은 문장들이에요. 글을 열심히 작성했는데 노출이 잘 안 된다면 금칙어로 저품질을 받았을 확률이 높아요. 그러므로 구글에서 '네이버 금칙어'라고 검색해 작성한 글 내용 중 금칙어가 있는지 무료로 확인해 봐야 해요.

네이버가 직접 밝힌 알고리즘은 적합도, 인기도, 신뢰도 세 가지 요소가 있어요. 적합도는 유저가 예를 들어 네이버 검색에서 '광명 카페'라는 키워드를 검색했는데, 내 매장의 플레이스에 '광명' 키워드가 없다면 적합도에서 떨어진다고 판단해요. 그러므로 플레이스에서 카페 이름, 업종(커피 전문점 혹은 차 전문점), 대표 키워드, 찾아오는 길, 매장 소개 글에 고객들이 검색해서 찾아올 만한 키워드를 모두 포함해야 노출이 잘 돼요.

인기도는 말 그대로 얼마나 많은 고객이 방문했는지 평가하는 거라 보시면 되세요. 인기도가 높아지기 위해서는 사람들의 후기나 리뷰뿐만 아니라 관심도도 많아야 해요. 그러다 보니 길찾기 또는 톡톡 문의도 인기에 속하는 영역이에요. 저 같은 경우에는 집에서 카페 매장으로 출근할 때 네이버 지도에 저희 매장을 찍고 출근하거나, 가끔 네이버 플레이스에서 전화 걸기를 걸어 매장으로 전화를 걸 때가 있어요.

마지막은 신뢰도인데요. 노출을 위해 지인들이 리뷰를 남겼는지, 정말 손님들이 리뷰를 남겼는지 판별하는 요소라고 보시면 돼요. 블로그는 제일 중요하게 생각하는 부분이 신뢰적인 부분이기 때문에 허위 사실을 리뷰에 올리지 않는 것이 좋아요.

이어서 간단하게 플레이스 상호명과 소개 글을 작성하는 방법을 알려드리자면, 대표 키워드를 찾는 것이 제일 중요해요. 상호명은 '지역명 + 카페 이름'으로 표시하는 것이 좋아요. 예를 들면 '까치카페'보다는 '광명 까치카페'로 설정하는 것이 적합도에 노출될 가능성이 커요. 두 번째는 소개 글에서도 키워드를 포함하는 것이 좋은데, 지명뿐 아니라 가까운 지하철, 주변 명소, 대표 메뉴, 서비스명을 잘 녹여 쓰는 것을 추천해요.

예를 들어, '안녕하세요. 광명 이케아 매장에서 10분 거리에 있는 로스터리 커피 매장 까치카페입니다. 저희 매장은 구름산이 둘러싼 금당마을에 위치해 있습니다. 광명에서 커피 맛집으로 소문난 광명 핫플레이스입니다.'

이 소개 글에서 몇 개의 키워드가 보이셨나요? 광명, 이케아, 로스터리, 커피, 구름산, 금당마을, 커피 맛집, 광명 핫플레이스 8개의 키워드를 소개 글에 넣었어요. 고객들이 검색할 때는 지명이나 주변 명소, 특정 메뉴를 검색할 확률이 크기 때문에 플레이스 노출을 위해 이런 키워드를 꼭 넣는 것을 잊지 마세요.

Q61. 카페를 하면서 '경쟁'은 필수인가요?

돈을 버는 방법은 정말 다양합니다. 그런데도 카페라는 직업을 선택하고 해야겠다는 마음을 먹었을 때는 수익성만 가지고 카페 창업에 뛰어드는 사람들은 아마 드물 거라 생각해요. 본인이 가지고 있는 상가 건물이 있거나 자식에게 증여하기 위해 카페 창업을 준비하시는 분들도 분명히 계실 겁니다.

사실 제가 그런 경우예요. 미대를 졸업하고 아버지의 일을 도와드리기 위해 카페를 준비했기 때문에 제 자금이 많이 들어가지 않았어요. 처음에는 저희 아버지가 커피 로스팅을 하시고 저는 카페 옆에 있는 작업실에서 미술 작업을 하다가 바쁠 때만 아버지를 도와주는 딸이기를 바랐지만, 현실은 달랐어요.

아버지가 돌아가시고 생각지 못한 상속세와 대출의 빚들이 터지기 시작하며 제 삶은 180도 전투적으로 변화해야만 했어요. 사람들은 늘 월세가 안 나가서 부럽다고 했지만, 월세와 대출 이자가 큰 차이가 나지 않았어요. 그런데도 사람들은 건물주가 부럽다고 하니 더는 개인사의 고충을 말할 필요가 없다고 느껴져 그냥 열심히 돈을 벌어야겠다고 다짐했어요.

대출의 압박이 느껴지는 날에는 '카페 일을 그만둘까'라는 고민도 해보았지만, 저에게 닥친 세금 폭탄은 지금 당장 다른 일을 통해 해결할 방법이 없었어요. 오로지 제가 가지고 있는 기술로 돈을 벌 수 있는 건 아버지가 물려주신 카페뿐이었어요. 그제야 제 삶이 그동안 온실 속 화초였다는 사실을 알게 되었지요.

부모님의 존재는 그동안 얼마나 큰 버팀목이었는지 감사함이 복받쳐 오더라고요. 이제는 제 두 발로 일어서야만 했어요. 아버지가 세상을 떠나고 1년 후 아이를 임신하게 되었어요. 두 번의 유산 경험이 있었기 때문에 대학병원을 왔다 갔다 하느라 카페 매니저를 채용하게 되었는데요. 저보다 10살이나 많은 여성이었지만 서비스 쪽 경험이 많은 그녀를 믿고 출산 준비를 할 수 있었어요. 임신과 출산 준비로 1년이라는 시간 동안 매니저의 도움으로 카페를 운영해 갈 수 있었어요.

하지만 제가 출산을 하고 얼마 되지 않아 매니저는 새로운 일을 하고 싶다며 일을 그만두었고, 얼마 뒤에 카페 앞에 새로 지은 건물 1층에 카페를 오픈했다고 하더라고요. 그녀가 "커피 팔아도 되죠?"라는 질문에 저는 아무 말도 하지 못했어요. 직원과 저의 헤어짐은 아름답지 못했어요. 마지막의 모습은 늑대와 하이에나처럼 서로 으르렁거리기 시작했죠. 그리고 깨달았어요. 제가 화가 난 진짜 이유는 제 열등감이더라고요. 제가 얼마나 장사를 쉽게 하는 것 같으면 바로 앞에 카페를 차리겠냐는 생각이 오히려 저를 자극하더라고요.

그러다 문득 이런 생각이 들었어요. 만약 다른 직원이 그랬다면 이렇게까지 분노하고 화가 났을지 생각해 보니 아니더라고요. 서비스 경험이 많은 그녀는 유머 있고 사람 다루는 것에 능숙한 사람이다 보니 저 자신을 더 성장시키지 않으면 안 되겠다는 생각을 하게 되었던 것 같아요. 결국 저는 의식적으로 카페를 성장시켜야겠다는 다짐을 하게 되었어요. 그녀는 1년 만에 다른 곳으로 가게 되었지만, 그녀를 통해 얻은 게 많았다는 생각이 들더라고요.

경쟁자들이 많다는 것은 결국 넘어야 할 장벽이 많다는 뜻이기도 해요. 그래서 늘 새로운 경쟁자가 언제든지 들어올 수 있다고 생각하고 항상 경계하고 준비해야 해요.

Q62. 카페 양도 양수, 어떤 것들이 중요한가요?

"애정 가득한 카페를 어쩔 수 없는 개인 사정으로 인해 양도 양수합니다." "카페 운영 경력 없어도 바로 운영할 수 있도록 메뉴 레시피 공유해 드립니다." "최소 순이익 월 3천만 원을 가져갑니다." "랭킹 1위 맛집으로 대박 나던 가게지만 건강상의 이유로 양도합니다." 카페를 운영하고 싶은데 자금이 부족하거나 어디서부터 시작해야 할지 모르는 분들의 경우, 처음부터 인테리어 공사나 기계를 세팅하는 것보다 양도로 나온 카페를 인수하는 경우가 생각보다 많아요.

카페 창업의 장벽이 낮다고는 하지만, 머신 장비들이 워낙 비싸고 운영에 필요한 공사 비용도 만만치 않다 보니 계획했던 예산보다 터무니없이 부족한 경우가 많거든요. 저는 개인적으로 카페를 인수해서 운영하는 것이 그리 나쁘지는 않다고 생각하는 편이에요. 다만 그 과정에서 합법적인 금액이 아닌 말도 안 되는 금액을 부르는 가게들이 많다 보니, 실패하지 않는 양도 양수에 대해서 알고 준비하면 좋을 것 같다는 생각이 들어요.

대부분 양도 양수는 가까운 지인에게 추천을 받아서 관심 있는 손님들이나 지인들에게 권유하는 경우가 많은데요. 그러다 보니 절차도 확인해 보지 않고 부르는 금액만큼 지급해서 인수하는 경우가 은근히 많더라고요. 너무 슬픈 이야기이지만, 저의 경험을 이야기하자면 가까운 사람일수록 너무 믿지 않았으면 좋겠어요. 제대로 된 절차로 인수를 해야 다음에 서운한 감정이나 마음이 생기지 않더라고요.

양도 양수는 운영에 필요한 권리, 재산, 채무 등을 다른 사람에게 넘기는 것을 이야기해요. 쉽게 말해 소유권을 넘기는 일이에요. 양수해야겠다고 마음먹었다면 누군가의 말을 듣고 판단하는 것이 아니라 스스로 정확한 문서를 통해 판단할 수 있어야 해요.

양도 양수 과정 중 우선 기존 운영자가 권리금을 요구한다면 권리금의 종류는 크게 세 가지가 있어요. 바닥권리금, 영업권리금, 시설권리금이에요. 바닥권리금은 상권과 입지가 좋아서 비싸지는 권리금으로 상권 규모에 따라서 달라지기는 하지만, 정해진 공식이 없다 보니 과도하게 요구하는 곳이 생각보다 많아요. 그러므로 바닥권리금을 요구하는 곳이 있다면 주변에 자문하는 것이 굉장히 중요해요.

시설권리금은 말 그대로 현재 하는 업종과 똑같은 장사를 할 때 양도인에게 지급하는 권리금이라 생각하시면 되세요. 하지만 카페를 운영한 지 오래된 매장이라면 새로 기구를 바꿔야 하는 경우가 많아요. 그런데도 처음에는 싼 것 같아 인수했지만, 나중에 모든 기계를 바꿔야 하는 상황이 올지 모르기 때문에 저는 너무 오래된 시설은 개인적으로 받지 않는 것을 선호하는 편이에요.

마지막으로 영업권리금인데요. 영업권리금은 장사가 잘되는 곳을 인수하면 보통 1년 동안의 순 수입을 세입자가 지급하는 권리금이라고 보시면 되세요. 간혹 가짜 영수증을 조작하는 사람들이 있는데요. 그 때문에 절대로 매출만 두고 판단해서는 안 돼요. 최소 한 달 동안은 손님들이 얼마나 오고 가는지 직접 현장에서 확인해 봐야 해요. 제일 확실한 방법은 홈택스에서 '부가가치세 과세 표준 증명원'을 발급해 달라고 요구하는 게 제일 확실해요.

만약 계약하고서 매출 자체가 허위라는 사실을 알게 되었다면 사기에 의한 이유로 계약 취소가 가능하기에 혹시라도 양도인에게 내용 증명 및 손해 배상을 청구할 수 있으므로 권리금 계약 시에는 문서와 자료를 모아두는 것이 굉장히 중요해요. 피해를 방지하기 위해서는 매출 확인뿐만 아니라 네이버 플레이스 후기 글을 통해서도 그동안 이 매장이 어떻게 운영되었는지와 사람들에게 얼마나 좋은 평가를 받고 있는지 확인해 보시길 바라요.

Q63. 고객 입장에서 카페는 어떤 공간이어야 할까요?

저는 한두 시간 무언가에 집중해야 하거나 일탈이 필요할 때는 다른 카페에 가서 시간을 보내고 오곤 해요. 시원한 커피 한 잔 마시며 잠시 숨을 돌리는 이 시간이 너무 좋더라고요. 그러다 문득 그런 생각이 들었어요. '우리 카페에 오시는 손님들도 나와 같은 마음으로 오시는 분들이 많겠지?' 저에게 카페란 단순히 맛있는 음료를 마시고 디저트를 먹는 것 외에 재충전의 의미가 있더라고요.

저희 매장에 오시는 손님들의 80%는 재방문을 하시는 단골분들이신데요. 주로 단골분들이 신규 고객분들을 데리고 오시는 경우가 많다 보니 어떤 이유에서 우리 카페에 오시는지 궁금해졌어요. 사람들은 각기 다른 목적을 가지고 카페에 방문하지만 공통점 한 가지가 있었어요. 그건 바로 위로받고 싶은 하루였던 것 같아요.

하루를 위로받고 행복으로 채워나가려는 손님들에게 저는 그동안 어떠한 서비스를 제공해 드리고 있는지 곰곰이 생각해 보았어요. 기분 좋게 카페에 도착했을 때 제가 과연 반갑게 인사를 해드렸는지, 그리고 손님이 불쾌하지 않도록 쾌적한 환경을 만들었는지 사소한 것 하나하나 점검해 보기 시작했어요. 그렇게 점검하다 보니 부족한 게 한둘이 아니더라고요.

특히 제가 제일 못했던 부분을 말하자면, 몇 년 전만 해도 오픈 시간 전에 카페에 오시는 손님들에게 상냥하지 못했어요. 지금 생각하면 한없이 부끄러운 행동이지만, 오픈 전에 오시는 손님들이 저의 개인적인 시간까지 침투한다는 생각이 들었거든요. 준비할 것도 많고 아직 공간 청소도 안 되어 있는 상태에서 손님들이 온다는 것 자체가 너무 큰 부담이었던 거죠. 문 앞에 오픈 전이라는 표기를 했는데 사람들은 글자를 잘 보지 않고 카페 안으로 들어오는 경우가 간혹 있었어요.

그럴 때면 저도 모르게 "저희 아직 오픈 안 했습니다."라고 말을 하는 경우가 많았는데요. 한 번은 인스타그램 DM으로 단골분께서 쪽지를 보내셨더라고요. 쪽지 내용에는 "최근에 저희 지인이 카페에 일찍 갔었는데 안에 들어가지도 못하고 밖에서 기다려서 좀 기분이 속상했는지 카페에 갔다가 그냥 왔다고 하네요."라는 내용이었어요. 만약 그 손님이 저랑 친한 친구였거나 지인이었다면 오픈 전이라 해도 밖에 있도록 하지 않았을 거예요.

순간 많은 생각이 들더라고요. 작은 카페라 하더라도 규칙이 있고 체계가 있어야 한다고 생각했기 때문에 이러한 문제를 어떻게 허용하고 받아들여야 할지 몰랐어요. 순간 우리 카페에 기분 전환하러 오셨을 텐데 카페에 들어오지도 못하게 했다는 자책을 하면서 손님의 기분을 망쳤다는 생각에 온종일 마음이 무거워지더라고요. 체계와 규칙이 중요하지만, 고객이 없다면 체계와 규칙은 굳이 필요 없는 문제인 것 같다는 생각도 들고요.

결국 규칙 또한 고객에게 더 좋은 서비스를 제공하려는 방법으로 만들어져야겠다는 생각이 들어서 다음날 직원들에게 오픈 전에 손님이 오시면 양해를 구하고 안쪽에 앉아서 기다리게 하시라고 전달하게 되었어요. 어찌 보면 저희 매장에 새로운 규칙이 생긴 셈인 거죠.

그리고 뒤늦게 깨달은 사실은 오픈 전에 오시는 고객분들은 어떤 서비스를 받았는지에 따라 단골로 이어지는 경우가 많아요. "청소 중이라 아직 준비가 안 되었지만 괜찮으시다면 카페 안쪽에서 앉아서 기다려 주세요."라고 들은 대부분 손님은 그때의 고마움을 자주 방문해 주시는 걸로 보답하시더라고요.

Q64. 카페의 미래는 어떨까요?

2024년 트렌드 키워드가 '분초사회'라고 하더라고요. 세상이 너무나 빨리 돌아가고 새로운 정보를 습득하기 위해 한 가지 채널에만 몰두하는 것이 아니라, TV를 보는 도중에 스마트폰을 보거나, 그것도 모자라 우리는 숏츠와 릴스를 번갈아 보는 능력까지 갖추게 되었어요.

한 가지 일에 정주행하기보다는 시간을 쪼개어 여러 가지 일을 하는 사람들이 많아지고 있더라고요. 식사할 때도 음식에만 집중하기보다는 스마트폰을 보거나 TV를 보는 경우가 많고, 사람을 만날 때도 휴대전화를 손에서 놓지 않는 사람이 점점 늘고 있어요. 분초사회 특징은 돈보다 시간을 중시하기 때문인데요. 여러 일을 함께 처리하려다 보니 결론부터 확인한 후 일을 진행하는 경우가 많더라고요.

저 역시도 분초사회의 변화를 피할 수 없었어요. 자영업을 하다 보면 더 많이, 빠르게 변화를 받아들일 수밖에 없는 상황들이 많다 보니 예전보다 카페 시장의 유행이 빠르게 지나간다는 것을 피부로 느끼고 있어요.

요즘 인스타그램을 보다 보면 카페 브랜드 시장이 점점 엔터테인먼트화 되어가고 있다는 생각이 들어요. 개성 있는 음료를 넘어 개성 있는 점주들과 운영자들이 자기 생각과 카페 경영에 대한 노하우를 공유하며 팬덤을 만들고 있어요. 더불어 지금의 카페는 커피와 디저트 외에도 고객들에게 다양한 라이프스타일을 제공해 주기도 하죠.

카페는 다양한 형태로 고객들에게 일상에서 잠시나마 해방감을 느낄 수 있도록 미술품 전시뿐만 아니라 다양한 공간 기획을 통해 경험을 제공해 주기도 하는데요. 수많은 선택지에 직면하게 된 소비자들은 정보를 알아보고 탐색하는 것 대신 '나도(DITTO)' 하고 특정 사람들이 선택하는 방식으로 움직인다고 해요.

이 엄청난 트렌드 시대에서 카페는 어떻게 해야 살아남을 수 있을까요? 방법은 두 가지예요. 하나는 태풍으로 들어가는 것이고, 하나는 태풍 밖에 있는 것이에요. 태풍으로 들어가기 위해서는 튕겨져 이탈하지 않도록 대비를 해야 하고, 밖에 있으면 태풍이 지나간 다음을 생각해야 해요.

제가 선택한 길은 태풍의 밖이에요. 밖에 놓인 카페일수록 태풍의 방향을 잘 읽어야 해요. 그렇지 않으면 피했다 하더라도 역풍을 맞을 수 있기 때문인데요. 트렌드를 따르지 않는 카페를 운영하고 싶다고 하더라도 그 안에서 나는 무엇을 제공해 줄 수 있는지를 찾아야 해요. 분초사회가 가져다준 카페 시장은 빠르게 변하고 있지만, 그래도 변화에 흔들리지 않는 카페들을 보면 내가 원하는 무엇인가를 충족해 주는 카페였어요.

내가 운영하는 카페가 특별한 날 데이트하러 가는 곳이거나 오랜만에 나들이하러 가는 카페가 아니라면 우리는 최소한의 기본적인 것에 더 많이 신경을 써야 한다고 생각해요. 커피 창업을 준비하는 많은 사람이 현재 유행하는 아이템을 가지고 준비하는 경우가 많아요. 트렌드를 좇아가기보다는 분초사회에서 우리 카페는 고객들에게 무엇을 제공해 드릴 수 있을지 앞을 내다보는 연습을 해보면 어떨까요?

Q65. 카페의 본질 경영이란 어떤 것인가요?

“가만히 앉아서 잘 팔려나가는 상품을 쳐다보는 것이 소매업은 아니다. 소매업의 본질은 잘 팔리지 않는 상품을 잘 팔리도록 만드는 것이다.” - 박정부 다이소 회장

저는 다양한 물건을 저렴하게 살 필요가 있을 때 다이소를 자주 갑니다. 다이소는 이름처럼 거의 모든 것이 다 있어서 생활에 참 많은 도움을 주고 있죠. 최근 다이소 매장 출입문 귀퉁이에 있는 책 소개가 눈에 들어왔어요. 제목은 《천원을 경영하지 못하면 만원도 경영하지 못합니다》라는 책이었어요. 저는 다이소가 일본 브랜드인 줄 알았는데, 책 저자가 한국인이라서 놀랐습니다. 그제서야 다이소가 우리나라 사람이 만든 기업이라는 것을 알게 되었죠.

소비자 입장에서 다이소는 저렴한 비용으로 다양한 제품을 만날 수 있어서 좋기는 한데, ‘이렇게 저렴해도 이윤이 남을까’라는 생각을 해본 적이 있어요. 그런데 1년 매출액이 3조 원에 가깝다고 하니, 천원의 가치는 상상 이상의 매출을 기록하고 있는 셈입니다. 현재 다이소는 매장 수만 1,500여 개이며, 매달 600여 종의 신상품

이 출시된다고 하네요.

박정부 회장은 "마흔다섯, 이 나이에 무언가를 새로 시작할 수 있을까?"라는 질문을 던지며 두려울 수도 있던 그 길을 건넜다고 해요. 45살에 사업을 시작한 박정부 회장을 보면서, 저는 아직 43살이니 무엇을 시작해도 그리 늦은 나이는 아니겠구나라는 생각이 들었습니다. 그리고 그가 45살에 도전했던 그 마음의 무게가 얼마나 무거웠는지도 느낄 수 있었어요. 다이소를 오픈하고 첫 납품부터 불량 제품이 나오고 야밤에 물건을 운반하다가 경찰에 이상한 사람으로 의심받고 조사받은 이야기를 통해서 그가 걸어온 40대의 여정이 얼마나 고독했을지 상상해 보았습니다.

그는 새로운 출발점에서 두려움도 컸겠지만, 그 강을 건넜기에 지금의 다이소가 탄생했고, 많은 사람들이 그가 이루어 놓은 경영 속에서 편리함을 맛보고 있다고 생각합니다. 그가 써 놓은 책을 읽으면서 다이소가 우리 곁에서 오랜 시간 동안 사랑을 받을 수 있었던 이유를 더 확실하게 알게 되었습니다.

그가 말하는 성공은 화려하게 주목받는 며칠이 아니라, 남이 알아주지 않아도 끈기 있게 '기본'을 묵묵히 반복해온 순간들이 모인 결과라고 합니다. 박정부 회장의 경영 철학은 한마디로 본질 경영이었어요. 다이소가 제품력을 높일 수 있는 이유, 고객이 다이소를 국민 가게로 찾아오는 이유는 모두 본질을 기억하고 매일 똑같이 반복하고 있기 때문이라고 생각합니다.

카페도 마찬가지예요. 먼 훗날 카페가 확장이 되고 더 큰 카페를 운영해 나가기 위해서는 현재의 본업에 집중해야 더 큰 비전을 꿈꿀 수 있다고 생각이 듭니다. 매일의 작은 변화가 큰 변화를 불러오고, 습관이 쌓이면 운명이 된다고 하죠. 자신의 매장을 확장하고 더 성장시키기 위해서는 성실함이 기본으로 쌓여야 한다는 것을 다시 한번 배우게 되었습니다.

고객이 싫증내지 않도록 매장을 갈고 닦았나요? 광고 말고 입소문으로 오게 할 자신이 있나요? 자신이 운영하고 있는 카페에 열정이 있으신가요? 돈의 가치 이상으로 제품을 판매하고 있나요? 주인의식을 갖고 고객 응대를 잘하고 있나요? 이 질문들에 대한 답을 통해 우리의 카페가 더 나은 방향으로 성장할 수 있을 것이라 믿습니다.

Q66. 카페 브랜드 디자인은 어떻게 해야 하나요?

"사물을 바라보는 디자인뿐 아니라, 우리의 삶의 방향이 우리 자신만이 아닌, 사회의 많은 사람이 공유할 수 있는 문제를 발견하고 그것을 해석해 나가는 과정에 디자인의 본질이 있다." - 하라 켄야

이 글에서 디자인뿐만 아니라 카페를 만들어가는 과정도 우리가 가져야 할 삶의 방향이라는 생각이 들었습니다. 그리고 그것은 개인을 넘어 지역 사람들과 공유할 수 있는 부분들을 고민하는 것 자체가 디자인 본질의 시작이 아닐까 생각하게 되었습니다.

하라 켄야의 유명한 코멘트 중 하나가 "이 정도면 충분하다"라는 명언이 있습니다. 디자인이라는 것이 본래 가지고 있는 것에 집중되어야 가장 표현을 잘한 것이라고 말한 그는, 디자인에 시각적 아름다움이 아니라 간명하면서도 탁월한 철학적 사유가 담겨 있어야 한다고 했습니다.

지금의 카페 시장을 보면 이미지 디자인에 과도하게 집착하는 사람들이 많습니다. 그러다 보니 알맹이는 없고 껍데기만 있는 경우가 많죠. 카페를 오픈하고 이미지 로고를 만드는 과정에서 디

자인적인 고민보다는 카페가 추구하는 정체성에 대해 더 많은 고민을 해야 한다고 생각합니다. 만약 로고 디자인에 너무 많은 시간을 쓰고 있다면 조금 가볍게 생각해 보는 건 어떨까요? 디자인을 의뢰하다 보면 정말 마음에 드는 디자인도 있고, 마음에 들지 않는 디자인이 나올 때도 있습니다. 그럴 때 저는 다음 디자인은 꼭 성공하리라 다짐하고, 빠르게 다음 계획으로 넘어갑니다. 제일 좋은 것은 한 번에 원하는 디자인이 탄생하는 것이지만, 더 중요한 것은 처음 설정한 심볼입니다. 심볼은 곧 브랜드를 상징하기 때문입니다.

카페를 운영하면서 좋은 디자인을 만들고 싶다면, 하라 켄야처럼 단순하면서도 분명한 메시지를 담아내고, 자신의 진짜 이야기를 담을 수 있는 공간을 만들어가는 것이 중요하다고 생각합니다.

디자인은 단순히 시각적 요소를 넘어서, 그 공간이 전달하고자 하는 철학과 가치를 반영해야 합니다. 예를 들어, 스타벅스의 심볼인 세이렌은 단순한 로고가 아니라 손님들을 매혹하는 브랜드의 본질을 상징합니다. 이처럼 브랜드의 정체성을 분명히 하고, 그것을 디자인에 반영하는 것이 중요합니다.

카페 디자인의 핵심은 외관이나 인테리어뿐만 아니라, 카페가 전달하고자 하는 메세지에 그 가치가 있습니다. 하라 켄야가 강조하는 '이 정도면 충분하다'는 철학은 과도한 장식이나 복잡한 디자인보다 본질에 집중하는 것을 의미합니다. 이러한 접근은 카페 운영자에게 더 많은 자유와 유연성을 제공하며, 고객에게는 명확하고 일관된 브랜드 경험을 제공합니다. 따라서 카페를 운영하거나 새로운 브랜드를 디자인할 때는 외관보다는 내실에 집중하고, 자신의 철학과 가치를 명확히 하는 것이 중요합니다. 하라 켄야의 디자인 철학을 참고하여, 단순하지만 강력한 메시지를 담아내는 디자인을 통해 카페의 정체성을 구축하고, 고객들과 깊이 있는 교감을 나누는 공간을 만들어가길 바랍니다.

Q67. 매장 인테리어는 얼마 주기로 바꿔야 하나요?

일반 식당과 달리 카페는 매년 재투자를 해야 해요. 매년 카페에 투자하는 금액을 보면 왜 자영업자들이 가난한지, 그리고 왜 카페 운영이 힘든지 이해할 수 있었어요. 제가 자주 가는 국밥집이 있어요. 30년 넘게 운영되고 있는 이곳은 인테리어가 크게 변하지 않았도 여전히 사람들 발길이 끊이지 않아요.

이 국밥집을 보며 일본에서 방문했던 카페들이 생각났어요. 오랜 시간 동안 운영되는 일본의 카페들은 유행에 흔들리지 않고 오래된 가구를 그대로 유지하는 경우가 많았는데요. 그런데 우리나라의 카페들은 2년 정도 지나면 매장이 사라지거나 인테리어를 새로 해서 예전 감성과 다른 공간으로 바꾸는 경우가 많더라고요. 해마다 공간에 대한 투자가 굉장히 심하다는 생각이 들었어요.

얼마 전 일본에서 친구가 놀러 왔어요. 그 친구는 "작년에 갔던 카페를 찾아가려고 했는데 없어지고 다른 카페가 생겼다"며 놀라워했어요. 제가 "이름이 뭐였는데?"라고 물어보니, "사장은 그대로인데 인테리어를 리뉴얼했어"라는 답이 돌아왔어요.

그 친구는 "카페를 운영하는 한국 사람들은 부자들이야?"라고 물었습니다. 외국인들의 눈에는 아마 이런 카페 사장님들이 엄청난 부자처럼 보일 수 있겠다는 생각이 들었어요. 우리나라는 왜 이렇게 빨리 변하는 걸까요? 남들의 눈치를 잘 보기 때문일까요? 아니면 최신 트렌드에 둔감한 사람이 되고 싶지 않아서일까요? 무언가 유행이 시작되면 어느 순간 자신의 목표를 향해 가는 것이 아니라 사람들의 시선에 의해 기분이 변하듯, 공간도 어느 순간 균일한 패턴으로 비싼 비용을 들여 인테리어에 투자를 하는 것 같아요.

그러다 보니 비슷한 카페들이 많아지고, 개성을 잃어버리는 경우가 많아요. 박성준 문화평론가는 "한국은 유독 집단주의나 군중 심리가 강한 국가인데, 이로 인해 개인의 취향을 존중하기보다는 집단에 어울리기 위해 유행에 편승하려는 노력을 기울이게 된다"고 지적했어요. 그러다 보니 인기 많은 카페는 예비 창업자들에게 타깃이 될 가능성이 크죠. 어느 순간 우리 주변에는 비슷한 색감의 카페들이 우후죽순처럼 생겨나는 것을 흔히 볼 수 있어요.

일본을 여행하다 보면 정말 독특하고 기발한 제품들을 발견할 때가 많아요. 일본과 우리나라가 다르다는 생각이 드는 두 가지가 있어요. 하나는 "어떻게 이걸 만들 생각을 했지?"라는 것이고, 또 하나는 "어떻게 이걸 생산해 냈을까?"라는 아이템들이 많다는 점이에요. 아이디어를 낸 사람도 대단하지만, 기업에서 이 제품에 투자한다는 자체도 놀라워요. 사실 더 놀라운 것은 그런 독창성을 인정해 주고 구매하는 소비자들이에요.

우리나라는 너무 많은 공정과 기준이 까다로워서 상상 속에만 머무르거나 구현하는 과정에서 평범해지려는 경향이 있다는 생각이 들거든요. 어쩌면 남들에게 평가받는 것이 두려워 안정적인 것에 자신을 가두는 게 아닐까요?

우리가 매번 새로운 유행을 따르지 않는다면 더 많은 카페가 폐업의 위기에서 벗어날 수 있을 거예요. 지금의 문제는 너무 비슷한 카페들이 많다는 거예요. 이 상황에서 벗어나는 방법은 자신만의 공간으로 카페를 완성해 가는 것이에요. 남들의 이야기가 아닌 자신의 진짜 이야기를 담을 수 있는 공간과 이야기를 담아내야 지치지 않고 오래 운영할 수 있어요. 혹시 저처럼 공간에 무엇을 담아내야 할지 처음부터 명확하지 않다면, 시간을 벌면서 하나씩 채워가는 방법도 나쁘지 않아요.

Q68. 오너라면 왜 '퍼스트 펭귄'이 되야 할까요?

최근 인터넷에서 남극 펭귄을 검색하다가 가장 먼저 바다에 뛰어드는 한 펭귄을 보게 되었습니다. 남극에 사는 펭귄을 생각하면 땅 위에서 무리 지어 있는 모습이 떠오르는데요. 펭귄들은 먹이를 구하기 위해 바다로 뛰어들어야 하지만, 천적인 물개를 만나면 잡아먹힐 수 있다는 두려움 때문에 망설이기도 합니다. 이때 가장 먼저 뛰어드는 펭귄을 '퍼스트 펭귄'이라고 부릅니다. 이 용어는 펭귄뿐만 아니라 불확실하고 위험한 상황에서도 가장 먼저 움직이고 도전하는 리더십과 도전 정신을 가진 사람들을 가리키는 말로도 사용됩니다.

퍼스트 펭귄의 개념은 마케팅에서도 다양하게 활용됩니다. 대표적인 예로 연예인이나 인플루언서가 있습니다. 이들이 사용하는 제품은 일반인들도 따라서 구매하는 경우가 많으므로, 이들은 일종의 퍼스트 펭귄 역할을 하게 됩니다. 커피 시장에서도 이러한 선구자들이 많습니다. 그중 강릉 커피거리의 선구자인 박이추 대표님이 있습니다. 1980년대 강릉은 조용한 어촌에 불과했지만, 박 대표가 보헤미안 카페를 강릉에 자리 잡으면서 새로운 커피 문화를 뿌리내리기 시작했습니다.

박 대표는 국내에 핸드드립 문화를 알린 바리스타 1세대입니다. 그는 새로운 것에 도전할 때 많은 두려움이 존재했지만, 용기 있게 뛰어든 퍼스트 펭귄처럼 의외로 천적에게 잡히지 않는다는 사실을 보여줬습니다. 카페를 운영하다 보면 빠른 결정과 추진을 해야 하는 일들이 많습니다. 신중한 것과 망설이는 것은 다릅니다. 새로운 것을 시도하거나 도전하는 것은 어려운 일이지만, 두려움을 극복하고 새로운 다리를 건너야 변화를 끌어낼 수 있습니다.

저는 카페를 운영하는 오너라면 현실에 안주하는 것을 경계해야 한다고 생각합니다. 도전할 것이 있다는 것은 인생에서 큰 축복이지만, 그 과정은 고통스럽기 마련입니다. 처음 일하는 신입사원들은 시야가 좁아 시키는 일에만 집중하지만, 점점 시야가 넓어지고 자신감이 생기면 일을 처리하는 속도가 달라집니다. 카페를 운영하는 오너도 타고난 것이 아니라 반복적인 훈련과 경험을 통해 성장합니다. 삶은 속도가 아닌 방향입니다. 퍼스트 펭귄이 가장 먼저 바다에 뛰어들지만 생존 확률이 높은 이유는 정확한 지점을 보고 뛰어들기 때문입니다. 무조건 뛰어들라는 것이 아닙니다.

퍼스트 펭귄과 반대되는 동물로는 레밍이 있습니다. 레밍은 번식력이 뛰어나 새로운 서식지를 찾아 이동하는데, 선두를 맹목적으로 따라가다 절벽으로 떨어져 집단자살을 하기도 합니다. 이처럼 맹목적으로 달려가는 레밍이 아닌, 올바른 방향으로 정확히 뛰는 퍼스트 펭귄이 되어야 자신이 추구하는 카페를 완성할 수 있습니다.

성공한 사람들은 무조건 남들을 따라가기보다는 다양한 경험을 통해 자신만의 속도로 새로운 것을 만들어갑니다. 카페를 운영하면서 유행되지 않은 이색 카페를 시도해보고 싶거나 색다른 공간 연출을 통해 고객들에게 새로운 경험을 제공하고 싶다면, 퍼스트 펭귄처럼 정확한 방향과 목표를 설정한 뒤에 뛰어들어야 합니다. 이렇게 한다면 여러분도 문화를 바꾸는 선구자가 될 수 있을 것입니다.

Q69. 카페 사장은 어떤 자기계발을 해야 하나요?

대부분의 사장님은 '어쩌다 사장'이 된 경우가 많습니다. 저 또한 마찬가지입니다. 지금까지 외식업 경영을 공부한 적도 없고, 직원을 다루는 훈련을 받은 적도 없었습니다. 그래서 책에서 교훈을 얻거나, 부족한 부분을 메우기 위해 시간을 쏟아야 했습니다.

카페를 운영하는 사장님들의 출발선은 다르지만, 시간이 지나면서 차이가 벌어지기 시작합니다. 이 차이는 사업체의 규모가 작고 큰 문제보다는, 타고난 성향에서 비롯되는 경우가 많습니다. 대표적인 예로 게으름이 있습니다. 게으른 사람은 처음에는 의지가 강할 수 있지만, 본래 기질이 쉽게 변하지 않기에 다시 게을러질 가능성이 큽니다. 승부욕이 없는 사람은 갑작스럽게 목적의식이 강해지기 어렵습니다. 물론 게으른 사람도 큰 노력을 기울이면 변할 수 있지만, 이는 정말 드문 경우입니다. 학창 시절에 게으른 사람이 성공했다면 보통 사람들보다 몇 배는 더 노력했다고 생각해야 합니다.

요즘 '성실함이 재능이다'라는 이야기를 많이 합니다. 자영업의 기본은 성실함에서 출발합니다. 그렇다고 해서 무조건 몸으로만 성실하게 일을 하라는 의미는 아닙니다. 직원을 조금 여유롭게 바라보는 것도 재능 중 하나라고 생각합니다. 사장 마음처럼 일해 주는 직원들이 얼마나 있을까요? 그런데도 포용할 힘이 매우 중요합니다. 만약 이러한 조절이 되지 않는다면 자신의 감정을 주체하지 못하고, 결국 자신의 건강을 해칠 수 있습니다.

카페를 운영하다 보면 새로운 환경에 놓인 직원들을 교육해야 합니다. 이러한 교육이 지속해서 반복되면 어느 순간 가르치는 일을 게을리하게 되고, 결국 직원들을 제대로 통제할 수 없게 됩니다. 그러므로 끊임없이 교육을 계속해야 합니다. 매일 반복적인 교육을 해야 하는 경우, 대부분 운영자는 핵심만 가르치고 나머지는 대충 가르칠 가능성이 큽니다. 프랜차이즈 카페를 보면 오픈 때와는 달리 시간이 지나면서 엉망이 되기도 하고, 어떤 매장은 본사에서 가르쳐 준 대로 매일 같이 실행하기도 합니다.

편법을 쓰는 사람들은 머리가 좋다고 생각할 수 있지만, 사실은 귀찮은 일을 편하게 해결하려는 이유가 큽니다. 빨리 가는 길이 안정적이기를 바라는 것은 욕심일 수 있습니다. 그래서 빨리 가기보다는 기초가 단단한 길을 선택하기를 바랍니다. 제가 일을 해보니, 머리 좋은 사람들이 빨리 가는 것 같지만 오히려 그렇지 않습니다. 결국 새로운 것을 자꾸 찾게 되며 제자리걸음을 하게 됩니다.

매장이 힘들다고 다른 구덩이를 파려 하지 마세요. 한 곳에 집중하다 보면 답을 얻게 됩니다. 답을 얻지 못하는 것은 생각이 다른 곳에 분산되어 있기 때문입니다. 성공한 많은 사업가는 한결같이 말합니다. 한 가지에 몰두하고, 전념하고, 올인하라고요. 카페 운영에 미쳐 있는 사장은 절대 망하지 않습니다. 카페를 운영하는 데 필요한 자질은 단순한 열정과 성실함뿐만 아니라, 끊임없는 자기계발과 직원들과 원활한 소통, 그리고 상황에 따른 유연한 대처 능력입니다.

Q70. 성공한 카페들의 공통점은 무엇인가요?

친구들과 차를 마시기 위해 홍대 근처의 카페를 둘러보았습니다. 점심시간이어서 사람들이 붐비는 카페도 많았지만, 조용한 카페들도 의외로 많더군요. 저희는 사람들이 많은 카페 입구 앞에서 두리번거리다가 결국 조용한 카페로 발길을 돌렸습니다. 오랜만에 친구와 이야기를 나누고 싶었기에 조용한 곳으로 향했지만, 줄 서 있는 카페는 다음에 한 번 와봐야겠다는 생각이 들어 네이버 검색으로 그 카페 정보를 찾아보았습니다. 사람들이 많은 이유가 아인슈페너라는 것을 알게 되었습니다.

맛이 너무 궁금했지만 다음을 기약하며 한적한 카페를 발견해 친구와 함께 들어갔습니다. 손님이 없는 것은 아니었지만, 손님들은 한결같이 조용히 대화를 나누거나 혼자 오신 분들이었습니다. 이곳은 스페셜 커피를 취급하는 곳인데 사장님 혼자 커피를 정성스럽게 내리고 있었습니다.

분위기 때문인지 단체로 오는 손님들보다는 혼자 혹은 둘이서 오는 손님들이 많았습니다. 아마도 고정 단골들이 많은 카페라는 생각이 들었습니다. 1년이 지나 다시 한번 그 근처에 가게 됐습니다. 지난번에 아인슈페너를 못 먹었던 기억이 있어 오늘은 꼭 먹어야겠다는 생각이 들었죠. 혼자만의 외출이라 줄 서는 것도 나름 각오를 하고 있었습니다.

알던 길이라 스마트폰에서 길찾기를 하지 않아도 찾을 수 있을 거라 생각했는데 1년 사이에 주변 분위기가 많이 바뀌어 있더군요. 분명 이 자리가 맞는데 카페는 보이지 않고 식당이 자리 잡고 있었습니다. 뒤늦게서야 카페가 없어졌다는 것을 알고 스마트폰으로 검색을 해보니 결국 개인적인 사정으로 폐업하게 되었다는 사연을 알게 되었습니다.

아쉬움을 뒤로하고, 전에 갔던 조용한 카페는 아직 운영되고 있는지 궁금했습니다. 골목골목 코너를 돌아 찾아가 보니 아직 운영되고 있더군요. 사람이 붐비지는 않았지만 커피를 마시는 동안 사람들은 끊임없이 하나둘 계속해서 들어오고 있었습니다. 그리고 카운터를 유심히 지켜보니 스페셜 커피를 취급하는 카페여서 드립백만 사 가시는 손님들도 간간이 보였습니다. 공간은 크지 않았지만 이곳에서 충분한 수요가 일어나고 있다는 것을 알게 되었습니다.

결국 A라는 줄 서는 가게와 B라는 스페셜 커피 두 곳을 비교해 보았을 때, A 카페는 줄 서는 가게라는 타이틀로 인기를 얻었지만, 그만큼 유지해 나가기 위해 인건비와 광고비, 생산량을 더욱 올릴 수밖에 없는 구조였을 것입니다. 그러다 보니 깨진 독에 물을 붓

듯 실제적인 수입은 마이너스를 향해 가고 있었던 것일지도 모릅니다.

하지만 B 카페는 상권 자체가 골목 안쪽이라 임대료에 대한 부담이 크지 않았고, 스페셜 커피만을 취급했기 때문에 가격은 저렴하지 않았지만 좋은 커피를 마시고 싶은 사람들에게 드립백이나 원두를 다른 카페보다 조금 저렴하게 판매하고 있었습니다. 그리고 상권 자체가 커피를 좋아하는 젊은 층이 많은 지역으로 온전히 자신만의 시간을 즐기려는 사람들이 많았습니다.

어떻게 보면 A 카페와 B 카페의 공통점은 사람들이 방문하는 특별한 이유가 분명히 존재한다는 점입니다. 그런데도 A 카페가 문을 닫게 된 결정적 이유는 재방문 고객보다 신규 고객층이 많았기 때문에 주말 이외에 평일에 방문하는 고객층이 일정하지 않았을 가능성이 큽니다.

요즘 카페들을 둘러보면 자신만의 특색 있는 메뉴가 없는 카페를 찾기 힘들 정도로 다들 개성이 있다 보니, 실력이 부족해서 망했다기보다는 너무 많은 개성 있는 카페들이 넘쳐나는 것이 문제라는 생각이 듭니다. 그 안에서 어떤 중심을 잡고 카페를 운영해 나갈지 그 기준을 스스로 찾아야 한다고 생각합니다.

Q71. 작은 매장이 존재감을 알리는 방법은 무엇인가요?

한 번은 장사가 잘 안 된다며 저를 찾아온 지인이 있었습니다. 작은 가게를 운영하고 있던 그 지인에게 몇 가지 제안을 했습니다. 하나는 품목을 늘리지 말고 오히려 줄였으면 좋겠다는 것이었고, 두 번째는 객단가가 높은 아이템을 판매했으면 좋겠다는 것이었습니다. 하지만 제안한 두 가지를 실행하지 않았고, 결국 6개월도 되지 않아 폐업하게 되었습니다. 사실 그 두 가지를 했더라도 폐업을 피할 수 없었을지도 모릅니다.

똑같은 크기의 카페라도 프랜차이즈 카페와 개인 카페는 운영 방식이 다를 수밖에 없습니다. 작은 카페가 대형 카페처럼 전략을 세울 수 없음에도 비슷한 메뉴를 세팅하는 경우가 많습니다. 10평 매장과 20평 매장을 운영해도 운영 시스템이 같을 수 없는데도 불구하고 작은 카페에서 수익을 내야 하는 상황이라면 내가 집중할 수 있는 최대치를 어느 곳에 쓸 수 있을지를 판단해야 합니다.

온라인 쇼핑몰을 운영하고 배달도 하고 오프라인으로 홀에서 손님도 받을 수 있게 하고 싶다면, 그만큼 인건비를 들여서 운영하지 않는 한 이도 저도 아닌 상황이 될 가능성이 큽니다. 우선 내가 온라인에 강한 사람인지 오프라인에 강한 사람인지를 확인해야 합니다. 어느 쪽이 더 나은 시장이라는 것은 없습니다. 다만 내가 더 집중하고 잘할 수 있는 쪽에 에너지를 쓰는 것이 바르다고 생각합니다.

원래 온라인 판매만 하던 작은 매장 사장이 오프라인까지 병행하다가 폐업한 사례가 있습니다. 본인은 요즘 경기가 좋지 않아 온라인 판매보다는 오프라인도 운영하고 싶다 하여 한쪽 공간에 손님 테이블을 세팅했는데, 결국 문을 닫게 된 것입니다. 상상해보세요. 주문이 들어와 포장하고 있는데 손님이 들어왔습니다. 이리저리 신경 쓰다 보니 손님이 온 줄도 모르고 제대로 응대하지도 못하게 됩니다. 정신없이 홀 매장을 신경 쓰다 보면 배송이 지연되거나 갑작스러운 대량 주문에 기쁨보다는 걱정이 앞서게 되고, 홀 매장과 온라인 운영 각각에 스트레스를 받을 수 있습니다.

그럴 때는 두 가지를 모두 가져가려 하기보다는 하나를 먼저 안정적으로 만들어가는 것이 중요합니다. 그러기 위해서는 과감하게 포기할 것은 포기해야 하는데, 모든 것을 다 가지려 하니 문제가 커지는 것입니다. 규모가 작은 카페들이 살아남는 방법은 다양한 것을 만들기보다는 에너지를 응축시켜서 단일화하는 것이 중요합니다.

처음에 설명했던 것처럼 다양한 디저트를 만드는 것은 유튜브만 보아도 웬만큼 맛있는 디저트를 만들어 낼 수 있습니다. 종류가 많다고 해서 특별한 카페가 되기보다는 특색이 없는 카페로 전락할 수 있다는 것을 잊으면 안 됩니다.

작은 매장은 자신만의 특화된 메뉴로 강력한 존재감을 드러낼 수 있습니다. 그 메뉴는 단순히 맛있을 뿐만 아니라, 고객에게 특별한 경험을 선사할 수 있어야 합니다. 고객들은 단순히 음료나 디저트를 소비하는 것이 아니라, 그곳에서의 경험과 감정을 소비합니다. 따라서 작은 매장은 자신만의 독특한 매력을 통해 고객님의 마음을 사로잡아야 합니다.

작은 매장이 큰 매장들과 경쟁에서 살아남기 위해서는 규모의 한계를 극복하고, 자신만의 독특한 매력을 통해 고객님들께 깊은 인상을 남기는 것이 중요합니다. 작은 매장의 성공은 단순히 매출의 문제가 아니라, 고객과 깊은 교감을 통해 이루어지는 것입니다. 이를 위해서는 자신만의 철학과 비전을 가지고, 고객에게 진정한 가치를 제공하는 노력이 필요합니다.

Q72. 카페 창업의 곱하기 공식을 아세요?

10년이라는 시간을 쪼개 보면 거의 8년 이상을 출산과 육아로 인해 온전히 카페에 집중하지 못한 부분이 있습니다. 어찌 보면 제가 지금도 카페를 유지해 나갈 수 있는 제일 나은 선택은 체력을 아끼는 방법이었습니다. 퇴근하면 일반 엄마들처럼 아이를 목욕시키고 밥을 해 먹이며 공부시키는 평범한 엄마입니다. 그런데도 저는 사람들에게 시대에 뒤떨어진 카페가 아닌 항상 무언가를 시도하고 열정이 멈추지 않은 활동가로 보이기 위해 끊임없이 책을 읽고 실행하며 다양한 경험들을 확장해 나가고 있습니다.

하지만 언젠가 저에게도 아이로부터 독립할 수 있고 시간적인 자유가 생겼을 때 어떤 카페를 운영해 나갈지 상상하며 미래의 모습을 그려나가고 있습니다. 저희 카페의 구조는 1층과 2층 그리고 루프탑이 있으며, 카페 바로 옆에는 '까치부엌'이라는 별도의 작업공간이 있습니다. 1층에는 작은 바 형태를 만들었는데, 드립커피를 마시러 오시는 분들을 위해 미리 공간을 빼놓았습니다. 카페 창업을 준비하시는 분들에게 너무 커피에 대해서만 올인하지 말라는 이야기를 많이 하지만, 지금의 저는 커피에 대해 더 전문적인 공부를 하려고 계획하고 있습니다.

카페 창업 11년 차에도 아직 공부할 게 남아있는 걸까요? 카페 창업이 왜 어려운지 이야기하자면, 더하기 빼기의 공식이 아닌 곱하기의 개념이기 때문입니다. 아무리 커피를 맛있게 만들고 공간 인테리어를 좋게 만들어도 고객이 만족스럽지 못한 서비스를 받았다면 그냥 '0'이 되어버립니다. 그러므로 우리 주변을 가만히 지켜보면 그나마 평범한 카페들이 의외로 생존해 있는 경우가 많습니다. 인테리어도 썩 나쁘지 않거나 커피도 굉장히 맛있지는 않지만 그럭저럭 마실 만한 카페, 서비스도 과하게 친절하지는 않지만 불편하다고 느껴지지 않는 카페들입니다.

완벽하지는 않지만 '0'은 아닌 카페들이 의외로 잘 버티고 있어서 카페의 진입장벽이 낮다고 생각하는 사람들이 많은 것 같습니다. 하지만 반대로 커피가 너무 맛있고 인테리어도 너무 예쁜데 의자가 불편해서 재방문이 안 되는 경우나, 커피는 너무 맛있는데 사장님이 너무 배짱 장사를 해서 다음에는 가고 싶지 않은 경우, 아무리 좋은 장점을 많이 가졌더라도 단 한 가지 불만족의 크기가 크다면 손님은 그 카페에 다시 오지 않는 경우가 많습니다.

5년 전에 유명했던 카페들이 지금은 보이지 않는 것도 이러한 이유입니다. 줄 서는 가게들이 갑자기 망하기는 힘듭니다. 그런데도 줄 서는 가게들이 보이지 않는 것은 그 카페 커피 맛은 이미 알고 불편한 서비스를 또 반복해서 받아야 할 이유를 모르기 때문입니다. 이처럼 어느 것 하나가 고객이 느끼기에 불만족스럽다면 지속해서 고객이 그 카페에 갈 이유가 없는 것과 같습니다.

어쩌면 제가 오랫동안 운영해 나갈 수 있었던 것은 균형을 맞추기 위한 노력을 계속해서 해왔기 때문입니다. 베이커리가 많은 곳에서 사람들이 커피를 기대하지 않는 경우가 많습니다. 그러나 프릳츠나 테라로사 카페 같은 경우, 베이커리가 있어도 커피의 퀄리티가 떨어지지 않는다고 느낍니다. 이는 기본적으로 커피를 잘하는 사람이라는 인식이 뿌리 박혀 있기 때문입니다.

그런 의미에서 11년 차 카페를 운영해 온 저는 전체적인 균형을 맞추는 데 집중했지만, 정작 커피에 대한 애정과 열정은 아직도 목마릅니다. 이제는 조금 더 커피에 집중하고 사람들과 카페의 진짜 이야기를 소통해 나갈 준비를 하고 있습니다.

Q73. 이익 VS 가치관, 무엇이 먼저일까요?

2020년, 광명에 기후에너지센터가 설립되면서 광명시 공무원들이 저희 카페를 찾아오신 적이 있습니다. 그 당시 저희는 지역 주민들과 함께 친환경 플리마켓을 카페에서 진행하고 있었고, 평소에도 건강한 먹거리와 환경에 대한 관심이 많았기 때문에 자연스럽게 재활용 분리 배출이나 지역 로컬 푸드를 활용하고 있었습니다. 또한, 청소년들을 위한 진로 체험 활동으로 커피 교육이나 예술 문화 수업을 카페 공간에서 진행하고 있었습니다.

이러한 활동들이 입소문을 타고 광명시 공무원들 눈에 들어간 것이 아닌가 싶습니다. 기후에너지센터 직원분은 저희 카페가 탄소 배출을 줄이는 하나의 거점 공간이 되어주기를 바라셨고, 그 조건 중 하나가 손님이 없는 시간대에 환경 관련 교육 프로그램을 진행하고 카페 공간 사용료를 지불해주는 것이었습니다. 저로서는 좋은 가치를 나눌 수 있는 것도 좋지만, 이렇게 공간 대관비를 내 주신다니 마다할 이유가 없었습니다.

최근 많은 기업이 환경 보호와 사회적 책임을 다하기 위해

ESG(기업의 비재무적인 요소인 환경(Environmenet), 사회(Social), 지배구조(Governance)를 뜻하는 말) 경영을 추구하고 실천하고 있습니다. 그러다 보니 환경을 지키기 위한 활동과 가치를 소비자들에게 전달하는 기업들이 많아지고 있습니다. 그렇다면 개인 카페가 실천하고 있는 이런 활동이 소비자들에게 얼마나 영향을 줄 수 있을까요? 결론부터 말씀드리자면, 카페를 운영하면서 많은 고객분이 환경에 관심이 있지만, 그중 일부는 저희의 이러한 활동을 좋아해 주시는 반면, 음료를 사면서 환경까지 고려하고 싶지 않은 분들도 많습니다.

초반에 광명시와 협약식을 하고 2년 동안 이러한 좋은 가치를 세상에 알리기 위해 환경 운동가처럼 정신없이 활동했습니다. 그러다 퍼스널 브랜딩 수업을 듣게 되었고, 자기소개 시간에 당당하게 제 소개를 했습니다. "안녕하세요. 저는 더 나은 세상을 위해 지속 가능한 카페를 추구하는 까치카페를 운영하는 최희원입니다." 그러자 진행자분이 "혹시 비영리 단체세요?"라고 물으셨습니다.

그 순간, 저는 벌거벗겨진 느낌처럼 등이 오싹했습니다. 왜 갑자기 부끄러움을 느꼈을까요? 아무리 좋은 가치관으로 카페를 운영해도 방문하는 소비자들이 없다면 결국 지속 가능한 카페를 운영할 수 없습니다. 아무리 공정무역 커피라고 하더라도 고객이 원하지 않는 맛이라면 좋은 서비스라 말할 수 없는 것과 같습니다. 어찌 보면 카페에 오시는 분들은 그저 서비스를 누리고 싶으므로 방문하는 경우가 많습니다. 그런데 환경을 지키기 위해 에어컨 온도를 낮추거나 빨대를 제공하지 않는다면 손님들은 불편함을 느낄 것입니다.

카페를 오랫동안 운영해 나가기 위해서는 좋은 가치관을 소비자들에게 알리는 것도 중요하지만, 결국은 수익이 창출되어야 그 가치관을 오랫동안 유지할 수 있습니다. 따라서 소비자들에게 불편함을 주지 않고 메시지를 전달할 방법을 찾는 것이 중요합니다. 예를 들어, 저희 카페에서는 빨대를 제공하지 않는 대신, 고객들이 필요할 때 선택할 수 있도록 대안빨대를 준비해 두었습니다. 또한, 에어컨 온도를 적절히 조절하면서도 고객들이 쾌적하게 느낄 수 있는 환경을 조성하기 위해 노력하고 있습니다.

Q74. 플랜 B는 어떻게 준비해야 할까요?

유행을 무작정 따라가지는 않지만, 현재의 트렌드가 어떻게 움직이는지 관찰하고 소비 패턴을 이해하는 것은 카페를 운영하는 사장님들이 계속해서 공부해야 하는 부분이라고 생각합니다. 저희 카페는 오프라인 운영만으로도 목표 수익을 달성하고 있어 아직 온라인에 에너지를 쏟지는 않고 있습니다. 그러나 코로나 시기에 배웠던 교훈이 있기에 항상 플랜 B를 준비하며 오프라인 외에도 살아남을 방법들을 틈틈이 준비하고 있습니다.

그중에서도 네이버 스마트스토어와 당근마켓을 활용하며 준비하고 있는데, 개인적으로 원두 납품을 하는 로스터리 카페가 아니라면 동네 카페를 운영하는 사장님들께 당근마켓을 활용해보시라고 조심스럽게 추천해 드리고 싶습니다. 오프라인만으로는 힘들다고 느끼실 때 당근마켓을 활용해보시면 좋을 것 같습니다.

간단하게 네이버와 당근마켓을 비교해서 설명해 드리자면, 네이버는 사람들이 검색을 먼저 하고 상품을 확인하는 과정을 거칩니다. 그런 다음 상위권에 노출된 상품 중 가격을 비교하고, 상세 페이지 이미지와 후기 평가에 따라 구매를 결정합니다. 그러므로 네이버에서는 검색이 잘되기 위한 상위 키워드가 굉장히 중요합니다. 예를 들어 제가 판매하고자 하는 상품이 '원두'라고 했을 때, 원두 키워드로 상위 노출을 시키는 것이 굉장히 어렵습니다. 물론 큰 비용을 들인다면 상위 노출이 가능하지만, 매번 비용을 들여서 홍보하는 것은 한계가 있습니다. 네이버에서 상위 노출이 되어야 판매가 되는 이유 중 하나는 첫 페이지에 나오지 않으면 사람들이 두 번째 페이지까지 넘어가서 클릭하지 않기 때문입니다.

그래서 네이버에서는 무조건 키워드를 잘 잡아서 상품명을 상위권에 노출할 수 있도록 작업해야 합니다. 네이버라는 회사는 자신들의 플랫폼을 잘 활용하는 사업자들에게 더 친절하므로 네이버 웹, 네이버 예약, 스마트스토어와 연동하는 것이 좋습니다.

네이버가 검색 키워드가 중요하다면, 당근마켓은 검색을 하는 사람들이 많지 않습니다. 기본적으로 당근마켓의 이미지는 득템하기 위해 모인 사람들이 많으므로, 일부러 필요한 제품을 사기 위해 검색하는 사람들이 적다고 보면 됩니다. 그러므로 키워드 노출보다는 사람들이 홈피드를 보다가 요즘 유행하고 있는 트렌드나 가성비가 느껴지는 아이템에 관심을 두는 경우가 많습니다. 아직 당근마켓은 네이버만큼 구독자 수가 많지는 않지만, 광고비가 저렴하기에 동네에서 자신의 매장을 홍보하는 데 매우 효과적입니다.

카페를 오픈하거나 1주년 이벤트, 저처럼 10주년 이벤트를 할 때 몇 월 며칠에 오시는 고객들에게 사은품을 증정한다는 소식을 올려 카페를 홍보하기에 좋은 플랫폼입니다. 혹시라도 매장에서 원데이 수업으로 '드립커피'라는 주제로 티켓 판매를 할 경우, '드립커피 수업합니다'라는 표현보다는 '손님 대접하기 좋은 브루잉커피 하루에 끝내기'라는 표현으로 관심을 끌거나 '매장에서 1시간에 100개 팔리는 스콘 이벤트'라는 문구로 관심을 끄는 것이 포인트예요.

현재 블로그 활동을 하시는 분들이 당근마켓과 관련된 강의를 몇 십만 원에 진행하는 경우가 많은데, 비싼 비용을 내기보다는 '크몽'이라는 웹사이트에 들어가서 '당근마켓 전자책'으로 검색해보세요. 1만 원대에 활용 지침서를 구매할 수 있으므로 전자책을 구매해서 공부하셔도 충분합니다.

Q75. 시즌별 매출은 어떻게 올리나요?

카페 매출이 가장 좋은 시기는 9월부터 11월, 그리고 3월에서 5월입니다. 상권 위치에 따라 다를 수 있지만, 무더운 여름철에는 외출을 자제하는 고객들이 많아지면서 오히려 매출이 떨어지는 경우가 많습니다. 또한 여름철에는 손님들이 에어컨 바람을 쐬며 장시간 카페에 머무르는 경우가 많습니다. 따라서 여름철에는 좌석 수를 얼마나 확보하고 있는지와 거리에 유동인구가 많은 곳이 유리할 있습니다.

저희 매장은 도보로 접근하기 어려운 위치에 있어, 차를 이용하거나 근처 식당에서 식사를 마친 고객분들이 주로 찾아옵니다. 이처럼 무더운 여름철은 좌석 회전율이 낮아지고, 전기료 부담이 커지지만, 매출이 크게 오르지 않는 비수기 중 하나입니다.

무더운 여름이 지나고 9월부터는 선선한 바람이 불어와 테이크아웃 주문으로 산책하는 분들이 늘어나고, 루프탑에서 음료를 즐기는 손님들도 많아집니다. 그러다가 12월쯤 되면 날씨가 추워져 손님들이 줄어들기 시작해 3월 초까지는 카페 비수기에 들어갑니다. 이 비수기에는 온라인 판매나 당근마켓, 매장에서 사갈 수 있는 포장 제품을 출시합니다. 12월에는 감사 선물 수요가 많으므로 2월까지는 온·오프라인 상품에 집중합니다.

저희 매장은 수제청과 드립백 주문이 많아, 미리 공지를 올려 이벤트 행사를 진행합니다. 행사 기간에 구매하신 고객분들에게는 드립백이나 스콘을 증정합니다. 겨울철 시즌을 계획해서 잘 보내다 보면 금방 여름철이 오는데, 많은 개인 카페 사장님들이 "빙수를 판매해야 하나요?"라는 질문을 많이 하십니다. 제 대답은 빙수를 팔면 좋지만, 저는 판매하지 않습니다.

사실 매년 이 질문으로 고민이지만, 빙수를 판매해 본 결과 비싸고 퀄리티 좋게 팔지 않는 한 판매하지 않는 게 좋다고 생각합니다. 최소 4명이 빙수 하나를 시켰을 때 음료 4잔 이상의 가격이 나와야 만드는 보람이 생깁니다. 빙수 하나를 4명이 나눠 먹는 경우가 많아 가격 책정을 잘하신다면, 카페에서 빙수를 판매하는 것도 나쁘지 않다고 생각합니다. 몇 년 전만 해도 개인 카페에서 팥빙수를 판매하는 곳이 많았지만, 요즘은 팥빙수 전문점을 제외하고는 찾아보기 어렵습니다. 그만큼 많은 사장님이 빙수 관리를 어렵게 생각하기 때문에 생략하는 경우가 많습니다.

시즌별로 매출을 올리기 위해서는 사람들이 요즘 관심을 두고 있는 품목이 무엇인지 트렌드를 아는 것이 중요합니다. 예를 들어, 똑같은 사과를 판매하더라도 현재 유행하고 있는 '엔비사과'를 판매하는 것은 수익과 연결됩니다. 여름철에 땡모반이 유행인 요즘, 일반 수박으로 만든 땡모반과 '흑당수박'으로 만든 땡모반은 소비자가 느끼는 관심도가 다를 수밖에 없습니다.

겨울철에 잘나가는 메뉴가 뱅쇼라면, 다른 매장과의 차별성을 홍보 전략에 반영하는 것이 중요합니다. 저희 매장은 뱅쇼를 판매하기 한 달 전부터 뱅쇼에 들어가는 과일 손질 영상과 뱅쇼를 끓이는 과정을 찍어 인스타그램에 올립니다. 그러다 보면 출시 전부터 뱅쇼 판매 시기를 묻는 고객들이 늘어나게 됩니다.

이렇게 시즌별로 프로모션을 기획하고 실행하는 것이 카페 운영의 중요한 요소입니다. 1년 플랜을 펼쳐 보면 카페에서 기획할 수 있는 상품들이 많습니다. 몸이 하나라 모든 것을 다 할 수는 없지만, 정말 마음만 먹으면 판매할 수 있는 상품이 많다는 것이 카페의 장점 중 하나입니다. 중요한 것은 시즌별로 어떤 품목에 집중할지 결정하고, 이를 효과적으로 홍보하고 판매하는 것입니다. 이렇게 한다면 계절에 따른 매출 변동을 최소화하고, 안정적인 수익을 유지할 수 있을 것입니다.

Q76. 직원 교육은 어떻게 해야 하나요?

카페에서 일한 경력이 많은 직원도 커피 추출을 직접 해보라고 하면 제대로 하지 못하는 경우가 많습니다. 대부분 음료를 빠르게 만드는 것에만 익숙해져 있고, 커피의 세부적인 부분은 잘 모르는 경우가 많습니다. 예를 들어, 거품을 어떻게 만들어야 하는지, 스팀을 잘하기 위해서는 어느 정도의 우유를 부어야 하는지 등에 대해 기본적인 교육이 필요합니다. 개인 카페의 특징은 커피 한 잔에 진심을 담는 것입니다. 특히 아메리카노는 크레마가 사라지기 전에 고객에게 전달해야 합니다. 크레마가 사라진 커피는 맛이 떨어지기 때문입니다.

따라서 음료를 동시에 맛있게 만드는 것이 중요합니다. 손님이 음료 6잔을 주문했다면 먼저 제조한 음료가 식거나 물러지지 않도록 신경 써야 합니다. 손님들은 전에 마셨던 맛과 다른 맛을 단번에 알아차립니다. 모양이 다르거나 맛이 다르면 흡족하지 않음을 표정만 보아도 알 수 있습니다. 저희 카페의 경우, 특정 쉬는 시간 외에는 손님 앞에서 앉거나 휴대전화를 보지 않도록 하고 있습니다.

몸이 힘들거나 체력이 안 되는 날에는 허락을 받고 손님이 보이지 않는 곳에서 쉬게 합니다. 그런데도 장시간 서 있는 것을 힘들어하는 직원들은 도중에 그만두는 경우가 있습니다. 열심히 가르쳤는데 그만두면 허탈감이 몰려옵니다. 이러한 고민은 많은 카페 사장님들이 공감하실 것입니다.

다른 카페 사장들은 어떻게 직원 교육을 하는지 궁금했습니다. 그래서 조성민 바리스타님의 카페 운영 강의를 들었습니다. 조 바리스타님은 최근 교육 플랫폼 클래스유에서 카페 창업에 관한 강의를 오픈하셨는데요.

강의 내용 중 신입 직원 교육에 대한 부분이 있었는데, 메뉴 하나하나를 영상으로 기록해 새로 온 직원들이 미리 숙지할 수 있도록 교육한다고 합니다. 그 내용을 보고 정말 좋은 생각이라고 느꼈습니다. 텍스트로만 된 매뉴얼이 없고, 말로만 가르쳤을 때는 자신의 실수를 인정하지 않고, "지난번에 이렇게 배웠다"며 변명하는 직원들이 있기 때문입니다. 그때 영상을 다시 보거나 매뉴얼 레시피 책을 보여주면 자신의 실수를 인정하고 빨리 변경해 나갈 수 있으므로 매우 유효하다고 생각했습니다.

예전에 일했던 직원은 전에 일했던 곳에서는 레시피 종이만 주고 "이대로 하면 된다"며 특별히 교육을 받은 적이 없다는 이야기를 듣고 깜짝 놀란 적이 있었습니다. 또한, 직원 교육에 재료를 아까워해서는 안 된다고 생각합니다. 안정적으로 스팀 우유가 나올 때까지 우유를 공급하고 라테아트 연습을 계속해서 훈련해야 직원을 조금이라도 믿고 의지하며 일을 할 수 있습니다. 직원을 위해서가 아니라 운영하는 카페를 위해 직원 교육에 투자하는 것은 아까운 일이 아닙니다. 물론 그러다 그만두면 솔직히 허탈하기는 하지만, 그렇다고 교육을 안 할 수도 없습니다.

직원을 교육하는 것은 카페 운영에 있어서 필수적이며, 직원들이 잘 숙지하고 실습해 발전할 수 있도록 지속적인 교육이 필요합니다. 교육은 직원들에게도 자신감을 주기 때문에 많은 에너지가 소비되더라도 제대로 된 학습이 되도록 반복적인 교육은 언제나 필요하다고 생각합니다.

Q77. 《장사의 신》에서 말하는 장사란 무엇인가요?

우노 다카시를 아시나요? 혹시 모르신다면 우노 다카시의 책 《장사의 신》을 꼭 한번 읽어보시기를 추천해요. 그는 '이자카야의 전설'로 불리며, 요식업계에서는 그를 모르는 사람이 없을 정도로 일본에서 굉장히 유명한 인물이에요. 그의 책은 사업을 운영하는 방법과 새로운 관점을 제시해 주기 때문에 저 역시 그의 책을 통해 많은 깨달음을 얻었는데요.

우노 다카시는 고객의 만족과 신뢰를 굉장히 강조하고 있어요. 사업이란 결국 고객과의 관계에서 시작된다고 말합니다. 그러므로 도덕적이고 책임감 있는 사업 운영이 중요하다고 강조합니다. 신뢰를 주는 방법은 홍보 전략에도 반영됩니다. 흔히 카페 이벤트를 할 때 잘못된 방법으로 홍보를 하게 되면 오히려 신뢰를 잃고 재방문율을 낮출 수 있습니다.

예를 들어, 50% 할인 쿠폰이나 음료 한잔 더 드리는 행사는 자제하는 편이 낫습니다. 파격적인 할인 이벤트는 자극적일 수 있지만, 문제는 그 자극에서 사람들이 헤어나오지 못한다는 것입니다. 보통 사람들은 특별 이벤트로 기억하기보다는 '얼마나 남는 게 많으면 50%나 할인을 할까?'라고 생각할 수 있습니다.

결국, 싼 제품을 비싸게 팔고 있다는 인식을 줄 수 있습니다. 그래서 저희 카페에서는 이러한 이유로 할인 이벤트보다 신뢰도를 쌓을 수 있는 이벤트를 기획합니다. 예를 들어, '지구의 날 행사 이벤트'로 4월 22일에 방문해 주시는 고객분들에게 친환경 비누를 드리거나, 이날 방문해 주시는 분들에게 10% 적립을 해드리는 식입니다. 이러한 방식으로 제품의 퀄리티를 낮추지 않으면서 감사 이벤트를 진행할 수가 있지요.

이벤트를 기획할 때도 카페와 관련 없는 제품을 공약하기보다는 관심 주제를 연결하는 편입니다. 한때 카페에 영화 티켓 제휴 전화가 많이 왔습니다. 티켓을 저렴하게 제공할 테니 카페 이벤트로 사용하라는 내용이었죠. 가끔 식당에서 'CGV 영화 티켓 2매 증정'이라는 현수막을 본 적이 있을 것입니다. 혹시 저 티켓을 받기 위해 식당에서 요구하는 만큼 식사를 하신 분이 계신가요? 오히려 이벤트와 상관없이 밥을 먹고 생각지도 못한 티켓을 받은 경험은 있을 수 있겠네요.

제가 10년 넘게 카페를 운영하다 보니, 조만간 망할 것 같은 카페들이 대략 눈에 들어옵니다. 그중 하나가 현수막에 '1+1 이벤트'를 내거는 카페들입니다. 이 이벤트 문구를 본 순간 '좋은 원두는 아니겠구나'라는 생각이 들거나, '카페가 장사가 안돼서 이벤트를 하는구나'라는 생각이 들거든요. 요즘 유튜브에서는 마케팅 전문가들이 카페 컨설팅을 해주는 경우가 많은데요. 마케팅하는 사람들과 장사를 하는 사람들의 근본적인 목표는 다르다는 것을 아셔야 해요.

마케팅 전문가들은 눈에 띄는 작업물을 잘 만듭니다. 왜냐면 그들은 늘 '노출이 되어야 사람들이 온다'고 이야기하고 무조건 홍보가 잘 되는 것에 목적을 두기 때문이죠. 노출해야 손님들이 온다는 말이 틀린 말은 아닙니다. 하지만 장사가 안된다고 해서 무조건 마케터들에게 홍보를 의존하거나 신뢰를 떨어뜨리는 홍보는 오히려 안 좋을 수 있어요.

조급해지고 불안할수록 많은 것을 판매하기보다는 한 가지에 더 집중하고 고객들과 신뢰를 쌓을 방법을 연구해야 합니다. 이 책에는 "불경기에도 단가를 내리려는 생각만 하지 말고, 메뉴에 가치를 부여하고 작은 서비스로 손님을 감동하게 해라"라고 쓰여 있습니다. 이것이 제가 우노 다카시에게 배운 경영 방법입니다.

Q78. 말보다 실행과 결과로 말하려면 어떻게 해야 하나요?

우리 속담에 '사촌이 땅을 사면 배가 아프다'라는 말이 있습니다. 이는 남이 잘되는 것을 보고 질투하고 시기하는 것을 의미합니다. 하지만 이러한 질투는 어중간한 활동을 하는 사람들에게서 나오는 감정이란 생각이 들었습니다. 진정한 신뢰가 쌓이면 질투보다는 존경의 마음이 생깁니다. 진정한 실력자는 가만히 있어도 사람들이 찾아오게 되어 있습니다. 성공한 사람들의 이야기를 들어보면, 사람 정리는 자연스럽게 이루어진다고 합니다. 불필요한 사람들에게 신경 쓰기보다는 자신의 실력을 쌓아가는 것이 중요합니다.

목표가 있다면 다른 사람들의 말에 너무 신경 쓰지 않는 것이 좋습니다. 저는 카페를 운영하면서 10년 동안 도를 닦는 심정으로 버텼습니다. 무엇을 하든지 스스로 결정하고 판단해야 합니다. 조언은 들을 수 있지만, 우리의 목적지는 남의 기준이 아닌 나의 기준이 되어야 합니다.

카페를 운영하면서 방황했던 시절이 있었고, 다른 사람들의 조언에 상처받을 때도 많았습니다. 하지만 결국 자신을 믿어야만 진정한 실력을 키울 수 있는 환경이 만들어진다는 것을 깨달았습니다. 부족하다는 것은 축복과 같습니다. 이제 채우기만 하면 됩니다. 부족하다는 것을 인정하지 않는 사람들이 결과를 얻지 못하는 경우가 많습니다. 배우고 싶은 욕구가 많을 때 실력을 쌓을 힘이 생깁니다.

카페를 운영하면서 억울한 일이 생기거나 사람들에게 상처를 받았다면, 사람들에게 너무 얽매이지 마세요. 실력이 쌓이면 사람들은 자연스럽게 당신을 인정하게 됩니다. 말을 많이 하기보다는, 행동과 결과로 보여주는 것이 중요합니다. 실행과 결과가 우리의 진정한 가치를 증명해 줄 것입니다.

저도 카페를 운영하면서 여러 어려움을 겪었지만, 결국 실력이 모든 것을 말해줍니다. 고객들은 당신의 말을 듣기보다, 당신이 제공하는 커피의 맛과 서비스의 질로 당신을 평가합니다. 따라서 항상 최선을 다해 최고의 커피를 제공하고, 고객들과의 신뢰를 쌓는 것이 중요합니다.

결국, 우리가 해야 할 일은 실력을 쌓고, 그 실력으로 결과를 만들어내는 것입니다. 말보다 실행과 결과로 말하는 것이 진정한 성공의 길입니다. 고객들에게 신뢰를 주고, 그 신뢰를 기반으로 꾸준히 성장해 나가기를 바랍니다. 실력과 신뢰는 단번에 쌓이는 것이 아닙니다. 이는 시간과 노력을 들여야 하는 과정입니다. 카페 운영도 마찬가지입니다. 단순히 커피를 판매하는 것을 넘어서, 고객과의 관계를 쌓고, 그 관계를 통해 신뢰를 얻는 것이 중요합니다.

저도 초기에는 많은 시행착오를 겪었지만, 시간이 지나면서 고객과의 신뢰가 쌓이고, 그 신뢰를 바탕으로 카페가 성장할 수 있었습니다. 고객들은 단순히 커피를 마시러 오는 것이 아닙니다. 그들은 그 장소에서 편안함과 신뢰를 느끼고, 그 경험을 통해 다시 방문하게 됩니다. 따라서 우리는 단순히 커피를 만드는 기술만을 향상시키는 것이 아니라, 고객과의 관계를 쌓는 데에도 큰 노력을 기울여야 합니다.

Q79. '고객은 보는 것만 믿는다'는 말은 무슨 뜻인가요?

《장사는 전략이다》 저자 김유신 대표가 유튜브에서 했던 말이 생각납니다. "고객은 보는 것만 믿지, 보이지 않는 것은 잘 믿지 않는다. 그러므로 신뢰를 쌓는 방법은 고객이 믿을 수 있도록 보이게 하는 방법이다."라는 말씀을 해 주셨는데요. 저희 매장에서 사용하는 로스팅 기계는 1.5kg짜리 작은 로스터기입니다. 로스팅 전문 업체에서 보았을 때는 장난감처럼 보일 수 있겠지만 사람들은 로스팅을 카페에서 직접 한다고 하면 커피에 대해 많은 것을 알고 있다고 생각합니다.

카페에서 신뢰를 보여드릴 방법은 커피를 직접 볶는 모습을 보일 수 있겠지만, 이 커피가 정말 좋은 커피라는 것을 어떻게 보일 수 있을지, 고객에게 어떤 식으로 어필할 수 있을지 고민해야 합니다. 김유신 대표는 우리나라에서 폐업률이 제일 높은 종목이 카페인데, 3년 이내에 카페 90%가 폐업한다고 말합니다.

그는 손님이 QR코드를 홀더에 찍어 커피를 마시는 동안 케냐의 노래가 흘러나오도록 만든다면 이 커피가 어떤 커피인지 부연 설명을 하지 않아도 충분히 좋은 커피라는 것을 느낄 것이라고 말씀하셨습니다. 그때 깨달았습니다. 가만히 생각해 보니 그랬습니다. 커피에 자부심이 있는 카페들은 다른 방법으로 고객에게 자신들의 커피를 판매하고 있었습니다. 예를 들면, 드립 커피를 내리고 손님들에게 한 잔씩 무료로 시음하게 하거나, 커핑데이를 기획해서 여러 가지 맛을 테스트해볼 수 있는 자리를 제공합니다.

요즘은 공급 받을 수 있는 로스팅 업체뿐만 아니라 디저트도 납품하는 기업들이 많이 생겨나, 조금 더 편하게 카페를 운영할 수 있는 환경이 주어진 것은 사실입니다. 게다가 직접 만든 수제 디저트보다 더 맛있게 만드는 업체들이 정말 많아졌습니다.

그런데도 고객들은 예쁘고 고급스러워 보이는 디저트 케이크보다 투박하고 못생긴 수제 디저트를 더 많이 사드십니다. 왜일까요? 아무리 고급스럽게 보인다고 하더라도 업체에 대한 정보가 불확실한 제품보다는 주인이 직접 만든 수제 제품을 더 신뢰하기 때문입니다. 결국 고객은 보는 것만 믿습니다. 매장 앞에 수박 상자가 가득 있다고 생각해 보세요. 주인이 아무 말도 하지 않아도, 지나가는 사람들은 입구 앞에 쌓인 수박만 보고도 이 집 수박주스는 수제라는 사실을 알 것입니다.

저는 매일 아침 스콘과 베이글을 만듭니다. 일찍 와야 따끈한 베이글과 커피를 마실 수 있다는 생각으로 오픈 전부터 문 앞에서 기다리는 고객분들이 있으십니다. 저는 그분들에게 하루도 게으르지 않고 건강한 디저트와 커피를 제공해드리기 위해 노력하는 모습을 보여드립니다. 손님이 오기 전에 제품을 진열하기보다는, 손님들이 보일 때 오븐에서 스콘과 베이글을 꺼내 바로 진열하는 모습을 보입니다. 이때 사람들이 웅성웅성하는 소리가 들립니다. "여기서 직접 빵을 굽나 봐." "응, 여기 사장님이 직접 만드셔." 이렇듯, 고객은 눈으로 본 것을 신뢰합니다.

따라서 우리는 고객에게 신뢰를 주기 위해 우리의 노력을 시각적으로 보여줄 필요가 있습니다. 눈에 보이는 노력과 정성이 결국 고객의 마음을 사로잡고, 그들이 우리를 신뢰하게 만드는 것입니다. 고객의 신뢰를 얻는 것은 말로만 되는 것이 아닙니다. 실제로 눈에 보이는 노력이 필요합니다. 우리가 매일 어떤 노력을 기울이고 있는지, 얼마나 진심을 담아 커피와 디저트를 준비하는지 보여주어야 합니다.

Q80. 카페 운영을 위해 어떤 마인드를 가져야 하나요?

10년 넘게 카페를 운영하면서 변하지 않은 세 가지가 있어요. 첫 번째는 마감 청소예요. 특히 기계 청소는 하루도 빼먹지 않고 청소를 하다 보니 기계 장비들을 오래 사용할 수 있더라고요. 마감 청소는 주로 남편과 번갈아 가며 하고 있어요. 기계 하나하나가 소중하거든요. 그래서 저와 남편은 매일 저녁, 가게 문을 닫고 나서 함께 청소하며 그날 있었던 일을 이야기해요.

두 번째는 오픈 시간과 마감 시간입니다. 손님과의 약속이기 때문에 큰일이 아닌 이상 항상 같은 시간에 오픈하고 마감해요. 이는 신뢰의 문제죠. 한결같이 변하지 않는 운영 시간은 고객에게 안정감을 줍니다. '이 카페는 언제 가도 열려 있다'는 믿음이 쌓이면서 단골이 늘어나는 거죠. 한 번은 손님이 "연휴에도 여는 카페가 여기뿐이에요"라고 말씀해 주셨을 때, 얼마나 뿌듯했는지 모릅니다.

세 번째는 아메리카노 가격이 10년 넘게 같다는 것입니다. 가격을 고집한 이유는 단순해요. 카페에 자주 방문해 주시는 단골 손님들이 주로 아메리카노를 드시기 때문이죠. 사실 한 번 정한 가격을 쉽게 올리기보다는 신뢰를 주면서 가격을 유지하는 방법을 택했어요. 고객들이 느끼는 가치를 유지하면서 가격을 조정하는 것이 쉽지 않지만, 신뢰를 잃지 않는 것이 무엇보다 중요하다고 생각합니다.

제가 처음 카페를 오픈했을 당시에는 이 마을에 카페가 저희 카페 하나뿐이었어요. 그런데 지금은 작은 마을에 카페가 6개나 있어요. 경쟁 업체가 하나씩 생길 때마다 의식하지 않으려고 애썼어요. 완전하게 의식하지 않을 수는 없지만, 메뉴에 대한 부분에서는 절대 타협하지 않았어요. 예를 들면, 옆집 카페가 브런치 카페를 운영하고 있었는데, 그 집 브런치가 잘 된다고 해서 브런치 메뉴를 추가하지는 않았어요. 모든 음료도 마찬가지예요. 오히려 제가 집중했던 것은 마을에 있는 카페가 아니라 더 멀리 있는 카페들과 경쟁하는 것이었어요.

상권 분석을 통해 좋은 입지를 찾았다 하더라도 너무 많은 카페가 주변에 생기면 힘든 상황이 올 수도 있어요. 그럴 때는 주변의 카페 때문에 흔들리기보다는 더 먼 곳을 바라봐야 해요. 사람들이 와야 하는 분명한 이유가 있다면 장소가 어디든, 주변에 카페가 많든 그것은 오고자 하는 사람들에게는 중요하지 않거든요.

그럴수록 집중해야 할 것은 카페 운영이 좋은 방향으로 갈 수 있도록 성공의 마인드셋이 필요해요. 갑자기 옆집에 카페가 생겼다고 해서 가격을 내리거나 마감 청소를 더 일찍 한다면, 고객은 그런 불안한 모습을 냉큼 알아차릴 수 있거든요. 결국 내 자신을 추락시키는 것은 환경이 아니라 자신의 멘탈입니다. 결국 카페 운영은 기승전 멘탈 싸움이에요.

마지막으로, 저는 항상 이렇게 생각해요. 고객에게 신뢰를 주는 것이 가장 중요하고 그 신뢰는 하루아침에 생기는 것이 아니에요. 매일매일 반복되는 일상에서, 작은 디테일에서, 그 신뢰가 쌓여요. 그것이 바로 제가 카페를 운영하면서 가장 중요하게 생각하는 원칙입니다. 고객이 느끼는 작은 변화와 세심한 배려가 결국 큰 차이를 만든다고 믿어요.

그래서 저는 매일 아침, 커피를 준비하며 다짐합니다. '오늘도 고객에게 최고의 서비스를 제공하자. 변함없는 신뢰를 주자.' 이것이 제가 10년 이상 카페를 운영할 수 있는 비결이라고 생각해요. 기계 청소부터 오픈 시간, 그리고 가격까지. 모든 것은 고객을 위한 작은 배려에서 시작됩니다. 그리고 그 작은 배려들이 모여 큰 신뢰를 만들어갑니다.

PART 3. 카페, 저는 이렇게 운영했습니다

Q81. 카페 운영 시 식사는 어떻게 해결해야 하나요?

사장과 직원의 입장은 확실히 다른 것 같아요. 예전에 제가 아르바이트할 때는 식사에 대한 불평이나 불만이 없었는데, 막상 직원의 식사를 챙겨야 하는 처지가 되니 보통 신경 쓰이는 게 아니더라고요. 예전 처음 채용한 직원에게는 매일 도시락을 싸 줬어요. 하지만 지금은 식비를 별도로 제공하고 있어요. 그게 가장 심플하고, 직원들도 돈으로 받는 걸 더 좋아하더라고요. 현재 함께 일하는 친구들은 다이어트 중인 친구도 있고, 음료만 마시고 버티는 친구도 있으며, 별도의 간식을 챙겨 오는 친구들도 있더라고요. 평일보다 주말이 더 바쁘다 보니 주말팀에게는 종종 간식을 사다주는 편이에요. 평일에는 손님이 몰리는 시간과 빠지는 시간이 균형이 잡혀 있지만, 주말에는 퇴근 직전까지 바쁜 경우가 많아서 간단하게 먹을 수 있는 김밥을 자주 사다주는 편이에요.

또 하나 말씀드리고 싶은 것은 근로계약서 작성 시 휴식 시간을 직원과 상의해서 계약서에 명확히 기재하는 것이 좋아요. 4시간 미만 근무에는 휴식 시간이 없지만, 4시간에서 8시간 미만 근무자에게는 30분 휴식 시간이 필요하고, 8시간 이상 근무자에게는 1시간 휴식 시간을 줘야 해요. 그런데 사장님들이 가끔 4시간 근무에 휴식 시간이 포함된 줄 아시더라고요. 그러면 실제로는 3시간 30분만 일한 셈이 되니까요. 휴식 시간은 별도로 계산해야 해요.

예를 들어 10시에 출근해서 2시에 퇴근하는 4시간 근무자라면, 휴식 시간 30분을 적용해서 2시 30분에 퇴근해야 해요. 하지만 대부분 직원은 일찍 퇴근하는 걸 선호하기 때문에 휴식 시간 없이 4시간만 근무하고 싶어 해요. 그러다 보니 휴게시간을 협의해서 변경하는 경우가 있는데요. 하지만 최근 노무사님 상담을 통해서 휴게시간 조정을 할 수 없다는 말씀을 들었어요.

더불어, 5인 이상의 근로자가 있는 사업체는 규정이 까다롭기 때문에 무조건 짧은 파트타임을 채용하는 것이 오히려 불리할 수 있는 점 참고하시면 좋을 것 같아요.

직원들보다 저는 점심을 많이 못 먹을 때가 많아요. 오전에 디저트를 준비하다 보면 아침을 거를 때도 많고, 이것저것 준비하다 보면 점심시간이 되더라고요. 그래서 제 점심시간은 주로 오후 3시가 되는 것 같아요. 그리고 늦은 저녁을 먹어요. 올해는 체력이 많이 떨어진 걸 느껴서 삶은 달걀, 사과, 영양제를 꼭 챙겨 다녀요.

카페를 운영하면 직원들을 챙기는 것도 중요하지만, 사장님도 몸을 챙겨야 해요. 10년이 넘어가니 불규칙한 생활이 정말 안 좋다는 걸 몸으로 느끼고 있어요. 카페에서 일하다 보면 차가운 음료를 많이 마시게 되니 배에 가스도 많이 차더라고요. 손님들은 모르시겠지만, 주방 쪽은 엄청 덥거든요. 냉장고, 냉동고, 쇼케이스 냉장고에서 나오는 열이 보통이 아니에요. 그래서 차가운 걸 자꾸 먹게 되더라고요.

카페 사장님들, 직원들 식사는 돈으로 해결하시고, 이제는 우리 몸도 함께 보살펴요. 예전에는 사장으로서 모든 것을 챙기고 준비하는 것이 중요하다고 생각했는데, 이제는 사장님도 자신을 돌보는 것이 얼마나 중요한지 절실히 느껴요. 온종일 서서 일하다 보면 몸이 지치고, 제대로 식사를 못 하면 건강이 나빠지기 마련이에요. 우리 모두 조금 더 신경 써서, 서로를 배려하고 자신을 챙겨야 해요.

Q82. 카페 운영하면서 직원 때문에 힘든 적이 있나요?

면접을 볼 때 정말 다양한 곳에서 일했던 친구들이 면접을 보러 와요. 저는 프랜차이즈 카페에서 일한 적은 없지만, 주로 프랜차이즈에서 매니저로 활동했던 친구들이 개인 카페 매니저로 지원하는 경우가 많아요. 프랜차이즈에서 일했던 친구들이 개인 카페를 지원하는 이유는 급여가 만족스러워서가 아니에요. 오히려 이야기를 들어보면 너무 기계적으로 일하는 게 싫어서 오는 친구들이 의외로 많더라고요.

사실 그런 친구들이 기계적으로 일하는 게 싫어서 개인 카페에 왔다고 하는데, 막상 일하는 걸 보면 정말 기계적으로 일해요. 그래서 새로 세팅하는 게 더 힘들 때도 있어요. 어느 카페라고 딱 집어서 말하기는 힘들지만, 출근하자마자 테이크아웃컵에 홀더 끼우는 일을 가장 먼저 정신없이 하는 친구가 있었어요. 저희는 테이크아웃 전문점이 아니라서 이렇게까지 전투적으로 할 필요가 없는데, 습관이 되다 보니 테이크아웃 컵에 홀더가 몇 줄씩 안 채워져 있으면 불안한가 보더라고요.

그리고 지금 현재 일하고 있는 저희 매니저는 무조건 쓰기 바빠요. 변경사항이 있으면 바로 메모해서 곳곳에 붙여 놓다 보니 직원들이 실수할 수가 없어요. 저도 긴장돼요. 선입선출의 끝판왕이에요. 처음에는 저렇게까지 기록할 필요가 있을까 싶을 정도로 피곤했는데, 나중에는 많은 도움이 되더라고요.

커피에 대해 기본적인 것을 모르는 친구들도 많아요. 그러다 보니 에스프레소를 추출할 때 저울을 재고 타임 체크하는 걸 많이 불안해해요. 이렇게 음료가 늦게 나가도 되는지 하는 표정인 거죠. 사실 익숙해지면 저울을 재면서도 충분히 빠르게 제공할 수 있는데 걱정을 많이 하더라고요. 그리고 손님들이 기다려 준다는 사실에 엄청나게 놀라기도 하고요. 유동인구가 많은 상권에서 일했던 친구들은 스피드가 생명이었을 테니 라테아트를 잘해야 한다는 부담은 없었던 것 같아요. 거품이 많으면 거품을 걷어내고 부어서 뚜껑을 닫으면 되니까요.

사실 제가 함께 일하면서 제일 당황했을 때는 우유 스팀을 하고 빈 우유갑을 싱크대 쪽으로 던지는 행동이었어요. 처음에는 그 모습을 보고 "손님도 볼 수 있는데 우유갑을 왜 던지니?"라고 주의를 시켰는데, 그 친구가 그만두고 1년 뒤에 새로 채용한 직원도 우유갑을 던지더라고요. 그때 알았어요. 그렇게 일하는 곳이 한두 군데가 아니라는 사실을요. '얼마나 바쁘면 우유갑을 던지며 일을 했을까?' 그런 생각이 들더라고요. 저는 이런 모습이 썩 좋아 보이지는 않지만, 가끔 다른 카페에서 배웠던 좋지 않은 습관을 그것이 바르다고 생각하고 습관적으로 하는 친구들이 있어요.

그런데 그것을 계속 지적하는 것도 한계를 느낄 때가 있어요. 지금까지 일하면서 함께 일한 친구들이 정말 많았는데요. 사실 일 하면서 어떻게 해피 엔딩만 있겠어요. 일에 욕심을 부리다 보면 화도 낼 때도 있고, 속상해서 장문의 카톡을 보낼 때도 있죠. 그런데 많은 일이 있었는데도 불구하고 이렇게 오랫동안 일을 할 수 있는 건 매일 조금씩이라도 더 성장하려고 노력했기 때문인 것 같아요.

결국엔 제가 배운 것은, 직원들과의 관계는 지속적인 대화와 이해가 중요하다는 거예요. 직원들의 불만이나 어려움을 듣고, 그들의 처지에서 생각해 보려고 노력해요. 그렇게 하면 갈등이 줄어들고, 서로 더 잘 이해할 수 있게 되더라고요. 또한, 저 역시 잘못된 점이 있으면 솔직히 인정하고 개선하려고 노력해요. 그렇게 하다 보니 직원들도 저를 더 신뢰하고, 서로 존중하는 분위기가 만들어졌어요.

Q83. 인스타그램에는 주로 어떤 이야기를 올리세요?

저는 SNS로 인스타그램, 블로그, 당근마켓 등을 사용하고 있지만, 솔직히 잘 활용하고 있는 것 같지 않아요. 앞에서 SNS를 잘 활용해야 하는 시대라고 언급했지만, 알고 통제하는 것과 모르고 통제하는 것은 큰 차이가 있다고 생각해요. 쉽게 말하자면, 우리가 인스타그램을 하는 이유 중 하나가 홍보라면, 마케팅을 잘해야 해요. 마케팅은 어떻게 보면 로직을 이해하는 하나의 기술이잖아요. 그러므로 기술적인 것은 공부하면 익힐 수 있어요. 그래서 기술적인 부분은 어렵지 않다고 생각하는데요.

그런데 우리가 고객들에게 전달해야 하는 일은 기술적인 영역이 아니에요. 노출수를 늘리는 게 중요한 게 아니라, 한 번 노출이 되더라도 고객의 마음을 사로잡는 후킹을 잘해야 해요. 그런데 그 후킹은 감각적인 영역이에요. 그래서 사람의 마음을 공감시키고 감동을 잘 주는 사람들이 후킹을 잘해요.

하지만 저는 그걸 잘 못 해요. 아직은 많이 쑥스러운가 봐요. 저는 잘 못 하지만, 여러분들은 잘할 거라 생각하고, SNS에서 공감을 얻을 수 있는 몇 가지 방법을 알려드릴게요. 우선, 저는 예전에는 개인적인 사진이나 내용을 정말 많이 올렸어요. 주말에는 가족들과 맛집에 가서 사진을 찍어 올리기도 했고요. 또 종종 우리 집을 예쁘게 꾸며서 '오늘 아침 일상 출근 전 샷' 사진을 찍어 올리기도 했어요. 하지만 어느 순간 '이게 누구를 위한 사진일까?'라는 생각이 들더라고요. 그 사진을 보고 과연 좋아하는 사람들이 있었을까요?

아마 그 사진은 저만을 위한 사진이었던 거겠죠? 혹시 이렇게 자기만족을 위한 글이나 사진을 올리시는 분 계실까요? 그러면 얼른 내려주세요. 사실 저도 가끔은 제 자랑을 하고 싶어 미칠 것 같은 날이 있지만, 지금은 자제하는 중입니다.

그러기에 SNS를 운영하는 제일 좋은 방법은 개인 계정과 비즈니스 계정을 따로 만들어서 관리하는 것을 추천해 드려요. 그럼 어떤 내용을 올려야 할까요? "중이 제 머리는 못 깎는다"는 말이 있듯이 남의 머리는 잘 깎는 것처럼 우리가 남들 평가는 잘하잖아요. 다른 사람들의 인스타그램을 보았을 때 어떤 사람들에게 마음이 가고 끌리나요?

카페 계정의 경우 카페에서 일어날 수 있는 에피소드를 자신은 어떻게 해결했는지 보여준다면 큰 공감이 될 수 있을 것 같고요. 카페를 운영하면서 디저트를 어떻게 만드는지, 만드는 과정을 보여드리는 것도 신뢰를 쌓는 부분이라고 생각해요. 그래서 카페를 오픈하고 인지도를 높이기 위해 작업하는 모습들과 카페를 준비하기까지 얼마나 큰 노력을 했는지를 솔직하게 고객들에게 어필하는 것이 중요해요.

《내 운명은 고객이 결정한다》 박종윤 선생님께서 늘 하시는 말씀이 있어요. 제품을 외롭게 출시하지 말라고요. 회사원으로 다니던 평범한 사람이 회사를 그만두고 카페를 차린다면 얼마나 큰 사연과 목적이 있었겠어요. 어떤 마음으로 사직서를 내게 되었는지, 준비 과정에서 생각지도 못했던 다양한 변수들, 그 와중에 나만 바라보는 가족들, 더 물러설 곳이 없는 벼랑 끝에서 하나하나 이야기를 풀어나가는 과정에 응원하는 고객이 나타나거든요.

그래서 저는 브랜딩 스토리를 억지로 만들어가기보다는 나라는 사람을 잘 드러내는 것이 최고라고 생각하고 있어요. 왜냐면 결국 장사든 사업이든 브랜드가 아니라 사람이 하는 거잖아요. 그래서 저는 인스타그램이든 블로그든 진짜 자신의 이야기로 소통하고 공감을 받았으면 좋겠습니다.

Q84. 인기 메뉴는 어떻게 만드나요?

카페에서 제일 잘 나가는 메뉴가 뭐냐고요? 아마 대부분 카페는 공통으로 아메리카노가 제일 잘 나갈 거예요. 그런데 재미있는 건, 카페에 오시는 손님들이 다른 손님을 데리고 올 때는 "이 집 스콘이 정말 맛있어." "여기 밀크티가 끝내줘." "이 집 대추차가 최고야." 이렇게 소개해 주시는 걸 보면 정말 흥미롭죠.

저희 카페는 가정집 같은 편안한 분위기를 추구하고 있어요. 주 고객층은 40대에서 50대분들이 많고요. 평일에는 지인들과 차를 마시고, 주말에는 가족 단위로 카페에 많이들 오세요. 저희 카페가 손님들에게 친정집 같은 공간이었으면 좋겠다는 게 제 바람이에요. 어떤 카페는 공간이 럭셔리해서 예쁘긴 하지만, 아이를 데리고 가기엔 눈치가 보인다거나, 의자가 불편해서 오래 앉아 있기 힘든 경우가 있잖아요.

하지만 이곳에 오면 눈치 보지 않고 잠깐이라도 편하게 쉬다 갈 수 있는 그런 친정집 같은 카페였으면 해요. 그래서 디저트를 구상할 때도 저는 질리지 않고 자주 먹을 수 있는 디저트에 집중하는 편이에요. 저희 카페에 꼬마 손님들도 정말 많은데요. 10년 전에 왔던 어린 꼬마가 어느덧 대학생이 되었더라고요. 10년 전에 에그타르트를 판매했던 적이 있는데, 그 친구가 아직도 에그타르트가 가끔 생각난다고 하더라고요.

저희 음료는 대부분 수제로 만든 제품이 많아요. 저희 매장에서 사용하고 있는 초코파우더나 녹차파우더도 직접 만들어서 사용해요. 직접 만드시는 분들은 아마 타 업체 제품을 사용하기 어려울 텐데요. 직접 만들기 때문에 좋은 원재료를 사용할 수 있지만, 보통은 식용 색소를 많이 사용하거든요. 참고로 저는 먹거리에 정말 진심인 사람인데요. 재료에 대해서는 특히 고집스러운 부분이 있어요. 아무래도 건강한 먹거리에 관심이 많다 보니 재료 선택에 신중해요. 그래서 어떤 분은 저희 수제 요구르트만 매일 드시러 오세요. 놀랍지 않나요? 매일 오신다는 게! 만약 제가 좋지 않은 제품을 판매하는데 고객이 매일 온다면, 왠지 모를 죄책감이 들 것 같아요.

저 스스로 자부심이 있는 제품을 판매할 때는 확실히 이 일에 대한 자부심이 생기는 것 같아요. 그런 음료를 손님들이 좋아해 주실 때 일에 대한 성취감이 생기는 것 같고요. 그렇지 않을까요? 받아서 쓰는 제품을 아무리 고객님이 맛있다고 칭찬하셔도, 제가 만든 제품만큼 기쁘지는 않을 것 같거든요. 그래서 더 메뉴에 욕심부려요. 하루에 판매할 수 있는 게 한정 수량이더라도 확실한 것만 판매하려고 해요. 물론 단점도 있죠. 고객이 원하는 만큼 제공이 어렵다는 단점이 있어요. 저희 밀크티 같은 경우 하루에 12시간 이상 냉장고에서 냉침으로 숙성시키다 보니 하루에 20잔밖에 제공할 수 없어요. 그래서 일찍 소진되어 못 드시는 고객분이 있으실 때도 있어요. 그렇다고 많이 만들어 놓으면 맛이 변하더라고요.

저는 개인적으로 카페에서 판매되는 음료는 직접 수제로 만들어 보셨으면 좋겠어요. 번거로울 수 있지만, 직접 만든 수제 음료나 디저트를 고객님이 좋아해 주실 때 정말 뿌듯하거든요. 대부분 사람은 아메리카노를 제일 많이 주문한다고 말하지만, 오시는 손님들은 아메리카노 하나만 보고 오지 않아요. 무엇을 어떻게 판매하고 있는지에 따라 그 카페의 이미지가 결정된다고 생각해요.

결국, 메뉴 하나하나에 담긴 진심과 정성이라고 생각합니다. 저희 카페의 콘셉트는 가정집 같은 편안함을 제공하는 것인데요. 손님들이 이곳에 와서 마치 자신의 집처럼 편안하게 쉬다 가실 수 있도록 공간을 꾸미고, 메뉴를 준비해요. 이런 작은 배려와 정성이 쌓여서 손님들이 저희 카페를 다시 찾고, 또 다른 손님을 데리고 오는 것이 아닐까요?

Q85. 카페를 활용해 다른 일을 어떻게 제안받나요?

카페 일을 하면서 가장 많이 받는 질문 중 하나는 “어떻게 그렇게 에너지가 넘치세요?”와 같은 질문이에요. 사실 저도 체력이 그렇게 좋은 편은 아니에요. 조금만 신경 쓰이는 일이 있으면 바로 몸에서 탈이 나곤 하죠. 그래서 늘 프로젝트 하나가 끝나면 당분간은 카페 일에만 집중하려고 마음속으로 다짐하곤 해요. 그런데 그게 잘 안 되더라고요.

저의 제일 큰 문제는 거절을 잘 못 한다는 거예요. 일이 띄엄띄엄 들어오면 너무 좋은데, 한꺼번에 들어오면 번아웃이 되면서도 일을 받아들이게 되더라고요. 적당히 일하고 체력을 위해서는 줄일 줄도 알아야 하는데, 아직은 그 적당함을 잘 모르는 것 같아요.

제가 카페 일을 하면서 건강한 먹거리 수업을 지역에서 3년 동안 해왔어요. 건강한 먹거리가 또 환경과 연결되다 보니 친환경 먹거리 큐레이션이나 기획 요청이 종종 들어오는 편이에요. 어떻게 보면 작은 동네에서 카페를 운영하지만 다양한 일들을 하고 있는 셈인데요. 그런데 이런 기회들이 갑자기 오지는 않더라고요. 오랫동안 지역에서 활동하면서, 어떻게 보면 제가 뿌려놓은 씨앗들의 결과라고 생각해요.

사람들이 무언가를 부탁하고 제안을 줄 때는 이유 없이 제안하지 않거든요. 분명한 이유가 있으므로 제안이 들어온다고 생각해요. 그래서 저는 작은 일이라도 저에게 의뢰를 주셨다는 자체에 굉장히 감사해요. '어떻게 하면 돈을 더 받을 수 있을까'라는 생각보다는 일을 주신 분에게 '어떤 도움을 드릴 수 있을까'를 더 많이 생각하는 편이에요.

그래서 최대한 주어진 일을 잘하려고 노력하는 편이에요. 그런 결과들이 모여서 저를 믿고 일을 주시는 거라고 생각해요. 카페를 운영하다 보면 손님이 음료 단체 포장을 의뢰할 수 있어요. 주문한 단체 음료가 마음에 들면 또 의뢰하고 싶어지잖아요. 그러다 보면 자연스럽게 계속 주기적으로 문의가 오죠. 반대로 의뢰가 왔는데 재주문도 없고 후기 글도 없다면, 고객이 느꼈을 때 감동하지 못했을 가능성이 큰 것이고요.

예를 들어 샌드위치 주문이 들어왔을 때 그냥 박스 포장을 하지 말고, 고객들이 어떻게 하면 사진을 찍고 싶어 할까를 생각해 보세요. 시각적으로 더 맛있어 보이고 감동을 줄 수 있는 방법을 고민하다 보면, 작은 디테일에서 차이가 나더라고요. 고객이 감동하면 신뢰가 쌓이고, 답례품 의뢰나 디저트 포장 문의도 올 수 있어요. 하나에 정성을 들이면 또 다른 주문들이 오고, 그렇게 조금씩 주변 사람들의 신뢰를 얻게 되면 동네에서만 자리를 잘 잡아도 일거리가 많아지더라고요.

사람들이 기회가 잘 안 오는 것을 운이 없다고 표현하는데요. 저는 운이 없는 것이 아니라 운이 오도록 만들지 않은 태도라고 생각해요. 일이 들어온다는 것은 정말 감사한 일이고, 정성을 들여야 하는 일이라고 생각해요. 내 마음이 어떠한 정성을 들였는지에 따라 그다음에 일을 주고 또 주어진다고 생각해요. 일은 집착하고 매달려야 들어온다고 생각해요. 가만히 앉아서 고객만을 기다리는 것은 집착이 아니죠. 에너지를 쏟아부어 좋아하는 일에 집착하면서, 끊임없이 노력하고 정성을 들인 결과로 좋은 일들이 찾아오는 거라고 믿어요.

Q86. 카페 특성은 어떻게 만드나요?

인터넷에서 저희 카페를 검색해보시면 '넷제로 에너지 카페'라는 소개글을 보셨을 거예요. 넷제로 에너지 카페가 뭐냐고요? 제가 이 카페를 문화 카페로써 운영하게 된 계기와 그 시작에 관해 이야기해볼게요. 2013년에 카페를 오픈하고, 2015년에 아버지가 돌아가셨습니다. 혼자서 카페를 운영하는 게 정말 힘들더라고요. 아버지의 빈자리는 제게 너무 컸습니다. 주말에는 남편이 도와주지만, 남편과 아버지는 다른 존재였어요.

아버지는 경영학을 전공하셔서 항상 저와 경제 이야기를 자주 나누셨죠. 어릴 적부터 자연스럽게 경영에 관한 이야기를 듣다 보니, 미래가 어떻게 변할지, 부자들은 어떤 삶을 추구할지에 대한 생각을 늘 하곤 했어요. 아버지는 돌아가시기 전에 항상 이렇게 말씀하셨어요. "앞으로의 부는 좋은 집, 좋은 차가 아니라 보다 신선한 것을 먹고 자연을 더 누리는 자가 부자가 되는 시대가 올 거야."

어릴 적에는 환경에 대한 관심이 많지 않았지만, 어느 순간부터 자연을 더 알고 싶다는 생각이 들었어요. 그러다 보니 계절마다 나오는 24절기 음식을 다 먹어봐야겠다는 결심을 했습니다. '자연에서 주는 음식은 분명 특별함이 있을 거야'라는 호기심으로 시작했죠. 그 관심이 점점 커져서 자연 음식을 제대로 이해하고 자연을 알아가는 과정을 공부하기 위해 '마크로비오틱'이라는 자연 음식 상생법을 3년 동안 배우게 됐어요. 호기심은 여기서 끝나지 않았어요. 자연이 주는 식물도 어떤 환경에서 자라느냐에 따라 우리 몸에 좋을 수도, 독이 될 수도 있다는 이야기를 듣고, 자연 그대로의 농법까지 배우면서 텃밭 활동을 시작하게 됐습니다.

그렇게 지역 분들과 텃밭 활동을 하고, 친환경 플리마켓을 진행하게 됐어요. 2016년부터 플리마켓을 진행하면서 광목 브랜드 '그린재' 전은황 대표님을 만나게 되었고, 경력 단절 여성들에게 자립할 방법을 공유하고 플리마켓을 보다 활성화하고 있습니다.

플리마켓의 인지도가 광명에서 올라가고 있을 때, 광명시 박승원 시장님께서 전국 최초로 기후에너지 센터를 설립하게 되었고, 광명형 넷제로 에너지 카페가 저희 까치카페에서 처음으로 시작하게 됐습니다. 저희 카페가 넷제로 에너지 카페로 발탁된 이유 중 하나는 친환경 플리마켓 활동과 다양한 문화 활동들을 해왔기 때문이라고 생각해요.

'넷제로 에너지'란 2050년까지 이산화탄소 배출량을 '0'으로 줄이자는 뜻으로, 광명시와 민간 카페가 함께 협력하여 실천 활동을 하는 거점 공간을 의미합니다. 올해로 3년째 접어들면서 지역 학교 학생들, 선생님들, 마을 활동가, 지역 주민 등 다양한 사람들과 교류하며 저희 카페를 홍보하고, '까치부엌'이라는 커뮤니티를 만들어 지속적인 교류와 텃밭 활동을 통해 로컬 문화를 확산하고 있습니다. 요즘 기후 문제가 심각해지면서 지구 환경에 관한 관심이 많이 쏠리고 있어요. 이제는 기업뿐만 아니라 개인의 삶에서도 환경 보호가 중요한 시대가 되었죠.

넷제로 에너지 카페로서 저희는 다양한 활동을 펼치고 있습니다. 먼저, 카페에서 사용하는 에너지를 절약하고 재생 가능 에너지를 활용하는 방안을 지속해서 모색하고 있어요. 태양광 패널 설치, 에너지 효율이 높은 기기 사용, 에너지 절약 캠페인 등 여러 가지 방법을 통해 에너지 사용을 최소화하려고 노력하고 있습니다. 또한, 지역 주민들과 함께하는 다양한 프로그램을 통해 환경 보호와 지속 가능한 생활에 대한 인식을 높이고 있습니다.

Q87. 나의 페르소나 고객은 어떻게 설정하나요?

마케팅에서 '고객 페르소나'라는 용어를 자주 사용해요. 페르소나(Persona)는 원래 고대 그리스에서 배우들이 쓰던 가면을 부르는 말이었죠. 페르소나는 한 개인이 본래의 성격과 관계없이 밖으로 보이고 싶어 하는 성격을 뜻하기도 해요. 그런데 마케팅에서 사용하는 '고객 페르소나'는 한 명의 가상 인물을 구체적으로 묘사하는 방법이에요. 이 방법은 주로 타깃층을 설정할 때 사용해요. 보통은 이런 질문을 해요. "판매하시려는 제품의 타깃이 어떻게 되세요?"그러면 대부분 이렇게 대답해요. "저희는 20대 중후반이에요." 아니면 "저희는 모든 연령층입니다."라고요. 하지만 핵심 타깃을 정할 때는 모두를 만족시킬 음료와 디저트를 준비하는 것이 아니라 특정 대상을 염두에 두고 기획을 해야 해요.

저 같은 경우, 저희 카페에 오시는 고객층이 30대에서 50대가 주이지만, 제 페르소나 고객님은 40대의 자아 예술가예요. 결혼하고 아이가 있지만, 여전히 자신을 찾고 싶어 하는 소년 같은 사람입니다. 그래서 늘 무언가를 찾고, 자신이 무엇을 좋아하는지, 자기의 시간을 소중하게 쓰고 싶어 하죠. 어쩌면 제 머릿속의 페르소나 고객은 세상이 두렵지만 따뜻한 것이 많다는 것을 알고 있는 사람일 거예요.

메뉴 구성을 할 때도 제 페르소나를 생각하며 만들어요. 화려함보다는 순수하고 담백한 것을 추구하죠. 저는 저의 페르소나 고객님이 제 울타리에서 빠져나가지 않도록 매력을 발산하려고 노력해요. 매장에서나 SNS에서 모든 사람이 저를 좋아하기를 바라는 것은 욕심이라고 생각해요. 오히려 정확한 타깃을 설정하고 그 타깃을 바라보는 손님들까지 영향을 미치는 것이 더 중요하다고 생각합니다.

메뉴를 구성할 때 고객 페르소나가 좋아할 메뉴를 생각해요. 40대 여성에게는 아이가 있으므로 아이가 좋아할 만한 음식도 페르소나에게는 관심사가 되겠죠. 그래서 저희는 아이들도 안심하고 마실 수 있는 음료와 자아 예술가에게 영감을 줄 수 있는 음료들을 구상합니다.

고객의 마음을 사로잡기 위해서 가상의 인물을 만들어 구체적으로 무엇을 좋아할지를 분석해보는 거예요. 이를 다르게 표현하면 고객의 니즈를 찾는 것인데요. 예를 들어, 글로벌 브랜드인 나이키는 고객들의 욕망을 끌어내는 전략을 많이 세워요. 그래서 나이키라는 브랜드의 이미지가 운동 마니아 같은 느낌이 강하죠. 그러다 보니 나는 운동 마니아는 아니지만 나이키라는 브랜드를 사용하면 '나 또한 운동을 잘하는 사람처럼 보일 수 있겠구나'라고 생각하게 돼요. 페르소나를 정하는 것은 타깃층을 줄이는 것이 아니라 브랜드의 색깔을 강하게 만들면서 비슷한 욕구를 가진 사람들에게 최적화된 경험을 제공하는 거예요.

예를 들어 카페에서 스페셜 커피를 판매한다고 했을 때, 중년층에 명품을 좋아하고 클래식한 음악을 들으며 글을 쓰는 고객이 페르소나라면 그들에게 어떤 욕구를 자극할 수 있을까요? 저는 그들에게 특권을 줘야 한다고 생각해요. 어디서나 이용할 수 있는 카페가 아니라 이곳에서만 느낄 수 있는 특별한 경험을 제공해야겠죠. 결국 가상의 워너비를 동경하고 따라 하고 싶게 만드는 마케팅 전략이 바로 '페르소나 전략'이에요.

여러분의 페르소나 고객님은 어떤 분인가요? 저는 우리 카페의 페르소나 고객님이 저희 공간을 통해 위로받고, 영감을 얻고, 자신의 시간을 특별하게 느끼길 바라요. 이 고객님이 자신만의 공간처럼 여길 수 있는, 편안하고 따뜻한 곳이 되도록 언제나 노력하고 있습니다. 여러분도 여러분만의 페르소나 고객님을 찾아보세요.

Q88. 카페에서 '리베이트 전략'을 어떻게 구사하나요?

최근 마케팅 공부를 하면서 '리베이트'라는 용어를 배우게 되었어요. 경제 관련 뉴스를 많이 보시는 분들에게는 익숙한 단어일 수 있지만, 저에게는 그렇지 않았어요. 그래서 인터넷으로 찾아봤죠. 간단히 말하자면, 리베이트(Rebate)는 제품이나 서비스를 구매한 후에 판매자나 제조사가 구매자에게 돌려주는 일정 금액의 환급금이에요.

카페에서는 주로 할인 쿠폰이나 포인트로 제공되는 이 전략은 소비자들을 장기적으로 유치하는 데 도움이 되기 때문에 단골 확보를 위한 중요한 전략이라고 할 수 있죠. 카페에서 리베이트 전략은 여러 형태로 나타날 수 있어요. 예를 들어, 쿠폰에 도장을 찍어서 목표치 달성 시 음료 한 잔을 무료로 제공하거나, 적립금을 사용한 만큼 일정 퍼센트를 포인트로 적립해주는 방식이 있어요.

제가 10년 넘게 카페를 운영하면서 제일 잘하는 기술이 하나 있어요. 한 번에 다 보여드리지 않고, 항상 내 안에 어마어마한 게 들어 있는 것처럼 고객을 긴장하게 만드는 거예요. 실제로 그렇게 어마어마한 게 들어 있지는 않지만, 늘 아직 보여드릴 게 많다는 느낌을 주는 거죠. 처음 방문하는 분들은 '별거 없는데?'라고 느낄 수 있지만, 초창기에 오셨던 분들은 '여기가 이렇게 변했어?'라고 말씀하시곤 해요. 쿠폰이나 이벤트는 주로 공간에 변화를 주거나 새로운 디저트가 출시될 때 사용해요. 초창기에 도장 쿠폰을 사용하다가 적립 포인트로 바꾼 이유는 고객 정보 때문이에요.

마케팅에서는 도장 쿠폰이 시각적인 효과가 더 크기 때문에 도장 쿠폰을 권유하시는 분도 많지만, 저는 고객들과 소통하고 이벤트를 진행하기 위해 일괄적으로 문자 전송이 가능한 적립 포인트가 더 편하더라고요. 리베이트는 또 언제 사용할 수 있냐면 재고 정리할 때예요. 저희는 매일매일 디저트를 만들어서 당일 판매를 하는데, 모두 판매되지 않으면 할인을 들어가요. 맛에 차이는 없지만, 전날과 당일은 고객 관점에서 차이를 느낄 수 있으므로 당일 만든 디저트가 아니면 저렴하게 살 수 있도록 혜택을 드리고 있어요.

혹시 일본 마트에 가보셨나요? 일본 사람들은 일부러 저녁에 마트에 많이 가요. 할인을 파격적으로 해주거든요. 저녁 8시가 넘으면 할인이 엄청나서 오늘 안 먹어도 내일 아침에 먹으려고 사람들이 슬리퍼를 신고 마트에 가요. 어떻게 보면 마트로서는 매출이 제일 낮은 저녁 시간을 이용해서 매출을 극대화하는 거죠. 대형 상점이나 백화점은 고객들을 어떻게 유혹하고 가두는지 관찰하세요. 그러면 주변 카페와 경쟁하지 않아도 자신만의 스타일로 고객을 모을 수 있는 기획력이 생길 거예요.

허밍 카페는 명예의 전당이 있어요. 이곳은 바인더로 고객을 관리하는데, 바인더에 도장이 다 채워지면 명예의 전당이라는 상패를 줘요. 고객이 자신의 매장에 충성하도록 가두는 거죠. 그래서 허밍카페의 조성민 대표님을 항상 존경하고 있어요. 저는 리베이트를 단순히 할인이나 포인트 적립의 개념을 넘어서, 고객과의 관계를 강화하는 전략으로 활용하고 있어요.

예를 들어, 새로운 디저트를 출시할 때 단골들에게 먼저 맛볼 기회를 제공하거나, 특별한 이벤트에 초대하는 방식으로 고객에게 특별함을 느끼게 해주죠. 이렇게 하면 고객은 단순히 소비자가 아니라, 저희 카페의 일원처럼 느껴지게 되고, 더 깊은 애정을 갖게 돼요. 또한, 리베이트 전략은 고객의 라이프스타일과 취향을 반영하는 데도 큰 역할을 해요.

예를 들어, 저희 카페는 친환경과 건강을 중요시하는데, 이를 반영한 리베이트 프로그램을 운영해요. 텀블러를 가져오면 음료 할인을 제공하거나, 로컬 농장에서 직접 재배한 재료로 만든 디저트를 구매할 때 추가 포인트를 적립해주는 방식이죠.

Q89. 카페는 손님에게 어떤 공간이어야 하나요?

제가 인테리어 공사를 할 때 가장 주의했던 부분은 '공간은 항상 변할 수 있다'는 점이에요. 이 생각은 오픈 전부터 지금까지 일맥상통해요. 그래서 인테리어에 너무 큰 비용을 들이기보다는 그 공간에 이야기를 담는 것을 더 중요하게 생각하고 있어요. 제가 생각하는 공간은 공백이 보여야 사람이 보인다고 생각하거든요. 어느 카페에 가면 테이블이 따닥따닥 붙어 있는데, 저는 그런 카페에 가면 패스트푸드점에 온 것 같아서 불편함을 느껴요. 그래서 옆 사람과의 간격을 정확하게 분리하는 편이에요. 공간을 정확하게 구분하면 고객들이 자신이 원하는 자리에 앉을 수 있거든요. 아무 자리가 아닌 자신만의 프라이빗한 공간에서 시간을 보낼 수 있도록 신경을 써요.

카페에 가면 보통 완성된 인테리어를 보잖아요. 완성되어 있으니 더는 덧칠할 수 없거나 수정할 수 없는 형태의 인테리어를 많이 만나요. 그런데 저는 공간은 빈 도화지부터 출발해서 얇은 펜으로 스케치를 해나가면서 서서히 색을 칠해 나가야 한다고 생각해요. 운영하다 보면 미처 생각하지 못했던 구상들이 떠오를 때가 있어요. 공간에 따라 이야기가 달라지고 표현해야 하는 색감도 달라지죠. 그래서 저도 아직 공간을 어떻게 완성해 나가야 할지 늘 생각하고 고민해요. 이는 처음부터 이 공간에 색을 담지 않았기 때문에 이러한 고민을 할 수 있는 것 같아요. 만약 천장을 다 막고 곳곳에 칸막이를 설치했다면 생각의 폭이 줄어들었을 거예요. 당장 짐만 치워도 연출을 통해 분위기를 바꿀 수 있게끔 큰 공사를 하지 않고 있어요. 하지만 이제는 슬슬 색을 칠할 때가 왔다는 생각을 하고 있긴 해요.

매일 아침 카페에 출근해서 신경 쓰는 두 가지가 있어요. 하나는 식물, 그리고 또 하나는 조명이에요. 저희 매장에는 식물이 많이 있어요. 계절에 따라 식물들의 상태가 조금씩 변해요. 관리를 조금만 소홀히 해도 식물이 죽을 수 있더라고요. 참고로 저는 식물을 많이 죽여봤어요. 지나치게 물을 많이 줘서 죽이기도 하고, 식물과 맞지 않는 환경에 놓아서 죽이기도 했죠. 그래서 죽은 식물이 있거나 상태가 안 좋은 식물이 있으면 손님이 보이지 않는 쪽으로 치워놓아요.

두 번째는 조명인데요. 어떤 조명을 사용하는지에 따라 매장 분위기가 확실히 달라져요. 그래서 아침에 출근하면 조명 세팅에 신경을 써요. 조명이 일괄적으로 똑같으면 볼륨감이 없어서 평범해 보이는 반면, 조명만 잘 활용해도 전체적인 분위기가 달라져요. 카페 인테리어는 늘 신경을 쓰고 있지만 쉽지 않더라고요. 그래서 핀터레스트에 들어가 영감을 얻으면서 노력하고 있어요.

공간은 단순히 물리적인 장소가 아니라, 사람들의 이야기가 담기고 그 이야기가 쌓여가는 곳이라고 생각해요. 그래서 저는 공간을 꾸밀 때 단순히 예쁘게 꾸미는 것보다 그 안에 이야기를 담아내려고 노력해요. 그리고 그 이야기는 계속해서 변화하고 진화할 수 있는 공간에서만 가능하다고 생각해요.

사람은 공간에서 자신을 표현하고, 그 안에서 자신을 발견해요. 그래서 카페 공간이란 단순히 커피를 마시고 디저트를 먹는 장소가 아니라, 자신을 찾고, 자신을 표현하는 공간이 되어야 한다고 생각해요. 그런 공간에서 사람들은 편안함을 느끼고, 그 공간에 다시 돌아오고 싶어 하죠. 공간은 이야기를 담는 그릇이에요. 그 그릇 안에 어떤 이야기를 담느냐에 따라 공간의 의미가 달라지고, 그 공간을 찾는 사람들의 마음도 달라져요.

그래서 저는 항상 공간에 담긴 이야기를 생각하며, 그 이야기가 사람들에게 어떻게 전달될지를 고민해요. 공간은 사람들의 마음을 움직이는 곳이어야 하니까요.

Q90. '오토매장'은 어떤 형태를 말하나요?

최근 1, 2년 사이에 오토매장이 급격히 늘었고, 그 종류도 다양해졌죠. 제가 오토매장을 처음 접한 건 아마 코인 세탁소였던 것 같아요. 사용법도 간단해서 벽에 붙어 있는 매뉴얼만 보면 누구나 쉽게 이용할 수 있죠. 무인 세탁소의 장점은 누군가에게 옷을 맡기지 않아도 된다는 점이에요. 그리고 라면자판기도 있었어요. 키오스크에서 결제하고 직접 끓여 먹으면 되는데, 분식점보다 간편하고 가격도 저렴해서 부담 없이 즐길 수 있더라고요. 최근에는 무인카페뿐만 아니라 밀키트 매장, 아이스크림 할인점, 셀프 사진관, 무인 편의점 등 다양한 오토매장이 생겨났어요.

가만히 생각해 보니 오토매장의 원조는 커피 자판기가 아니었을까 싶어요. 카페 창업을 오토매장 형태로 하고 싶어 하는 분들도 많더라고요. 저는 오토매장이 무조건 나쁘다고 생각하지는 않아요. 고객의 편의를 충족시키는 매장이라면 좋은 투잡 아이템이 될 수 있다고 생각해요. 처음 무인카페가 생겼을 때 과연 장사가 될까 하는 생각을 했어요. 그런데 어느 방송에서 사람들이 빵을 사서 무인카페에서 커피와 함께 즐기는 장면을 보면서, '무인카페가 저런 매력이 있구나'라는 생각이 들더라고요.

최근 키오스크 설치 여부에 대해 고민하면서, 일의 효율성뿐만 아니라 고객들에게도 키오스크가 편리한지 궁금해졌어요. 그러던 중, 인터넷에서 흥미로운 글을 보게 되었어요. 요즘 20대들은 키오스크가 설치되지 않은 곳을 오히려 꺼린다고 하더라고요. 친절한 서비스 자체도 부담스러워하는 사람들이 많아졌다고 해요. 스타벅스도 네이버 주문결제 시스템을 도입해서 직원과 직접 대면하지 않아도 구매가 가능해졌어요. 이처럼 서비스의 형태가 급속히 변화하고 있다는 걸 느꼈어요.

처음에는 무인카페가 좋은 서비스를 제공하지 못한다고 생각했어요. 하지만 누군가에게는 눈치 보지 않고 편하게 이용할 수 있는 공간이 될 수도 있겠더라고요. 그런데 매장에 사람이 없어도 돌아가는 오토매장이 정말 할 일이 없을까요? 제 성격에 오토매장을 운영하면 온종일 CCTV만 보느라 다른 일에 집중을 못 할 것 같아요. 무인카페라 장시간 머물러 있어도 통제할 수 없고, CCTV로 봤을 때 학생들이 우르르 들어와서 스마트폰만 보고 있는 상황이 계속된다면, 매출에 영향을 주는 사람들을 통제하기란 쉽지 않을 것 같아요.

차라리 오토매장에 투자를 한다면 테이블이 없는 사업이 관리하기 더 편할 것 같다는 생각이 들어요. 오토매장도 지금의 불편함을 해소하기 위해 외부에서 티켓을 끊어 한 명씩 입장하거나, 주차장처럼 시간이 지나면 의자 사용이 불가능한 장치들이 발달할 수도 있겠죠. 오토매장에 투자하려는 대부분 사람은 경제적 자유와 수익을 올리기 위해서겠죠.

하지만 세상에 가만히 있어도 돈이 들어오고 시간적 자유를 누릴 수 있는 일이 있을까요? 오토매장도 경쟁이 많고, 그 안에서 살아남기 위해서는 차별화를 두어야 해요. 주식으로 돈을 버는 사람들도 매일 주식을 들여다보고 분석하며, 수익이 나기까지는 긴장을 늦추지 않아요. 일반 매장도 마찬가지예요. 사장이 없어도 굴러가는 매장은 없어요. 직원들이 스스로 일을 알아서 하는 건 세상에 존재하지 않는다고 생각해요. 설령 존재한다고 해도 선장이 없는 배는 방향을 잃게 되겠죠. 모든 것이 시스템화되어 잘 굴러가기를 바라는 것은 어쩌면 우리의 희망 사항일 뿐이에요.

저는 개인적으로 오토매장이 주는 매력보다는 오프라인 매장에서 사람과의 소통, 서비스의 질을 높이는 데 더 집중하고 싶어요. 아무리 무인 매장이 편리하더라도 고객이 느끼는 감동과 만족은 사람 간의 교류에서 비롯된다고 생각해요. 그래서 저는 여전히 사람이 있는 매장이 더 좋아요.

Q91. 고객에게 신뢰는 어떻게 해야 받나요?

고객에게 신뢰를 얻는 방법은 생각보다 간단합니다. 그들이 믿게 하면 됩니다. 어떻게 하면 고객이 믿게 할 수 있을까요? 원두의 품질, 재료의 신선함 등 우리가 사용하는 모든 것이 최고임을 증명하면 되죠. 하지만 말만으로는 부족합니다. 고객은 눈으로 직접 보지 않으면 믿지 않기 때문입니다.

여기서 추천해 드리고 싶은 책 하나가 있습니다. 바로 댄 주래프스키의 《음식의 언어》입니다. 이 책은 커피뿐만 아니라 음식을 다루는 모든 분에게 큰 도움이 될 거예요. 이 책을 읽고 나면 바로 메뉴판을 바꾸고 싶은 자극을 받으실 겁니다. 저도 이 책을 읽고 메뉴판 제작에 바로 들어갔습니다. 손님들이 카페에 오셔서 제일 먼저 하는 일이 무엇일까요? 바로 카운터에서 메뉴판을 보는 일이죠.

그런데 늘 아메리카노만 주문하는 손님들도 많아요. 이분들은 특별한 메뉴나 시그니처 메뉴가 눈에 띄지 않기 때문에 아메리카노를 주문하는 경우가 많습니다. 특별한 메뉴가 있다 하더라도 그 메뉴가 무엇인지 명확히 보이지 않으면 손님들은 망설이게 됩니다. 그래서 메뉴판이 굉장히 중요해요. 이 책은 첫 장부터 중요한 이야기를 해줍니다. "메뉴판의 언어에는 수많은 잠재적 힌트가 있다"고 합니다. 메뉴판에서 식자재의 출처를 확인하고, 어느 농장에서 왔는지, 매장에서 사용하는 토마토가 어느 명품종인지 등을 상세히 적어두면 사람들은 그 가치에 대가를 지급합니다.

예를 들어, '돼지고깃집'과 '제주도 흑돼지집' 중 어느 곳이 더 신뢰가 가나요? 당연히 제주도 흑돼지집이죠. 조금 더 돈을 주더라도 신뢰가 가기 때문입니다. 이 방법은 식당뿐만 아니라 카페에서도 충분히 적용할 수 있습니다. '신선한 원두를 사용해 매일 로스팅합니다' 대신, '데보라 심비오시스 농장에서 딱 50kg만 가져온 내추럴 게이샤', '100일 이상 숙성한 생두'라는 식으로 구체적인 출처와 기법을 메뉴판에 적어두면 손님들에게 신뢰를 줄 수 있습니다.

단어 하나에도 고객들은 신뢰를 느낍니다. 일반 매장에서는 냉동 과일을 사용해 과일주스를 만듭니다. 그러므로 '생과일주스'만으로도 다른 매장과 차별화가 되죠. 그런데 여기서 '제주도 풀잎농장에서 키운 유기농 토마토'라고 설명이 추가된다면 고객 관점에서 그 신뢰는 배가 됩니다. 고객은 이곳이 정말 신선한 재료를 사용한다고 믿게 되죠.

저도 최근에 프리미엄급 메뉴를 기획하고 있어요. 그동안은 가격이 비싸지 않은 메뉴를 만들었는데, 이제는 고객들도 저희 매장에서 지인들에게 비싼 메뉴를 대접하고 싶을 때가 있을 것 같아서요. 예를 들면, 저희 매장에서 프리미엄급 디저트와 음료를 출시하여 손님들이 특별한 날에 찾고 싶은 곳으로 만들고 싶습니다. 이 프리미엄 메뉴들은 고급 재료와 특별한 제조 과정을 거친다는 점을 강조하여 고객들에게 신뢰를 줄 것입니다.

여러분 매장에서도 메뉴의 단가를 높이고 싶다면, 고객에게 신뢰를 줄 수 있는 메뉴판부터 점검해 보세요. 다시 말씀드리지만, 고객은 보는 것만 믿습니다. 메뉴판에 식자재의 출처와 신선도를 명확히 기재하고, 고객에게 신뢰를 줄 수 있는 정보를 제공하세요. 그것이 고객의 신뢰를 얻는 가장 확실한 방법입니다.

고객의 신뢰는 단순히 한 번의 방문으로 끝나는 것이 아니라, 지속적인 관계를 만들어갑니다. 고객들이 저희 카페를 방문할 때마다 신선하고 질 좋은 재료로 만든 음료와 디저트를 맛보면 그 신뢰는 더욱 깊어집니다.

Q92. 매출을 일으키는 '상호성의 법칙'이란 무엇인가요?

제가 정말 좋아하는 프로그램이 있었는데요. 바로 선남선녀들의 이야기를 담은 〈하트 시그널〉이에요. 이 프로그램은 처음에 남자 3명, 여자 3명이 출연하다가 어느 정도 친해지고 관계가 형성될 때쯤, 새로운 남자를 투입해서 불균형한 상태를 만듭니다. 이때 투입되는 남자는 매력적인 스타일이라 더 치열해지죠. 이를 '메기효과'라고 합니다. 메기효과는 미꾸라지의 천적인 메기를 어항에 넣으면 미꾸라지들이 살아남기 위해 빠르게 움직이는 현상을 말해요.

처음에는 별다른 긴장감이 없던 남자 출연자들이 새로운 남자가 들어오면 자신의 매력을 더 드러내려고 애쓰게 되죠. 이때 서로의 감정을 확인하기 위해 첫인상에서 호감을 느낀 상대에게 문자를 보내는데, 이때 자신에게 호감을 보인 사람에게 호의를 느끼는 감정을 '상호성의 법칙'이라고 해요.

미국 심리학자 데니스 리건 교수가 1971년에 재미있는 실험을 했어요. '미술 평가 실험'이었는데, 두 사람씩 짝을 지어 다양한 그림을 감상하게 한 뒤 평가하도록 했죠. 휴식 시간에 실험자가 한 피험자에게 음료 한 병을 주었고, 다른 피험자에게는 아무것도 주지 않았어요. 그 결과, 호의를 받았던 피험자는 아무런 호의를 받지 않았던 집단에 비해 행운권을 두 배 이상 구매하게 되었어요.

이 실험에서 배운 것은 호의를 받으면 상대방의 부탁을 들어주는 확률이 더 커진다는 사실입니다. 사람은 작은 호의라도 받으면 상대방에게 빚진 느낌을 받게 됩니다. 그래서 '상호성의 법칙'은 마케팅에서도 사용되고 매장 운영에서도 적용될 수 있어요.

저희 카페에 자주 오시는 고객 중 한 분은 정말 성격이 활달하셔서 주변에 아시는 지인들이 엄청 많아요. 이분이 저희 카페에 오시려면 그분의 지인들이 운영하는 카페를 피해서 와야 하는데, 그런데도 저희 카페에 오시는 걸 보면 정말 감사한 고객님이시죠. 저는 그분이 오시면 항상 저희가 제공할 수 있는 것들을 아끼지 않아요.

예를 들어 귤 한 상자가 들어왔으면 어느 정도 나눠드릴 수 있잖아요? 손님과 직원이라는 틀에 갇혀서 제공자의 역할에만 충실히 한다면, 조금 재미없지 않나요? 저희도 고객들로부터 무언가를 받으면 좋지 않겠어요? 꼭 무언가를 바라는 것은 아니지만, 고객들과 주고받는 과정은 단골을 만들 뿐만 아니라 신규 고객도 늘어나게 합니다.

실제 사례를 말씀드리자면, 제가 다른 매장에 가끔 가면 두 명이 커피 한 잔만 주문할 때 카운터에서 1인 1주문이라고 하는 경우가 있어요. 돈이 없어서가 아니라 그 한 잔을 다 못 마실 것 같아서 한 잔만 시킨 건데, 단호하게 말씀하시니 어쩔 수 없이 두 잔을 주문하곤 해요. 그 경험이 불쾌하게 느껴지면 다음에 지인들을 데리고 그 매장을 가지 않을 확률이 커지죠.

그런데 저희 카페에 두 분이 오셔서 커피 한 잔만 주문하실 때, 손님이 눈치를 보는 것 같더라고요. 그럴 때 저희 쪽에서 나눠 드실 수 있게 컵을 하나 더 내어드리면 고객은 어떤 생각을 할까요? 그냥 아싸! 하고 드시고만 가실까요? 이분들은 더는 다른 카페를 가야 하는 이유를 찾지 못하세요. 왜냐하면 저에게 빚을 졌으니까요.

운영하시는 분들이 놓치고 있는 부분 중 하나는 오늘 오신 고객님들만 본다는 점이에요. 그런데 오늘 오신 고객님 뒤로 앞으로 데리고 올 지인들을 상상해 보세요. 제 인맥은 많지 않지만 손님들 한 분 한 분은 인맥이 많으시잖아요. '상호성의 법칙'은 손님을 단순한 손님으로만 보지 말고, 앞으로 저희 가게를 홍보해주는 팀원이라고 생각해 보라는 거예요. 시간이 걸리더라도 은혜를 갚아야 하는 까치처럼 언젠가는 손님 무리를 모시고 오실 겁니다.

Q93. 자신의 브랜드를 사랑해야 하는 이유는 무엇인가요?

사업을 하면서 깨달은 것은 상대에게 겸손한 것과 자기 자신에게 겸손한 것은 다른 문제라는 거예요. 겸손은 상대에게는 유효하지만, 자기 자신에게는 오히려 해가 될 수 있어요. 자신의 브랜드와 자신을 자랑스러워하지 않으면, 성장보다는 안주하게 되죠. 자신을 작은 카페 운영자라고 낮추다 보면 더는 발전할 수 없어요. 그래서 저는 출근할 때 너무 편한 차림으로 나가거나, 손님들이 카페를 사랑방처럼 이용하게 두는 것을 지양하기 시작했어요.

이런 작은 변화가 큰 차이를 만들었어요. 이 변화의 계기는 사회적 협동조합을 운영하시는 최민영 대표님을 만나면서 시작되었어요. 최 대표님은 항상 빨간 립스틱을 바르고, 밝게 웃으며 인사하는 분이세요. 처음 보는 사람들도 그분의 호탕한 웃음에 경계가 풀릴 만큼 첫인상이 유쾌하죠. 그런데 일로 이야기를 나눌 때는 자기 일에 대한 확신이 눈빛에서 느껴져요. 그 모습을 보면서 참 멋진 분이라는 생각이 들었어요.

최 대표님께서는 늘 지역신문에 자주 나오시는데, 항상 중앙에 서서 사진을 찍으시더라고요. 그래서 제가 "사진에서 대표님만 보여요"라고 말씀드렸더니, "원래는 항상 뒤에서 찍었는데, 중앙에 서서 찍으니 직원들이 자부심을 느낀다고 해서요"라고 하셨어요. 그 이야기를 듣고 생각해 보니, 저도 저 자신만 보고 있었다는 것을 깨달았어요. 저를 믿고 따라와 주는 직원들, 그리고 '까치카페'라는 브랜드에 대해서 나는 무엇을 제공해 주었을까? 과연 나는 내 브랜드에 대해 떳떳하게 행동하고 있는지 다시 한번 저를 돌아보게 되었어요.

사업을 성장시키기 위해서는 관계도 중요하지만, 더 중요한 것은 운영자의 생각입니다. 생각을 어떻게 하느냐에 따라 사업은 확장될 수도 있고, 안주할 수도 있죠. 저는 그동안 매일 편한 복장에 모자를 푹 눌러쓰고 카페에 출근했거든요. 이제는 변해야겠다는 생각이 들어서, 요즘은 평소보다 일찍 일어나 머리도 손질하고 자신을 관리하고 있어요. 저 자신만 초라하면 모를까, 함께 일하는 동료들까지 초라하게 만들면 안 되겠다는 생각이 들더라고요. 그래서 저는 저 스스로가 깔끔한 복장인지, 내 브랜드를 소극적으로 어필하고 있는 건 아닌지 하나하나 체크하면서 생각을 바꾸고 있습니다.

진짜 멋진 브랜드는 자기 스스로가 자신의 브랜드를 사랑하고 좋아해서 많은 사람에게 적극적으로 알리는 것 같아요. 길거리를 지나가다 보면 자신의 차에 브랜드를 광고하거나, 어딜 가든 자신의 브랜드 로고가 박힌 옷을 입고 다니는 사람들을 볼 수 있죠. 그런 사소한 것들이 자신의 브랜드를 키우고 성장시키는 방법의 하나라는 생각이 들었어요.

고객은 아마추어의 물건을 구매하는 것을 제일 싫어해요. 그래서 저는 카페 전문가가 되기로 마음먹었어요. 작은 카페지만, 우리나라에서 가장 전통 있고 오래된 문화카페로 남고 싶다는 생각을 하고 있어요. 우리가 자신을 믿고, 브랜드를 사랑하고, 자랑스러워하는 마음이 카페를 성장시키는 출발점이라고 생각해요.

카페 운영을 처음 시작할 때, 저는 단순히 좋은 커피와 편안한 공간을 제공하면 된다고 생각했어요. 하지만 시간이 지나면서 카페 운영은 단순히 제품과 서비스의 문제가 아니라, 고객과의 신뢰와 관계를 형성하는 것이 더 중요하다는 것을 깨달았어요. 고객들이 카페에 들어섰을 때 느끼는 첫인상, 직원들의 응대, 카페의 분위기, 그리고 무엇보다도 주인의 태도가 모든 것을 결정짓죠. 제가 출근할 때마다 깔끔한 복장과 긍정적인 태도로 고객을 맞이하기 시작한 이후로, 고객들의 반응이 달라졌어요. 고객들이 더 자주 방문하게 되었고, 저희 카페에 대한 신뢰가 깊어졌어요. 이는 단순히 외적인 변화만이 아니라, 저 자신이 브랜드에 대한 애정을 가지고 고객에게 전달하려는 마음가짐의 변화에서 비롯된 것 같아요.

Q94. 매출을 극대화하는 '휴리스틱'은 어떤 것인가요?

"평범한 판매자들은 휴리스틱을 잘 아는 판매자들을 결코 이길 수 없다." 이 말은 《훅》이라는 책에서 나오는 말인데요, 휴리스틱의 뜻은 간단합니다. 사람들이 정보가 부족해서 판단할 수 없는 것을 어림짐작으로 판단하는 것을 휴리스틱이라고 합니다. 이러한 어림짐작의 판단은 일상에서 자주 사용되죠. 예를 들어, 나이든 남자와 젊은 여자를 보면 딸과 아빠일 수도 있는데 불륜이라고 판단하거나, 아침 뉴스에서 햄버거를 먹고 장이 손상되었다는 기사를 보면 햄버거를 먹는 것에 대한 불안감을 느끼는 것 등이 모두 휴리스틱적 판단입니다.

이러한 판단은 조금만 따져봐도 불합리한 판단임을 알 수 있음에도 불구하고 사람들은 어설픈 판단을 끊임없이 합니다. 그러므로 휴리스틱을 잘 아는 사람은 많은 경쟁자보다 훨씬 쉽게 고객을 홀릴(?) 수 있습니다. 예를 들어, 똑같은 고기를 고객에게 판매할 때 벽면에 돼지고기 200g에 12,000원이라고 쓰여 있고 바로 밑에 프리미엄 숙성돼지라고 표기한 후에 18,000원에 써 놓습니다. 소비자로서는 돼지고기가 훨씬 저렴한데도 불구하고 프리미엄 숙성돼지를 사 먹을 확률이 더 높습니다.

왜일까요? 혼자 먹는 음식이라면 싼 돼지고기를 사 먹을 수 있지만 지인을 모셔서 음식을 먹게 된다면 일반 돼지고기보다 좋은 고기를 사드리고 싶은 게 사람 마음일 것입니다. 사람들은 숙성돼지라는 표기를 보고 일반 돼지와 어떤 차이가 있는지 깊이 알려고 하지 않습니다. 가격이 비싸므로 더 맛있을 거라는 휴리스틱적 사고에 의해 어림짐작해 버리죠.

저는 떡볶이를 자주 사 먹는데요. 떡볶이집에 가면 세트메뉴로 A타입, B타입, C타입이 있습니다. 떡볶이만 사 먹으려 했지만 왠지 돈을 조금만 더 내면 세트메뉴를 먹을 수 있을 것 같아 그냥 세트메뉴를 주문해 버립니다. 나중에 차근차근 계산해보면 단품으로 사나, 세트로 사나 가격은 큰 차이가 없더라고요. 이런 세트메뉴 구성을 닭갈빗집 예로 들어 설명하자면 '닭갈비+막국수를 주문하시면 볶음밥을 드립니다.'라는 문구를 식당에서 많이 보았을 것입니다. 식당에서 이런 메뉴판을 보게 될 경우, 보통 단품으로 주문하기보다는 세트를 주문해서 혜택을 얻으려는 고객분들이 많을 거예요.

이 방법은 카페에서도 적용할 수 있습니다. 주로 디저트 상품들을 이렇게 구성하는 경우가 많아요. 쿠키 1개당 1,000원이지만 한 상자에 8개를 10,000원에 구성하고, 쿠키 상자를 사는 손님에게 아메리카노 한 잔을 무료로 제공한다는 문구를 넣으면 고객들은 고민 끝에 더 이익이 되는 것 같아 박스를 구매할 확률이 높아집니다. 8개를 다 먹지 못하더라도 큰 혜택을 받았다는 휴리스틱 사고에 빠지게 되는 것이죠. 그렇다면 휴리스틱이 고객 관점에서 손해일까요? 고객들은 의사결정을 단순화시켜주는 과정만으로도 혜택을 받고 있다고 생각합니다.

카페를 운영하는 대부분의 사장님은 뭐든지 싸게 판매해야 잘 팔린다고 생각합니다. 반면 고객들은 사고자 하는 물건이 싸면 고급지다는 생각을 전혀 못 합니다. 카페를 잘 운영하기 위해서는 두 가지 방법을 선택해야 합니다. 하나는 적당한 가격의 원두를 사는 것이고, 다른 하나는 좋은 원두를 원하는 고객이 그 가치를 느낄 수 있도록 하는 것입니다. 고객이 그 가치를 느끼기 위해 굳이 '좋은 원두'라고 설명할 필요는 없습니다. 고객이 특별하다고 느끼기만 하면 그 원두를 구매할 것이니까요.

아메리카노 한잔을 1만 원에 판매해야 한다면 여러분은 어떻게 판매하시겠습니까?

Q95. 카페가 망하는 진짜 이유는 무엇인가요?

3년 이내에 90% 이상의 카페가 폐업하고 있습니다. 폐업하는 진짜 이유는 여러 가지가 있겠지만, 공통으로 폐업하는 진짜 이유는 따로 있습니다. 대부분의 사장님이 자각하지 못했던 부분일 수도 있겠지만, 카페를 운영하시는 50% 이상이 커피나 인테리어 등 감각적인 부분과 기술적인 부분에 시간을 많이 쓰세요. 저 또한 그랬습니다. 하지만 카페 운영에서 정말 배워야 할 부분은 사장이 되기 위한 마음가짐과 경영자의 자세를 키우는 것이 무엇보다 중요하다는 것을 배우고 있습니다.

카페를 운영하면서 스스로가 경영자라고 마음을 먹고 지금의 현실을 정확하게 봐야만 변할 수 있다는 생각으로, 감이 아닌 정확한 수치와 통계를 분석하려고 노력 중입니다. 만약 여러분들이 카페 사장으로만 생각하게 된다면 아마 카페 안에서만 최선을 다하는 것이 고객을 위한 충성이라고 생각할 수 있습니다. 하지만 경영자라고 마음을 먹는 순간, 지금의 현실적인 문제를 정확하게 파악하고 하나씩 개선해 나가게 됩니다.

카페는 도대체 얼마를 벌어야 지속해서 운영해 갈 수 있을 것 같으세요? 여러분들의 매장은 하루 매출이 어떻게 되나요? 카페 같은 경우는 (객단가) 곱하기 (객수)가 평균 매출이라고 보시면 됩니다. 보통 식당에서는 테이블 수로 객단가를 측정하지만, 카페 같은 경우는 1인당 사 먹는 평균 음료 1잔을 객단가라고 보시면 됩니다. 평균적으로 1인당 5,000원을 소비를 하고 있고, 평균 1일 매출이 100만 원이라고 가정했을 때 하루에 방문해 주시는 고객분들이 200명이라고 보시면 됩니다. 그렇다면 카페를 운영할 때 투자 금액과 총 매출을 확인해 본다면, 이 사업을 지속해 나갈 수 있을지 없을지를 확인할 수가 있습니다. 투자 수익률 계산법은 투자 수익률 = 총 투자 금액 / 연간 총 매출입니다.

예를 들어 1억 원을 투자하고 연 매출이 2억 원이라면, 카페를 운영해 가기가 힘들지만 1억 원을 투자하고 연간 3억 원의 매출이 나온다면, 그래도 안정적으로 운영해 나갈 수 있는 기반 정도는 만들어진 셈입니다. 만약 1억 원을 투자해서 5억 원 정도의 매출이 나온다면, 그다음은 매장을 더 확장하거나 다른 사업을 기획할 수 있습니다. 보통 카페 같은 경우에는 어떤 장비를 사용하는지에 따라서 초기 자본금이 많아질 수 있고 적을 수도 있습니다. 보통 보증금 3천만 원, 인테리어 비용 3천만 원, 머신 장비 1천만 원, 각종 장비 및 소품 2천만 원을 잡아도 거의 1억 원의 자본이 필요합니다.

하루에 200명은 카페에 방문해야 투자 수익을 낼 수 있다면,

여러분들은 어떤 시스템으로 카페를 운영하시겠어요? 1억 원을 투자한 공간이 작아 많은 고객을 수용할 수 없다면 다른 루트를 통해 수익이 날 방법을 뚫어야 하겠지요. 조용한 음악 그리고 바리스타가 내려주는 드립커피 한 잔의 여유, 낭만적이고 좋지만, 이런 분위기에 취하는 동안 수익이 생기지 않는 구조로 빠지기 쉽다는 것이 현실이에요. 공간에 사람이 많이 있어 보이는 것이 중요한 것이 아니라, 하루에 몇 명의 사람이 왔다 갔는지 통계가 중요해요.

그러므로 매장에서만 머물러 계시는 손님 이외에 테이크아웃의 손님도 몇 명이 계셨는지 파악해 보세요. 하루 매출 30만 원이면 한 달에 거의 천만 원에 가까우니까 카페 운영하는 데 지장이 없다고요? 투자 금액을 생각해야죠! 카페를 운영하는 것은 단순히 커피를 잘 만드는 것만으로는 성공할 수 없습니다. 경영자의 마인드와 현실적인 목표 설정, 효율적인 공간 사용, 추가 매출 창출 전략 등이 모두 필요합니다. 이를 통해 90%의 폐업률을 극복하고, 지속 가능한 성공을 이룰 수 있을 것입니다.

Q96. 카페 고비 3년은 어떻게 넘나요?

사람들은 성공에는 어떠한 큰 기술이 있다고 믿는 것 같아요. 마치 우리가 어릴 적에 어른이 되면 무언가 다를 것이라고 믿는 것처럼요. 그런데 막상 어른이 되어서 보니 크게 달라지는 건 없더라고요. 다만 경험치에 따라 상대를 이해하는 폭이 넓어지거나 오히려 편견이 생겨버리는 것 이외에는 어른이라고 해서 상대에 대한 미움이 없어지거나 욕심이 없어지는 게 아닌 것처럼요. 성공도 마찬가지예요. 기술을 배우면 무언가 달라질 것 같지만, 결국 내가 변하려고 하지 않으면 아무것도 변할 수 없더라고요.

카페 창업을 하고 3년 동안은 성공을 바라면서 무리하게 달리지 않았으면 좋겠어요. 성공보다 더 중요한 건 망하지 않는 방법을 먼저 알아가는 거라 생각해요. 아이들이 처음 걸을 때 일어나서 바로 뛰지 않아요. 일어났다가 주저앉기를 반복하고, 세 걸음 가서 다시 걷다가 넘어지기를 반복하면서 안정적인 거리와 균형을 잡아나갑니다. 보통은 카페 창업을 준비하면서 에너지를 다 쓰고 개업을 하자마자 얼마 되지 않아 방전되죠. 힘은 그렇게 쓰면 큰일 나요.

완벽하게 보이고 싶은 거 충분히 이해합니다. 그러므로 꼼꼼하게 준비하고 기획하고 운영한다는 것도요. 하지만 그 완벽 또한 완벽하지 않을 수 있다는 것을 이야기해 주고 싶어요.

대부분의 카페가 2년이 지나면 매장의 식물들부터 관리가 되지 않는 모습들이 눈에 들어오기 시작합니다. 식물이 관리가 되지 않고 있다는 것은 운영자의 여유가 없기 때문이라 생각이 들어요. 왜 여유가 없을까요? 아마 시간상으로 바쁘기보다는 심적인 여유가 없기 때문일 것입니다. 그런 조급해하는 모습을 손님들은 부정적으로 바라볼 수 있어요. 그러므로 매장은 늘 멈춰 있기보다는 생기가 돌 수 있게 작은 변화들을 줄 수 있어야 해요.

2년을 무탈하게 잘 버틴 사장님들은 큰 매출은 없더라도 내년을 계획할 거예요. 이 상태로 매장을 운영해 나가는 것은 조금 불안하다는 생각이 들 겁니다. 그런 불안한 상태에서 인터넷에 너무 많은 유혹의 글을 보면 흔들릴 가능성이 크지요. 저도 많은 유혹을 받았기 때문에 잘 알고 있습니다. 강의도 많이 들었습니다. 그런데 제가 그 많은 돈을 투자해서 배운 건 딱 하나였습니다. 쉽게 돈을 벌 수 있는 건 세상 어디에도 없다는 것을요.

만약 그 정도의 에너지를 써야 얻어지는 것이라면, 저는 제 브랜드를 만드는 것에 신경을 더 쓰고 제가 운영하는 카페에 정성을 더 들여야겠다는 생각이 들었어요. 세상에는 읽기만 하면 돈을 벌어다 주는 책은 존재하지 않았습니다. 다만 누군가에게는 영감을 받고 매출로 연결하는 사람들이 있지요. 똑같은 것을 주어진다고 해서 같은 결과의 값이 나오는 것은 아닙니다. 서로의 환경이 다르고 받아들이는 체질이 다르기 때문이죠.

3년을 잘 넘기면 매출에 대한 여유보다는 자신을 믿는 믿음의 힘이 조금씩 성장하는 것을 느낄 수 있을 거예요. 아마 그때부터가 자신이 운영해 가려는 진짜 모습을 그려나갈 수 있기에 카페를 시작한다면 우선 3년을 잘 버티는 방법을 먼저 터득했으면 좋겠습니다. 철학은 거창한 것이 아닙니다. 운영자의 생각이죠. 3년을 잘 넘기기 위해서는 운영자의 생각과 방향이 고객들에게 전달되어야 해요. 그것이 바로 콘셉트입니다. 콘셉트는 다르게 이야기를 하자면 고객들에게 전달하고 싶은 이야기라고 말할 수 있어요.

Q97. 정부지원금에 대해 더 알려주실 게 있나요?

창업을 하고 1년이라는 시간은 생각보다 빨리 지나갑니다. 창업 초기의 신선한 에너지가 사라지고, 이제는 창업지원금을 받을 수 있는 병아리 시절을 지나, 매장을 운영하다 보면 언제나 돈이 부족하다는 현실을 마주하게 됩니다. 소상공인이 되면 제일 친해져야 하는 사이트가 바로 소상공인진흥공단(www.semas.or.kr)입니다. 특히 저는 카페를 운영하면서 어려움을 겪는 부분이 회계뿐만 아니라 노무관리라고 보거든요. 규칙을 정해서 직원을 통제하고 싶다면 노무사님과 상담을 통해 관리하시는 것도 추천해 드려요.

소상공인 지원사업은 환경을 개선해주는 사업비 지원뿐 아니라 소상공인들을 위한 판로개척사업도 있습니다. 자신의 브랜드로 박람회에 참여하고 싶을 때 지원을 받을 수 있으므로 온라인과 오프라인을 동시에 운영하시는 매장이면 박람회 대관비뿐만 아니라 콘텐츠 제작비 지원까지 받을 수 있습니다. 소상공인 지원사업 안에 '소상공인 판로개척 지원사업'을 클릭하시면 돼요.

저는 아직 15년이 되지 않아서 백년가게, 백년소상공인 지원

신청이 되지 않지만 4년 후에는 이 사업에 꼭 지원하고 싶어요. 저는 카페에서 제일 유용하게 지원받을 수 있는 사업이 '소상공인 스마트상점'이라고 생각해요. 이 사업 또한 정부에서 70% 지원을 받고 자부담이 30%인데요. 경제력을 지원해주는 사업이라고 생각하시면 되세요. 주로 키오스크나 테이블 오더를 사용하실 경우 지원받을 수 있어요.

그리고 요즘 제일 눈에 띄는 사업은 로컬 크리에이터 지원사업이에요. 이 사업은 'K-Startup'에서 확인할 수 있는데요. 최근 정부에서 문화, 예술, 공간, 식품 등 밀어주고 있어서 조건의 폭이 굉장히 넓어요. 마지막으로 소상공인이라면 알아야 할 사이트는 '기업마당'입니다. 지역별로 나뉘어 있으므로 각 지역에서 받을 수 있는 지원금을 검색하실 수 있어요. 최근 인건비지원금 정책이 생기면서 많은 소상공인분들이 인건비지원금에 관심이 많은 듯해요.

또, 경기도 같은 경우는 '베이비부머'라고 해서 50대 이상 채용 시에 1인당 최대 1,000만 원이나 가까운 금액을 지원해주기 때문에 인력을 지원받으셔도 너무 좋을 것 같아요. 다만 의무적으로 6개월 이상 채용해야 하는 의무가 있으므로 사람을 뽑으실 때 신중하게 채용하시기를 추천해 드립니다. 한 번은 제가 지자체에서 인력지원을 받은 적이 있는데요. 저희가 면접을 본 것이 아니라 지원을 해 주셔서 채용하게 된 케이스였는데 결론적으로는 너무 힘들더라고요. 아무리 무료지원이 좋다고는 하지만 모든 정부 지원은 조건이 있으므로 참고하셔서 적합하고 가능한 사업들만 신청하시기를 추천해 드립니다.

개인적으로는 처음부터 큰 예산을 지원받기보다는 적은 금액을 조금씩 다뤄보았으면 좋겠어요. 대부분의 사람들이 지원금을 받고도 어떻게 써야 할지 몰라서 힘들어하는 경우들이 매우 많거든요. 개인 돈일 경우는 계산서만 있으면 되지만, 지원금은 쓸 수 있는 품목과 쓸 수 없는 품목이 나뉘고 모든 것을 기록하고 보고 양식을 만들어야 하므로 한 번에 몇천만 원씩 지원받으려 하기보다는 적은 비용으로 조금씩 늘려가는 것도 하나의 방법이라고 생각해요.

사업을 운영하면서 필요한 자금이나 도움을 받을 수 있는 프로그램들을 적극적으로 활용하는 것도 중요합니다. 초기 자본을 마련하고, 운영 자금을 확보하는 과정에서 정부지원금은 큰 도움이 될 수 있습니다. 또한, 소상공인 지원사업 외에도 지역별로 제공되는 다양한 혜택과 지원 프로그램들을 놓치지 않고 활용한다면, 더욱 안정적인 경영 환경을 마련할 수 있을 것입니다.

Q98. 매장에 필요한 물품은 주로 어디에서 주문하나요?

막상 카페를 준비하려고 보니 어디서 재료를 준비해야 할지 모르시는 분들이 계실 것 같아 제가 자주 이용하는 사이트를 소개해 드릴게요. 커피 원두 같은 경우는 개인의 취향이 강하기 때문에 딱 집어서 말씀드리기 어렵지만, 원두는 꼭 샘플을 주문하시거나 매장을 직접 방문해 맛을 보고 매장 조건에 맞는 업체를 선정하시는 것이 중요해요.

그다음은 우유 납품 업체를 섭외해야 하는데요. 저희는 일주일에 두 번 고정으로 받고 있지만 급할 때는 오후에도 배달해 주시기도 하세요. 오랫동안 거래한 곳이기도 해서 대체로 저희에게 잘 맞춰 주시는 편이에요. 초반에는 잘 모르시니 전화로 원하는 날짜에 배달이 가능한지 확인하시는 것도 좋겠어요. 네이버에서 '지역+서울우유'를 검색하시면 가장 가까운 대리점 주소와 전화번호가 나오니, 연락해서 문의하시면 됩니다.

그리고 제일 많이 사용하는 것은 매장용품이겠지요. 저는 초창기에 메가커피 사이트를 이용했는데, 지금은 비커피(www bigcoffee.co.kr)를 이용하고 있어요. 사이트마다 각각 저렴한 것들이 다르니 메카커피와 빅커피를 비교해서 살펴보세요. 저희 매장은 친환경 테이크아웃 컵을 사용하기 때문에 아이엠그리너(www.iamgreener.co.kr)를 이용하고 있어요.

디저트를 직접 만들지 않고 다른 업체에서 공급을 받는다면 케익플러스, 아띠애, JB브라운, 골든브라운을 추천해 드려요. 저는 카페쇼에서 제일 아쉬웠던 점이 케이크 비주얼은 너무 아름답지만 공급 부분이 부족해서 거래가 어려웠던 곳이 많았어요. 그나마 이곳은 배송 부분에서 불편함 없이 만족스러웠던 곳이라 추천해 드릴게요. 이 외에도 베이킹을 하시는 분들은 기존에 알고 계실 것 같지만, 저는 베이킹 맘에서 디저트 재료를 사고 있어요.

카페를 운영하면서 간단한 포토샵 작업이 필요할 때 유용하게 사용할 수 있는 사이트 3곳을 소개해 드릴게요. 앞서 언급한 것처럼 가장 무난한 것은 동영상 편집, 사진 편집, 홍보 포스터 등 컴퓨터에 익숙하지 않은 분들도 사용할 수 있는 '망고보드'가 있고요. '미리캔버스'는 한국에서 만든 웹사이트라 한글 폰트가 많아서 디자인을 만들고 바로 인쇄할 수 있어요. 저는 '캔바'를 사용하고 있는데, 필요한 사진 이미지가 많은 게 장점이에요. 도장 스탬프나 명함을 제작하기 위해 출력을 해야 할 때는 '성원애드피아'가 저렴하지만 기본적인 틀을 스스로 맞춰서 보내야 하는 번거로움이 있어요. 그래서 번거로움을 싫어하는 분들은 '오 프린트미'를 추천해 드릴게요. 저는 주로 이곳에서 작업물을 제작하고 있어요.

카페를 운영하면서 가입하면 좋은 사이트가 '도매콕'이에요. 사업자 등록 후 도매콕 사이트에 회원가입하면 도매가로 저렴하게 물건을 구매할 수 있어요. 매장 운영 중 과일을 저렴하게 구매하려면 카카오에서 '과일 위탁 판매', '과일 판매'로 검색해보세요. 채팅방에 몇 명이 있는지 확인한 후 활성화가 잘 되어 있는 방으로 들어가는 것이 좋아요. 이렇게 하면 시중 가격보다 저렴하게 과일을 사놓으실 수 있어요.

Q99. 카페에도 '파레토의 법칙'이 적용될까요?

혹시 '파레토의 법칙'을 들어보셨나요? 경제학의 법칙 중 하나인 80:20의 법칙, 즉 파레토의 법칙은 '전체 결과의 80%가 전체 원인의 20%에서 발생하는 현상'을 의미합니다. 이 법칙을 처음 제안한 사람은 이탈리아 출신의 경제학자이자 철학자인 빌프레도 페데리코 다마소 파레토입니다. 그의 이름이 참 길죠? 파레토는 '상위 20%의 인구가 80%의 부를 소유한다'는 부의 분배에 대한 정의로 잘 알려져 있습니다. 파레토의 법칙은 시간이 지나면서 많은 기업가와 경영인들에게 중요한 운영 원칙 중 하나로 자리 잡았습니다.

예를 들어, 우리가 매일 입는 옷의 80%는 옷장에 있는 전체 옷의 20%에서 선택되고, 회사 성과의 80%는 전체 직원의 20%가 만들어냅니다. 이 원리는 다양한 상황에 적용될 수 있습니다. 카페를 예로 들어보겠습니다. 한 카페에서 판매되는 아메리카노가 전체 매출의 80%를 차지한다면, 이 아메리카노는 고객 만족도를 높이기 위해 특별히 신경 써야 할 제품이 됩니다. 또한, 카페의 단골손님 20%가 전체 매출의 80%를 차지하는 때도 있습니다. 백화점에서도 단골

손님을 VIP로 모시는 이유가 바로 이 때문입니다. VIP 고객 20%가 전체 매출의 80%를 차지하기 때문에, 백화점들은 이 고객들에게 특별한 혜택을 제공하고 있습니다.

오랫동안 성공적으로 운영되고 있는 매장들의 공통점은 신규 고객을 모집하는 데 많은 에너지를 쓰기보다는 단골에게 더 많은 신경을 쓴다는 것입니다. 대부분의 카페 사장님들은 신규 고객을 끌어들이기 위해 큰 노력을 기울이지만, 사실 기존 고객을 관리하는 것이 더 큰 이익을 가져다줍니다. 신규 고객을 유치하는 데는 5배의 노력이 필요하지만, 기존 고객을 관리하면 5배의 이익을 얻을 수 있다는 말도 있습니다.

그렇다면 단골을 구분하고 관리하는 방법은 무엇일까요? 단골을 구분하기 위해서는 먼저 이들을 식별할 수 있어야 합니다. 제가 쿠폰 시스템을 포인트 적립으로 변경한 이유 중 하나도 단골을 확인하기 위해서였습니다. 많은 마케팅 전문가들은 시각적으로 도장 쿠폰이 효과적이라고 말하지만, 마지막 도장을 찍고 난 고객은 다시 처음부터 도장을 모아야 하는 불편함이 있습니다. 만약 직원 한 명이 카페를 운영하고 있다면 단골을 기억할 수 있지만, 보통은 파트타임 직원이 있으므로 모든 고객을 기억하기 어렵습니다.

예를 들어, 오전에만 오던 고객이 어느 날 저녁에 방문했을 때, 저녁 직원은 그 고객이 단골인지 모를 수 있습니다. 포인트 적립 시스템은 고객의 방문 횟수뿐만 아니라 사용 금액을 기록할 수 있어 단골을 효과적으로 관리할 수 있습니다. 포인트 적립이 아니더라도 단골을 기록하고 관리하는 방법이 있다면 매장에서 이를 적극적으로 활용하는 것이 중요합니다. 고객에게 충성하면, 그들도 지인이나 가족을 데리고 와서 매장에 방문하게 될 것입니다.

단골의 중요성은 이미 경제학으로 검증된 법칙이기 때문에 단골을 잘 챙기는 것이 매우 중요합니다. 하지만 많은 카페 사장님들은 신규 고객을 모집하기 위해 많은 에너지를 사용하면서, 단골에게는 소홀하게 대하는 경우가 있습니다. 광고와 홍보는 초반에 중요할 수 있지만, 몇 번이고 방문해 주시는 고객을 놓쳐서는 안 됩니다. 고객이 어느 정도 확보되었다면, 그들이 단골임을 확인해서 특별한 혜택을 제공해야 합니다.

예를 들어, 도장 쿠폰이라면 색깔을 구분하여 몇 회차인지를 확인할 수 있고, 포인트 적립이라면 금액에 따라 디저트나 상품을 증정할 수 있습니다. 이처럼 파레토의 법칙은 우리의 일상뿐만 아니라 매장 운영에도 적용할 수 있는 유용한 법칙입니다. 이 법칙을 적용하여 시간적 효율성도 높이고, 고객 만족도도 높여 보세요.

Q100. 이책에서 해주고 싶은 이야기는 무엇인가요?

11년 차 카페를 운영하면서 저 자신과 싸워야 하는 일들이 너무나 많았습니다. 어쩌면 우리가 생각하는 카페의 낭만은 저 멀리 어딘가에 머물러 있고 그런 카페를 동경하며 똑같은 일상을 마주해야 했습니다. 카페를 창업하려는 분들에게 해주고 싶은 말씀이 있다면, 지루하고 힘든 일을 스스로 견뎌낼 자신이 있는지 묻고 싶어요. 어쩌다 하는 일은 재미있을 수 있지만, 오랜 시간 끈기를 가지고 자신의 가게를 운영해 나가는 것은 생각보다 쉽지 않습니다. 그래서 저는 늘 제 가슴 속 한편에 사직서 같은 폐업신고증을 가지고 다녀요. 이 일이 싫어서가 아니라, 오랫동안 하고 싶어서입니다.

저는 늘 그런 생각을 해요. 만약 카페를 폐업한다고 하더라도 다시 하고 싶은 자영업이 있다면 저는 카페를 운영할 것 같아요. 과연 카페라는 직업만큼 삶의 질을 높여주는 직업도 없다고 생각하기 때문이죠. 카페를 운영하시는 사장님들은 철장 없는 감옥에 갇혀 있는 것 같다고 말씀하시지만, 철장 밖을 나와야만 카페를 객관적으로 판단할 수 있습니다. 요즘 프랜차이즈 카페들이 가맹점만

늘리기 바쁘다 보니, 어느 날 눈 떠보면 생각지도 못했던 경쟁 상대가 계속 생겨나고 있습니다.

만약 여러분의 매장 옆에 스타벅스가 생긴다면 어떠실 것 같아요? 그럼에도 개인 카페가 살아남는 방법을 찾아야 합니다. 그 방법의 하나는 상대를 알아야 한다고 생각해요. 그들과의 차별점이 무엇인지 알아야 합니다. 나는 스타벅스처럼 못하지만, 스타벅스도 나처럼 못하는 것을 찾아야 합니다. 그중 하나가 스타벅스는 직원이 있지만, 제가 운영하는 카페에는 나라는 사람이 있다는 것이 가장 큰 장점이라고 생각해요. 이것이 제가 생각하는 방법 중 프랜차이즈 카페들과 경쟁해서 살아남을 방법입니다.

가만히 생각해 보면 돈은 브랜드가 해주는 것처럼 보이지만, 사실은 사람이 해주는 것입니다. 대접을 받고 싶을 때 스타벅스에서 대접받을 수 없잖아요. 하지만 우리 매장에서는 제가 대접해 드릴 수 있습니다. 만약 연인끼리 데이트를 한다면, 저가형 카페보다는 조금 더 특별하고 맛있는 것을 제공하는 카페에서 만나고 싶어 할 것입니다. 가격이 비싸지면 손님들이 안 올 것 같은 불안감이 있겠지만, 소고깃집에서 비싼 특수부위를 따로 판매하듯이, 비싸더라도 대접하기 좋은 음료를 사고 싶은 것은 고객의 몫입니다.

지금의 카페 매장들을 둘러보세요. 어떤 특별함이 있는지 관찰해 보세요. 사실 저는 스타벅스를 굉장히 좋아하는 팬입니다. 스타벅스의 최고의 매력은 고객을 미치게 만드는 프로모션을 정말 잘 기획한다는 것입니다. 편리성도 너무 좋고요. 대부분 사람이 스타벅스의 경영에 관해 이야기할 때, 스토리텔링을 굉장히 잘한 브랜드 카페라고들 생각합니다. 하지만 그게 아닙니다. 스타벅스가 오랫동안 살아남을 수 있었던 이유는 브랜딩 마케팅이 아니라 본질 경영을 했기 때문입니다.

카페 운영이 쉽지는 않지만, 이제는 좋은 사람이 살아남는 시대라고 생각합니다. 예전에는 착한 사람들이 많이 당하고 상처받기도 했지만, 자신의 이익만 따지는 사람들은 사람을 이해하는 것에 한계가 있다고 생각합니다. 그래서 저는 사람을 좋아하고 선한 사람들이 카페 운영을 멋지게 했으면 좋겠습니다. 남의 기술을 빼돌려서 쉽게 운영하는 사람들이 아니라, 한 단계 한 단계 자기 기술을 쌓아가고 자신의 이야기로 브랜딩해 나간다면 10년, 20년을 넘어 100년 카페가 탄생할 것이라 믿습니다.

카페를 운영하시는 모든 분께 진심으로 응원의 말씀을 전합니다. 여러분의 노력과 열정이 부디 빛을 발하길 바랍니다.

cafe kkachi
since 2014

100 Questions & Answers for Starting a Cafe

카페 창업 100문 100답

초판 1쇄 발행 | 2024년 8월 31일

글 최희원
펴낸이 이정하
사진 스튜디오것
디자인 안박스튜디오

펴낸곳 스토리닷
주소 서울시 서초구 서초대로22길 30 203호
전화 010 - 8936 - 6618
팩스 0505 -116 - 6618
ISBN 979-11-88613-46-5 (03320)

홈페이지 blog.naver.com/storydot
인스타그램 @storydot
전자우편 storydot@naver.com
출판등록 2013. 09. 12 제2013-000162

스토리닷은 독자 여러분과 함께합니다.
책에 대한 의견이나 출간에 관심 있으신 분은 언제라도 연락주세요.
반갑게 맞이하겠습니다.

스토리닷